W0342921

15. März 2007
A. Oberbauer

Das Bild des Mannes

George L. Mosse

Das Bild des Mannes

Zur Konstruktion der modernen Männlichkeit

Aus dem Amerikanischen
von Tatjana Kruse

Büchergilde Gutenberg

Lizenzausgabe für die Büchergilde Gutenberg,
Frankfurt am Main und Wien,
mit freundlicher Genehmigung
des S. Fischer Verlags, Frankfurt am Main
Die amerikanische Originalausgabe erschien 1996
unter dem Titel ›The Image of Man.
The Creation of Modern Masculinity‹
im Verlag Oxford University Press, New York.
© 1996 by George L. Mosse
Für die deutsche Ausgabe:
© 1997 S. Fischer Verlag GmbH, Frankfurt am Main
Satz: Fotosatz Otto Gutfreund, Darmstadt
Umschlaggestaltung: Wolfgang Schaper, Bad Nauheim
Druck und Bindung: Franz Spiegel Buch GmbH, Ulm
Printed in Germany 1997
ISBN 3 7632 4729 7

Gedruckt auf chlor- und säurefreiem Papier

Inhaltsverzeichnis

Danksagungen

Dieses Buch handelt vom männlichen Stereotyp und seinen politischen Konsequenzen; es beschäftigt sich mit einem normativen und weitverbreiteten männlichen Ideal. An dieser Stelle möchte ich mich bei allen bedanken, die mich bei meiner Suche unterstützt haben. Die British Library und die Wiener Library in London sowie die Hebräische National- und Universitätsbibliothek und die Bibliotheken der University of Wisconsin sind für mich im Laufe der Jahre zu einer Heimat fern der Heimat geworden. Gleichzeitig gewährten mir die Staatsbibliothek in Westberlin, die Cambridge University Library und die Olin Library an der Cornell University großzügig ihre Hilfe. Howard Fertig setzte seine beispiellosen Fertigkeiten ein, um meine Gedanken und meinen Stil zu verfeinern und an manchen Stellen noch zu klären. Paul Breines und Anson Rabinbach haben den Text gelesen und ihn verbessert. Dawn Barclift schulde ich Dank für ihre unermüdliche Recherche, die das Buch sehr bereichert hat. Ich bin dankbar für die Unterstützung von Sander Gilman, der mich an seinem gewaltigen Wissen über Stereotype teilhaben ließ. Lois Corcoran tippte mit der größten Geduld das Manuskript immer wieder von neuem und half dann, die Korrekturfahnen zu lesen. Großen Dank schulde ich Anne Margret Rusam, meiner Lektorin im S. Fischer Verlag, für ihre Bemühungen um die Übersetzung und die Betreuung des Buches. Ganz besonderen Dank schulde ich John Tortorice für das Umfeld, das er schuf, seine Unterstützung und Hilfe, die das Schreiben dieses Buches um so viel lohnender machte.

Teile des fünften Kapitels sind enthalten in »Masculinity and the Decadence« (in *Sexual Knowledge, Sexual Science*. Hrsg. Roy

Porter und Mikulaš Teich. Cambridge University Press, Cambridge 1994), und einige Passagen aus dem sechsten Kapitel sind in »Manliness and War« (in *Violence and Human Survival.* Hrsg. Charles Strozier und Michael Flynn. Bowmann and Littlefield, Lanham 1996) erschienen.

1 Einführung: Das maskuline Stereotyp

Klare und eindeutige Bilder der Maskulinität – die Art und Weise, wie Männer ihre Männlichkeit definieren – finden sich in der gesamten westlichen Kultur. Das Ideal der Maskulinität wurde von allen Seiten als Symbol einer individuellen und nationalen Erneuerung ausgerufen, auf ihm baute jedoch auch die Selbstdefinition der modernen Gesellschaft auf. Die Männlichkeit sollte die existierende Ordnung vor den Gefahren der Moderne schützen, aber man hielt sie auch für ein unabdingbares Attribut all jener, die Veränderungen bewirken wollten. Die Ermahnung »Sei ein Mann« wurde zum Gemeinplatz, im 19. Jahrhundert ebenso wie in der ersten Hälfte des 20. Jahrhunderts.

Welche Bedeutung hat nun diese Vorstellung, die so allgegenwärtig war, daß die Historiker sie für gewöhnlich als selbstverständlich hinnahmen? Das Bild der modernen Maskulinität stand für eine ganz eindeutige Sicht der menschlichen Natur und der menschlichen Handlungen, die einer Vielzahl von Zwecken dienen konnte und die kaum eine moderne Ideologie unberührt ließ. Trotzdem war sie als Theorie des menschlichen Wesens konkret genug, um ein kohärentes System zu bilden, das ohne weiteres untersucht werden kann. Das gilt um so mehr, als sich das männliche Ideal während seiner relativ kurzen Lebensdauer – von der zweiten Hälfte des 18. Jahrhunderts an – kaum verändert hat und stets dieselben sogenannten männlichen Tugenden wie Willenskraft, Ehre und Mut transportierte. Diese und andere sogenannte Attribute der Männlichkeit, von denen dieses Buch voll ist, sind bis zum heutigen Tag fester Bestandteil unserer Sprache. Dramatische Veränderungen gab es nicht, auch wenn sich gegen Ende des 20. Jahrhunderts das Tempo des Wandels beschleunigt hat.

Obwohl ich es mit dem Konzept der Maskulinität bereits in verschiedenen Zusammenhängen, unter anderem, als ich mich mit dem Nationalismus beschäftigte, zu tun hatte, war es für mich immer nur von sekundärer Bedeutung; der Schwerpunkt lag stets auf einem anderen Bezugsrahmen, zum Beispiel den rechtsradikalen Bewegungen oder der Inszenierung unserer Erinnerung an die Weltkriege. Doch das männliche Ideal verdient es ebenfalls, einmal in den Mittelpunkt der Aufmerksamkeit zu rükken, denn es spielt nicht nur eine bestimmende Rolle bei unseren Vorstellungen von Nation, Krieg, Tugend und Ehre, sondern war immer gegenwärtig und beeinflußte fast jeden Aspekt der modernen Geschichte. Und obwohl Maskulinität als historisch eigenständiges Phänomen analysiert werden muß, ist sie dennoch eng verbunden mit den Ängsten und Hoffnungen der modernen Gesellschaft. Wenn man das männliche Ideal untersucht, muß man sich nicht nur mit dem Nationalismus oder Faschismus beschäftigen, die normalerweise als »männlich« betrachtet werden, sondern auch mit dem Sozialismus, dem Kommunismus und darüber hinaus mit den Idealen und der Funktionsweise der normativen Gesellschaft.

Was wir heute unter Maskulinität verstehen, übte einen großen Einfluß auf die Bestimmung dessen aus, was zum normativen Muster von korrekten Verhaltensweisen und »Moral« wurde, das heißt der allgemein anerkannten Art und Weise, sich innerhalb des gesellschaftlichen Umfelds der vergangenen Jahrhunderte zu bewegen und zu handeln. Wie wir bald sehen werden, prägte das Bürgertum zwar die Bildung dieser Gesellschaft, aber seine Normen griffen sowohl auf den Adel als auch auf die Arbeiterklasse über. Tatsächlich war das männliche Ideal seit Anfang des 19. Jahrhunderts so fest verankert, daß jede westeuropäische Bewegung sich ihm stellen mußte, das eine oder andere Attribut betonen oder sogar versuchen mußte, eine Richtungsänderung vorzunehmen, bis dieses Ideal selbst sich schließlich auf dem Prüfstand befinden sollte. Darauf werden wir am Ende dieser Untersuchung genau eingehen.

In diesem Buch beschäftigen wir uns mit der Entwicklung eines Stereotyps, das zur Norm wurde. Wir behandeln nicht die Vielzahl persönlicher Definitionen von Männlichkeit oder gar ein Ideal wie das des »sensiblen Mannes«, das die romantische Bewegung[1] zur selben Zeit formulierte, als die Grundfesten des so überaus erfolgreichen modernen Männlichkeitsstereotyps errichtet wurden. Es gibt viele Ansätze, die Geschichte der modernen Maskulinität zu erforschen und herauszuarbeiten: so ist es beispielsweise möglich, sich auf mehrere ihrer Attribute zu konzentrieren wie Willenskraft oder Selbstbeherrschung (»richtige Männer weinen nicht«). Wenn wir uns jedoch der Art und Weise, wie Männlichkeit zur damaligen Zeit wirklich wahrgenommen wurde, nähern wollen, müssen wir sie als Gesamtheit sehen. Maskulinität wurde von Anfang an als großes Ganzes betrachtet: Körper und Seele, äußeres Erscheinungsbild und innere Tugendhaftigkeit sollten eine Einheit bilden, ein perfektes Konstrukt, bei dem jedes Teil an seinem Platz saß. Die moderne Maskulinität war ein Stereotyp, stellte ein standardisiertes geistiges Bild dar, die »unveränderliche Betrachtungsweise einer bestimmten Sache«, wie das *Webster's Dictionary* Stereotype definiert. Ein solches Bild muß leicht verständlich sein, soll es Wirkung zeitigen. Das internalisierte visuelle Bild, das mentale Bild, vertraut wiederum auf die Wahrnehmung der äußeren Erscheinung und beurteilt danach den Wert eines Menschen. Stereotype objektivieren die menschliche Natur und machen es leicht, etwas auf den ersten Blick zu verstehen oder ein Urteil zu fällen.

Stereotype traten im modernen Zeitalter als Teil einer allgemeinen Suche nach Symbolen in Erscheinung, um angesichts der verwirrenden Auswirkungen der Moderne das Abstrakte konkret zu machen. Solche Stereotype existierten in früheren Jahrhunderten nicht, auch dann nicht, als es auf das Erscheinungsbild ankam und Männer auf angemessene Weise zu gehen und zu stehen hatten. Die Vorstellung von männlicher Ehre war lange Zeit von großer Bedeutung, und die Art und Weise, wie sie von den Späteren übernommen wird, soll uns im folgenden noch beschäftigen.

Es ist unmöglich, genau festzulegen, wann das Ideal der modernen Maskulinität geboren und Teil der neueren Geschichte wurde. Man kann nur sagen, daß dies irgendwann zwischen der zweiten Hälfte des 18. Jahrhunderts und dem Beginn des 19. Jahrhunderts geschah. Die Bausteine der modernen Maskulinität existierten bereits, aber sie wurden erst zu Beginn des modernen Zeitalters systematisiert, zu einem Stereotyp geformt.

Zu einer Zeit, als politische Darstellungen wie die Nationalfahne oder die Kokarde der Jakobiner machtvolle Symbole wurden, nahm der menschliche Körper selbst Symbolcharakter an. Mit der zweiten Hälfte des 18. Jahrhunderts trat Westeuropa in ein in hohem Maße visuell ausgerichtetes Zeitalter ein, was sich nicht nur an den Nationalsymbolen zeigt, sondern auch an wissenschaftlichen Disziplinen wie Physiognomie und Anthropologie, mit ihrer Klassifikation von Männern gemäß Normen klassischer Schönheit, und das maskuline Stereotyp wurde somit zum Bestandteil einer Suche nach Symbolen. Die Französische Revolution tönte, »neue Symbole« könnten »neue Männer« schaffen.[2] Moderne Männlichkeit definierte sich nun durch ein Ideal männlicher Schönheit, das Tugend symbolisierte. Aus diesem Grund werden wir sowohl auf den idealen männlichen Körper als auch auf seine Attribute ausführlich eingehen.

Heutzutage haftet Stereotypen stets etwas Negatives an; jene, die von der Gesellschaft an den Rand gedrängt werden, sind ihnen angeblich zuzuordnen. Sogenannte Stereotype von Juden oder Schwarzen sind gang und gäbe, bequeme Rechtfertigungen für Diskriminierung. Wie wir noch sehen werden, spielten negative Stereotype eine wichtige Rolle bei der Erschaffung des modernen Männlichkeitsideals. Jedoch werden wir uns auf das konzentrieren, was als positives Stereotyp galt. Das Stereotyp wahrer Männlichkeit war so wirkungsmächtig, eben weil es anders als abstrakte Ideen oder Ideale gesehen, berührt oder sogar angesprochen werden konnte, eine Inkarnation menschlicher Schönheit, ein moralischer Appell, eine Verheißung Utopias. Dieses Buch konzentriert sich daher auf ein bestimmtes Stereotyp, das man für positiv hielt, einen Motor, der Nation und Gesellschaft antrieb.

Die Bildung von Stereotypen bedeutete, daß Männer und Frauen homogenisiert, nicht länger als Individuen, sondern als Typen angesehen wurden. Der Zusammenhang mit unveränderlichen mentalen Bildern hieß auch, daß wenig Raum war für individuelle Variationen. Außerdem analysierten die neuen Wissenschaften des 18. und 19. Jahrhunderts in ihrer Leidenschaft für Klassifikationen Männer gruppenweise und nicht als Individuen. Das Stereotypisieren bedeutete, jedem Mann all die Attribute der Gruppe zuzuordnen, zu der er angeblich gehörte. Alle Männer sollten dem Bild idealer Maskulinität entsprechen.

Das positive Stereotyp der Maskulinität wurde jedoch auch – was auf den ersten Blick paradox erscheinen mag – durch die Existenz seines Gegenteils gestärkt, d. h. von Männern, die nicht nur dem Ideal *nicht* entsprachen, sondern auch in Körper und Seele so etwas wie sein Gegenbild darstellten. Randgruppen der Gesellschaft wie Juden oder Schwarze erfüllten diese Rolle. Jene, die angeblich nicht zur Gemeinschaft anständiger Leute paßten, wurden zu Anti-Typen jenes Ideals geformt, das die Gesellschaft verehrte und das die Männlichkeit so trefflich verkörperte. Ihnen wurden all die Eigenschaften zugewiesen, die jene, die Augen hatten zu sehen, sofort das Böse erkennen ließ. Der mißgeformte Körper dieser Anti-Typen galt schon als Zeichen ihrer Degeneration. Zu Beginn des 19. Jahrhunderts versicherte Friedrich Ehrenberg, ein führender protestantischer Theologe, in einem Buch über den Charakter und das Schicksal der Männlichkeit, daß man sich das Ideal des wahren Mannes stets klar vor Augen halten müsse, um es den unmoralischen, schwachen und servilen Männern entgegenzusetzen.[3]

Weil ein Stereotyp etwas Öffentliches ist, braucht es klare Konturen. Es macht das Unsichtbare sichtbar, und auf diese Weise erlangt es seine gesellschaftliche und politische Bedeutung. Am Ende des 19. Jahrhunderts unterstrich eine englische Zeitschrift der Phrenologie genau dies, indem sie verkündete, daß man den

Mann »wie ein Plakat« betrachten könne, »das gut sichtbar an der Wand hängt«. Weiter hieß es dort, daß »unsere Tugenden, Sünden, Vorzüge, unsere Kultur oder unsere Barbarei von jenen erkannt werden können, deren Auge hinreichend geschult ist, um deren äußere Manifestationen zu lesen und zu verstehen«.[4]

Solche Augen zu schulen oblag während der zweiten Hälfte des 18. Jahrhunderts unter anderem Wissenschaftlern und Theologen, die nach Regeln suchten, wie man ein Gesicht auf einen Blick deuten oder aus der Gestalt des menschlichen Körpers Schlüsse ziehen könne. Auch Künstler leisteten hierzu ihren Beitrag – oder vielmehr eine neue künstlerische Empfindsamkeit, die zur Definition männlicher Schönheit entscheidend beitrug. Darüber hinaus schulten gesellschaftliche und politische Bewegungen das Auge, denn sie mußten sich in einem Zeitalter, in dem – wie die Französische Revolution gelehrt hatte – die Unterstützung durch die Massen zählte, durch visuelle Eindrücke weithin verständlich machen.

Der Nationalismus, eine Bewegung, die parallel zur modernen Maskulinität entstand, spielte eine wichtige Rolle als ein solcher Lehrer, denn er übernahm das maskuline Stereotyp als ein Mittel seiner Selbstdarstellung. Letzten Endes war es jedoch die moderne Gesellschaft selbst, die das Ideal der Maskulinität verbreitete, wie wir im folgenden noch sehen werden. Das Bürgertum schuf und erhielt ein maskulines Stereotyp aufrecht, das sich vom aristokratischen Ideal der Maskulinität insoweit unterschied, als es seinen Moralvorstellungen Rechnung trug.

Das maskuline Stereotyp war nicht an eine der mächtigen politischen Ideologien des vorangegangenen Jahrhunderts gebunden; es war nicht nur konservativen Bewegungen immanent, wie oft behauptet wird, sondern auch der Arbeiterbewegung; sogar der männliche Bolschewik sollte »so stark wie eine Eiche sein«.[5] Die moderne Maskulinität wurde von Anfang an in die neue nationalistische Bewegung des 19. Jahrhunderts integriert, und doch hätte sie auch vor dem Hintergrund der kosmopolitischen Aufklärung existieren können – nicht zuletzt deshalb schrieb Friedrich Ehrenberg, daß das Bild der wahren Männlichkeit leicht lesbar sein müsse, weil es das höchste Bildungsziel darstelle. Ein tugendhaftes Leben zu führen, jederzeit Selbstkontrolle zu üben gehöre zur wahren Männlichkeit, genauso wie die unabdingbare Verpflichtung der Freiheit gegenüber.[6] Tatsächlich wurden – ganz typisch für diese Phase der Geschichte des modernen Nationalismus – Vaterland und Humanismus oft in aufklärerischer Weise miteinander verbunden; die Liebe zum einen schloß die Liebe zum anderen nicht aus. Hier kam das zum Zuge, was Ehrenberg die äußere »Schönheit« und »Willenskraft« der Männlichkeit nannte,[7] nicht als Feind der Freiheit, sondern als ihr Freund. Wahre Männlichkeit war zum Ziel dessen geworden, was man in Deutschland unter »Bildung« verstand. Doch obwohl sie ursprünglich ein Prozeß mit offenem Ende sein sollte, erhielt sie jetzt ein klar umrissenes Ziel.

In diesem besonderen Zusammenhang zeigt sich, in welch beschränktem Ausmaß das männliche Ideal neben der Autonomie des einzelnen eigentlich existieren konnte. Johann Gottfried von Herder hatte in den siebziger Jahren des 18. Jahrhunderts geschrieben, daß jeder Mann seine Persönlichkeit wie eine Pflanze entfalten müsse, bis er zu einem harmonischen, autonomen Individuum würde, das sowohl die fortdauernde Suche nach Wissen als auch den moralischen Imperativ beispielhaft aufzeigen sollte.[8] Aber dieses Wachstum endete abrupt, als das männliche Stereotyp zum Paradigma wurde, zum Ziel der Erziehung des Mannes. Obwohl es unabhängig von politischen und ideologischen Hintergründen existieren konnte, schränkte es doch notgedrungen die individuelle Freiheit ein, weil es der Klassifikation Vorschub leistete. Als daher die Gesellschaft für sogenannte Anomalien größere Toleranz zeigte bzw. versuchte, das Unkonventionelle zu legitimieren – wie es im späten 20. Jahrhundert geschah –, erwiesen sich die Vorstellungen von Männlichkeit als die Kräfte, die das verhinderten. Wie sie früher dem offenen Prozeß der Bildung klare Zielvorgaben gemacht hatte, wurde sie nun zu einer konservativen Kraft, die die traditionellen Normen verkörperte und eine Gesellschaft aufrechterhielt, die Gefahr lief, ebenjene Normen zu verlieren, die sie so lange hatten überdauern lassen.

Das männliche Stereotyp blieb im großen und ganzen unangetastet, trotz der strukturellen Veränderungen, denen die moderne Gesellschaft unterworfen war; offensichtlich hing es nicht von spezifischen wirtschaftlichen, gesellschaftlichen und politischen Konstellationen ab. Und doch war Maskulinität eng mit einem spezifischen moralischen Imperativ verknüpft, mit bestimmten normativen Maßstäben in bezug auf Erscheinungsbild, Haltung und Benehmen. Erst als daher das traditionelle bürgerliche Wertesystem in Gefahr geriet, sah sich auch das Ideal der Maskulinität bedroht.

Hier ist die Position der Männlichkeit der Position der Weiblichkeit nicht unähnlich; maskuline und feminine Figuren wurden beispielsweise zur selben Zeit zu öffentlichen Symbolen, die die Nation verkörperten. Frauenfiguren als nationale Symbole inkarnierten jedoch nicht allgemeingültige Normen, wie sie die Maskulinität vermittelte, sondern vielmehr »mütterliche Eigenschaften«. Sie wiesen auf Tradition und Geschichte der Nation hin, trugen für gewöhnlich antike Kleidung und warfen den Blick zurück, wie Germania, Britannia oder Marianne, die die Züge einer Matrone annahm. Monarchistische oder republikanische Veränderungen berührten die weiblichen Nationalsymbole kaum; sie repräsentierten in ihrer ständigen visuellen Anwesenheit die antiken Werte, die der Nation lieb und wert sein sollten. Selbst die Marianne wurde vorübergehend, weil sie zu sehr an die Revolution erinnerte, abgelehnt, stand aber bald schon wieder in Ehren.[9] Natürlich veranschaulichten Frauen als öffentliche Symbole durch ihr »liebliches« Erscheinungsbild und ihre passive Haltung auch normative gesellschaftliche Werte. In zahllosen Illustrationen wie beispielsweise jener, die Goethes *Leiden des jungen Werthers* (1774) begleitete, waren Frauen von Bäumen und Blumen (was ihre natürliche Unschuld bezeugte) sowie von süßen kleinen Kindern (Abbildung 1.1) umgeben. Aber Frauen als öffentliche Symbole, dies bleibt festzuhalten, repräsentierten nicht die

1.1 Diese Darstellung von Werthers Lotte mit ihren Kindern von Bartolozzi (1792) enthält noch weitere Symbole der Weiblichkeit: Eros, der Trompete bläst, die Kirche, die blühende Natur. (*Werther-Illustrationen*. Stadtmuseum Ratingen. Hrsg. Ursula Mildner-Flesch und Heinz Kruger. Ratingen, 1982. Mit freundlicher Genehmigung.)

eigentlichen Hoffnungen der Gesellschaft. Vielmehr sollte der männliche Körper, wie wir noch sehen werden, das Bedürfnis der Gesellschaft nach Ordnung und Fortschritt wie auch die bürgerlichen Tugenden der Selbstkontrolle und Mäßigung widerspiegeln. Frauen als öffentliche Symbole erinnerten primär an die Vergangenheit, an Unschuld und Keuschheit. Auch mit Männlichkeit konnten durchaus solche Tugenden assoziiert werden, darüber hinaus aber noch viel mehr.

Dieser Vergleich verdeutlicht die entscheidende Rolle, die die moderne Maskulinität im Hinblick auf die Ziehung klarer Grenzen zwischen den Geschlechtern gespielt hat. Zu Anfang des 19. Jahrhunderts verloren die Frauen die wenigen Vorteile, die sie während der Aufklärung im 18. Jahrhundert erlangt hatten, und wurden in eine andere Sphäre verbannt: ihre Aufgabe bestand nun allein darin, den Haushalt zu führen und die Kinder zu erziehen. Anders als die weiblichen Nationalsymbole durften die Frauen in der Öffentlichkeit nicht in Erscheinung treten. Diese Arbeitsaufteilung bedeutete nicht unbedingt, daß Frauen weniger wert waren als Männer, aber sie hatten andere Funktionen: man ging nun davon aus, daß Männer und Frauen einander ergänzten.

Diese Unterscheidung war überaus wichtig für die Konstruktion der modernen Maskulinität, die sich selbst – wie erwähnt – gegen einen Anti-Typus definierte, aber auch gegen das andere Geschlecht. So wurde zum Beispiel das Wort »weibisch« (effeminate) im 18. Jahrhundert allgemein gebräuchlich und wies auf unmännliche Weichheit und Zartheit hin. Die Aufteilung der Geschlechter und die Ausprägung des idealen Männertypus blieben unverändert, obwohl sie durch die Frauenrechtsbewegungen seit dem Ende des 19. Jahrhunderts in Frage gestellt wurden. Im Zuge dieser Bewegungen tauchte die sogenannte neue Frau auf, hauptsächlich nach dem Ersten Weltkrieg: selbständig, berufstätig, mit männlicher Kleidung, kurzen Haaren und einer Zigarette in der Hand (Abbildung 1.2). Während der Weimarer Republik in Deutschland schien der Lebensstil der Geschlechter, zumindest bei den Intellektuellen, sich anzugleichen.[10] Aber die Panik, die die sogenannten neuen Frauen bei manchen Männern auslösten, war größtenteils übertrieben. Stefan Zweig stellte zum Beispiel einen großen moralischen Wandel nach dem Ersten Weltkrieg fest, als sich die Beziehung zwischen den Geschlechtern von falscher Prüderie zu befreien schien; das berührte ihm zufolge aber nicht die Weiblichkeit der Frauen an sich. Denn, so Zweig,

1.2 *Sylvia von Harden*, Journalistin, von Otto Dix (1926). (Musée National d'Art Moderne, Centre National d'Art et de Culture Georges Pompidou. Mit freundlicher Genehmigung.)

durch die Kleidung wurden die weiblichen Formen glücklicherweise nicht verdeckt.[11]

Obwohl die meisten »bürgerlichen« Frauen religiös und konservativ waren, wie Ute Frevert es für Deutschland aufgezeigt hat,[12] minderte das keineswegs die Bedrohung, die für die Männer von der Lockerung der Geschlechtergrenzen ausging. Trotzdem hatten Frauen einen anderen Status als die Anti-Typen, die das genaue Gegenteil der normativen Maskulinität darstellten und denen angeblich all die Eigenschaften fehlten, die Angehörige der etablierten Gesellschaft – ob Männer oder Frauen – vermeintlich besaßen. Frauen, die ihre vorbestimmte Rolle verließen, wurden allerdings diesen Anti-Typen zugerechnet; sie wurden zu Feinden, gegen die sich das Bild der Männlichkeit scharf abgrenzte. Um eine frühere Aussage auszuweiten: So wie die moderne Maskulinität die Ideale und Hoffnungen der Gesellschaft widerspiegelte, so waren ihre Feinde auch die Feinde der Gesellschaft. Hier erfüllten die Vorstellungen von Männlichkeit die Aufgabe, die normative Gesellschaft gegen jene zu stärken, die deren Struktur angeblich zerstören wollten und die durch ihr Aussehen und ihr Verhalten eindeutig ihre bösen Absichten erkennen ließen.

Die Dauerhaftigkeit des maskulinen Ideals, vom Ende des 18. Jahrhunderts bis in unsere Zeit, bestimmt die Struktur dieses Buches. Die ersten Kapitel zeichnen das männliche Ideal: die Normen, an denen es gemessen wurde, und ihre Durchsetzung. Sobald die Grundlagen des modernen Männlichkeitsbildes gelegt sind, werden die wichtigsten Aspekte seiner Geschichte untersucht: Ereignisse oder Bewegungen, die seine Dimensionen erweiterten, die versuchten, einen Richtungswandel vorzunehmen oder die latent im Stereotyp liegenden Aspekte herauszuarbeiten. Die Bewegung der Dekadenz um die Jahrhundertwende, der Erste Weltkrieg und die neuen politischen Bewegungen in seiner Folge sind einige der Ereignisse, die der normativen Definition der Maskulinität ihren Stempel aufdrückten. Hier interessieren uns vor allem die normsetzenden, nicht die normsprengenden

Definitionen der Männlichkeit. Wie oft sind wir von dem Außergewöhnlichen, dem besonders Interessanten oder Provozierenden fasziniert und vergessen darüber, daß das Normative – das, was für normal gehalten wird – die meisten Menschen leitet und ihre Wahrnehmung der Gesellschaft sowie ihre Stellung darin bestimmt.

Dem Anti-Typus des männlichen Ideals widmen wir ebenfalls unsere Aufmerksamkeit. Wir haben bereits erwähnt, daß die Maskulinität ihr Bild stets in der Konfrontation mit ihren Feinden neu bestätigte und stärkte – Feinde, die all das waren, was der männliche Mann nicht war und nicht sein wollte, weitgehend in direktem Gegensatz zum maskulinen Stereotyp konstruierte Figuren. Die Geschichte von Rassismus und Antisemitismus hat bis heute die wichtige Rolle, die die moderne Männlichkeit bei der Entwicklung von Vorurteilen spielte, sträflich vernachlässigt – ebenso den Umstand, daß die Normen, an denen solche Außenseiter gemessen wurden, größtenteils auf Geist und Körper des »idealen Mannes« beruhten. Jeder jüdische oder schwarze Mann bzw. jeder Mann, der einer vermeintlich minderwertigen Rasse zugerechnet wird, kann diese Tatsache anhand eigener Erfahrungen bestätigen. Wie viele solcher Außenseiter haben wohl versucht, »Insider« zu werden, indem sie ihren Körper neu formten und ihr Verhalten an das männliche ästhetische Ideal anpaßten? Bodybuilding, Nasenbegradigung und Haarglättung sind nur einige der Hilfsmittel, um dieses Ziel zu erreichen.

Diese Anti-Typen waren traditionell »Außenseiter« – wie Juden oder Zigeuner (es gab schließlich nur sehr wenige Schwarze in Europa) –, aber auch jene, die die gesellschaftlichen Normen ablehnten oder nicht hineinpaßten – wie Vagabunden, Verrückte oder Verbrecher –, und nicht zuletzt »unmännliche« Männer und »unweibliche« Frauen. Gegen Ende des 19. Jahrhunderts versteckten sich Lesben und homosexuelle Männer nicht mehr so wie früher, und einige begannen sogar, ihre Abweichung von der Norm stolz zur Schau zu stellen. Alle Außenseiter wurden, wie wir noch sehen werden, ihrerseits in dem Maße zum Klischee, wie sie dem männlichen Ideal entgegenstanden. Weil dieses Ideal festgesetzt war, hatte sein Anti-Typ keinerlei Spielraum; man konnte ja nicht sein Aussehen oder seinen Charakter verändern. Wir werden die Außenseiter in diesem Buch oft antreffen. Sie versuchten, »wahre Männer« zu werden, schlossen sich schließlich zu eigenen emanzipatorischen Bewegungen zusammen – zum einen, um all dem zu entkommen, was das männliche Stereotyp symbolisierte, und zum andern, um es herauszufordern. In diesem Zusammenhang ist nochmals auf die schon genannte Dialektik hinzuweisen: Die moderne Maskulinität brauchte stets ihren Anti-Typus, und diejenigen, die als Anti-Typen stigmatisiert wurden, versuchten entweder, den Idealtypus zu imitieren oder sich selbst im Widerspruch zum dominanten Stereotyp zu definieren. Wie auch immer, eine Flucht aus dem Stereotyp sollte sich stets als äußerst schwierig erweisen.

Das Bild der Frau als passives Wesen in Gesellschaft und Politik blieb bis lange nach dem Ersten Weltkrieg bestehen, trotz diverser Frauenrechtsbewegungen, die für eine Teilnahme der Frauen am öffentlichen Leben warben. Auch das männliche Stereotyp ließ sich nicht so leicht überwinden – weder Stereotype noch Symbole sind leicht zu modifizieren. Dennoch scheint es, als ob das männliche Stereotyp beständiger war als das Frauenbild. Auch als man vom »neuen Mann« sprach, handelte es sich oft nur um den alten Mann in anderer Gestalt, wie wir noch sehen werden, doch die »neue Frau« bedeutete einen substantiellen Wandel. Die Phantasie der Männer spielte mit weiblichen Stereotypen wie der »femme fatale« oder der Amazone (die Frau als nationales Symbol war natürlich heilig), gleichwohl hatten die Frauen nie wirklich die Chance, das öffentliche Männerbild zu prägen. Auch im Bewußtsein jener, die eine bedeutendere Rolle der Frauen im öffentlichen Leben befürworteten, spukten noch lange Zeit traditionelle Frauenbilder herum.

Einige Männer versuchten, alternative Sichtweisen der Maskulinität zu entwerfen, die nicht dem normativen Stereotyp entsprachen. Vor allem die sozialistischen Intellektuellen, die einen –

wie sie es nannten – »neuen Mann« konstruierten, der die Tradition der Aufklärung fortsetzte, scheinen das traditionelle Stereotyp mit seinem Nationalismus und seiner latenten Aggressivität zurückgewiesen zu haben. Männer wie Max Adler kehrten zu Beginn dieses Jahrhunderts zu den Vorstellungen der Aufklärung zurück, die gut einhundert Jahre zuvor formuliert worden waren. Diese Sozialisten beschäftigten sich weniger mit dem körperlichen Erscheinungsbild denn mit dem humanistischen Geist, den der neue Mann besitzen mußte. Dennoch scheiterten ihre Bemühungen, das Männerbild tiefgreifend zu verändern. Das Stereotyp, mit dem wir uns in erster Linie beschäftigen, erfüllte zu viele Bedürfnisse und war zu tief in der Gesellschaft verankert.

Stereotype können jedoch mit derselben Geschwindigkeit ausgelöscht werden, wie die Gesellschaft selbst für die Lockerung von Sitte, Moral und Tugendhaftigkeit sorgt bzw. sie zu tolerieren scheint, Tugenden, die für das Stereotyp bis zu einem gewissen Grad als entscheidend betrachtet werden. Der Nationalismus und mit ihm der symbolische Wert der Männlichkeit innerhalb dieses Bezugsrahmens kann genauso schnell wieder verschwinden. Wir werden versuchen, am Ende dieses Buches zu bestimmen, ob eine solche Aushöhlung traditioneller Stereotype und entsprechender Symbole nach dem Zweiten Weltkrieg in Westeuropa stattfand oder ob die moderne Maskulinität immer noch ein erstrebenswertes Ideal darstellt. Bleibt wahre Männlichkeit weiterhin die wirkungsmächtige politische und gesellschaftliche Kraft, die sie im 19. Jahrhundert und während eines Großteils des 20. Jahrhunderts gewesen ist?

Unsere Analyse der Männlichkeit, ihrer Stereotype und ihres Einflusses auf das öffentliche Leben konzentriert sich auf bestimmte geographische Gebiete. Deutschland steht hier im Mittelpunkt, aber es werden auch Beispiele aus England, Frankreich und Italien angeführt. In diesem Kontext über das postrevolutionäre Frankreich zu schreiben erweist sich als schwierig, weil vergleichsweise wenige Forschungsarbeiten existieren, die sich mit dem allgemeinen Stereotyp der Maskulinität in diesem Land beschäftigen. Wir haben uns auf den Teil des europäischen Kontinents beschränkt, der, grob gesagt, westlichen Traditionen folgte, und dazu gehören Deutschland und Österreich als Teile Westeuropas. Die Vereinigten Staaten rücken erst im letzten Kapitel dieses Buches in den Blick, übten sie doch nach dem Zweiten Weltkrieg einen gewaltigen kulturellen Einfluß auf Europa aus. Aus einem solchen Blickwinkel können wir die Entwicklung der modernen Maskulinität sehr differenziert betrachten und die Ergebnisse auf weite Teile Europas übertragen.

Obwohl in diesem Buch nicht speziell auf den Zusammenhang von Maskulinität und Imperialismus eingegangen wird, sind gerade Weltreiche wie das Britische Empire extrem »maskuline« Gebilde. R. S. S. Baden-Powell, der Gründer der Pfadfinder, schrieb, daß Afrikaner träge und so schwerfällig wie Ochsen seien. »Sie mögen unsere Brüder sein«, fuhr er fort, »aber sie sind mit Sicherheit keine Männer.«[13] Rudyard Kipling, um ein weiteres berühmtes Beispiel zu zitieren, neigte in seinen Schriften über die Pioniere des Empire dazu, gutes Aussehen mit maskulinen Tugenden zu kombinieren.[14] Aber vor allem waren die Männer in Kiplings Werk, wie Martin Green uns wissen ließ, Mittler der Macht: Macht wird ihnen von ihren Vorgesetzten aufgebürdet, und sie bürden sie wiederum anderen auf.[15] Dennoch durfte nicht einmal im Britischen Empire die männliche Kraft nach Gutdünken schalten und walten; es galt sie im Zaume zu halten.[16] Wie wir noch sehen werden, war eine solche Zurückhaltung das Schlüsselattribut des maskulinen Stereotyps; ein wahrer Mann hatte seine Leidenschaften stets zu zügeln. Das Britische Empire wurde an Orten wie dem indischen Subkontinent zu einem Kampfplatz, auf dem der viktorianische Charakter erprobt und gestärkt wurde.[17]

Die Maskulinität kann nicht bloß auf die Existenz roher Kraft in Politik, Gesellschaft, Familie oder Nation reduziert werden; so eindimensional war sie nie. Statt dessen waren in ihr reihenweise Eigenschaften enthalten, die sowohl die gesellschaftliche Realität als auch die Zukunftshoffnungen widerspiegelten. Wie wir noch sehen werden, forderte die bürgerliche Moral eine »stille Größe«, die nicht mit Tugenden wie »Fair play«, Harmonie oder Ordnungsliebe in Konflikt trat und die keine unziemliche Zurschaustellung von Macht aufwies. Wenn wir im nächsten Kapitel über die männliche Ehre und das Duell sprechen, werden wir zeigen, wie das Bild des Kriegers allmählich dem Bild des Friedensstifters weicht.

Gerade die Mächtigen sind dazu bestimmt, die moderne Männlichkeit zu personifizieren, selbst wenn sie in Wirklichkeit eher die gelangweilten, erschöpften und gleichgültigen französischen Kolonialoffiziere gewesen sein mögen, die Louis Ferdinand Céline in seinem Roman *Reise ans Ende der Nacht* (1936) so treffend beschrieben hat. Aber wie sehr das männliche Stereotyp im Detail auch variierte, wo immer die Maskulinität in der heutigen Zeit zu einer wichtigen politischen und gesellschaftlichen Kraft wurde, war sie auch ein Symbol für die Ideale und Hoffnungen der Gesellschaft. Eine Veränderung trat erst vor kurzem auf, als wichtige Segmente der Gesellschaft auf einen gänzlich neuen Kurs einzuschwenken schienen, dessen Richtung noch nicht absehbar ist.

2 Die Norm wird gesetzt

I

Die Konstruktion der modernen Maskulinität verläuft parallel zur Herausbildung der bürgerlichen Gesellschaft gegen Ende des 18. Jahrhunderts. Damals tauchte ein Stereotyp der Männlichkeit auf, das wir sogar heute noch erkennen. Darüber darf freilich der Einfluß früherer Männlichkeitsbilder nicht vernachlässigt werden. Was aber löste den Richtungswandel in der Vorstellung von Männlichkeit gegen Ende des 18. Jahrhunderts aus?

Der Bruch mit älteren aristokratischen Vorstellungen von Männlichkeit war keineswegs abrupt. Mittelalterliche Ideale wie Ritterlichkeit, Rituale wie das Duell überdauerten bis weit in die Neuzeit. Die früheren, dem Adel vorbehaltenen Ideale der Männlichkeit waren weitgehend diejenigen einer Kriegerkaste; doch war ob der Verfeinerung der höfischen Gesellschaft ein solches Bild von Maskulinität lange vor dem Ende des 18. Jahrhunderts bereits gemildert. Gleichwohl ähnelten mittelalterliche Turniere eher Kriegsspielen als Ritterlichkeitsritualen und hingen mit dem Niedergang der Ritterschaft zusammen, als starke Herrscher ihrer Macht Grenzen setzten.[1] Duelle – der Kampf zwischen zwei Männern vor Zeugen – waren seit dem 16. Jahrhundert ritualisiert.[2] Dieses »Gottesurteil« war Bestandteil eines Rituals der Konfrontation, das sich unkontrollierter Gewalt und grobschlächtigen Dominanzgesten (zum Beispiel wenn der Sieger seinen Fuß auf die Brust des Besiegten stellt) entledigt hatte.

Das Duell wurde um der männlichen Ehre willen ausgefochten, und diese Vorstellung von Ehre war äußerst zählebig. Man brauchte Mut bzw. Kaltblütigkeit, um sie zu verteidigen. Die aristokratische Ehre war der Kraft des Blutes verhaftet, an edle Abstammung gebunden. Nicht umsonst war einer der häufigsten Gründe für Duelle, daß jemand einem anderen, der einen bestimmten Rang innehatte, nicht den gebührenden Respekt erwiesen hatte. Die Ehre war ebenso wie die Ritterlichkeit an das Individuum selbst gebunden, an seinen Ruf, seine Stellung und Würde. Aber zu der Vorstellung von Ehre gehörte auch eine Vorstellung von Männlichkeit – »Feigling« genannt zu werden galt als schlimmste Beleidigung. In England war Edmund Burke nicht der einzige, der Ritterlichkeit mit Männlichkeit gleichsetzte und damit Heldentum und Herzensbildung meinte.[3] Mut und Tollkühnheit waren einige der Tugenden, die ein Mann besitzen mußte; er sollte auch voller Mitgefühl, loyal und durch die reine Liebe einer Frau geadelt sein. Dieses Ideal der Ritterlichkeit wurde von der feudalen Gesellschaft verkündet, als sie sich schon im Abstieg befand und sich der Adel an einen bestimmten Ehrenkodex als Symbol seiner Autonomie klammerte. Adelige Offiziere, Höflinge und Beamte kultivierten einen Ehrenkodex, der zum einen mit strenger Pflichterfüllung verbunden war und zum anderen den Versuch bedeutete, Selbstachtung und ein gewisses Bewußtsein seines Standes aufrechtzuerhalten.[4]

Die männlichen Eigenschaften der aristokratischen Ehre sollten ebenso überdauern wie das Ideal der Ritterlichkeit – nicht nur als vielzitierte Metapher, sondern als probates Mittel, die Härte der Maskulinität zu mildern. Anatole France schrieb 1886, zu einer Zeit, als das Duell in Frankreich eine erstaunliche Wiederbelebung erfuhr, daß das Schwert das erste Werkzeug der Zivilisation sei, das einzige Mittel, das der Mensch erfunden habe, um seine brutalen Instinkte mit dem Ideal der Gerechtigkeit in Einklang zu bringen.[5] Der »kriegerische« Verhaltenskodex konnte also in eine Zeit übertragen werden, in der schickliches Verhalten, wie das des englischen Gentlemans, zu einer wichtigen Komponente der Maskulinität geworden war. Die romantische Bewegung im frühen 19. Jahrhundert stärkte das Konzept der Ritterlichkeit, wie beispielsweise in den Romanen von Sir Walter Scott, und Edmund Burke kritisierte an den Jakobinern, daß ihnen Anstand einschließlich ritterlichen Verhaltens bei weitem weniger wichtig seien als Gesetze.[6] Tatsächlich finden sich viele der Eigenschaften, die ein vollkommener Ritter besitzen sollte, schon in Alain Chartiers Ballade *Les Breviaires des Nobles* (Der Katechismus der Edlen) aus dem 15. Jahrhundert, zum Beispiel Loyalität, Rechtschaffenheit, Tapferkeit, Nüchternheit und Ausdauer. Diese Eigenschaften waren äußerst anpassungsfähig und entsprachen auch noch der Definition der modernen Maskulinität.[7] Und doch mangelte es diesem aristokratischen Ideal noch an festen Konturen und an moralischen Untertönen, die sich als so entscheidend für die moderne Maskulinität herausstellen sollten. Auf jeden Fall war die Ritterlichkeit ein anzustrebendes Ideal, auch wenn sie in einem gewalttätigeren Zeitalter keine besondere Wertschätzung erfuhr.

Zumindest seit dem 18. Jahrhundert war die Anpassung solcher aristokratischer Vorstellungen an bürgerliche Gepflogenheiten ein wichtiger Schritt. Eigenschaften wie Mut, Kaltblütigkeit und sogar Mitgefühl blieben bedeutsam, verloren jedoch viel von ihrer ursprünglichen Kraft und wurden in den moralischen Imperativ eingebettet. Die idealisierte platonische Liebe einer edlen Dame, welche die Ritterschaft spiritualisieren sollte, wurde durch das Monopol der Ehe zur Alltäglichkeit. Das körperliche Erscheinungsbild erlangte nun eine Bedeutung, die es früher nicht hatte; nicht nur das Verhalten, auch das Aussehen wurde wichtig. Eine solche Ästhetik der Maskulinität war entscheidend für die Herausbildung eines Stereotyps, das sehr stark auf dem Visuellen beruhte, wie wir im letzten Kapitel gesehen haben, und das in hohem Maße die Einstellung zur modernen Maskulinität bestimmte. Als konsistentes Stereotyp sollte es erst gegen Ende des 18. Jahrhunderts auftauchen, als Stereotyp, das die ganze Persönlichkeit umschloß und eine definitive Norm für männliches Erscheinungsbild und Verhalten setzte.

Dabei leisteten die aristokratischen Vorstellungen von Männlichkeit ihren Beitrag, auch wenn sie gewisse Modifikationen erfuhren. Das Duell stärkte das Gefühl persönlicher Autonomie, aber auch das von Klassenzugehörigkeit bzw. gesellschaftlicher Stellung; es spielte im 19. Jahrhundert eine bedeutsame Rolle im Leben von Offizieren und Studenten, Politikern und Geschäftsleuten ebenso wie von Juden, die damit die ihrem Stereotyp zugesprochenen Wesensarten wie Unmännlichkeit und Feigheit widerlegten.[8] Theodor Herzl in Wien träumte nicht umsonst davon, sich mit österreichischen Antisemiten zu duellieren und sie zu besiegen. Offiziere machten von diesem »Ehrenkodex« ebenso Gebrauch wie die Burschenschaftsstudenten an Eliteuniversitäten, für die Duelle unabdingbar waren, wenn es galt, ihren Status zu behaupten. In einer nichtaristokratischen Gesellschaft kam es nicht zuletzt darauf an, mit wem man ein Duell ausfocht, denn hierbei beschränkte man sich nicht länger auf die gesellschaftliche Schicht, in die man hineingeboren wurde. Des Duellierens für würdig erachtet zu werden bedeutete, denselben gesellschaftlichen Status zu haben wie der Gegner. Das Bürgertum in den deutschsprachigen Ländern führte den männlichen Ehrenkodex als Regelkatalog ein, den es sich selbst gesetzt hatte[9] – und von dem die Juden in Mitteleuropa allmählich ausgeschlossen wurden; konnte hier doch mühelos eine Grenze gezogen werden zwischen jenen, die die Gesellschaft anerkannte, und jenen, die sie an den Rand zu drängen oder von der Macht auszuschließen versuchte.

Obwohl in Mitteleuropa Vorstellungen von männlicher Ehre, die auf aristokratischen Modellen beruhten, vor allem im Offizierskorps und unter Studenten galten, war das Offizierskorps mehr als nur eine militärische Einrichtung. Die Studenten wurden in Deutschland zu Reserveoffizieren, was ihnen für den Rest ihres Lebens einen bestimmten gesellschaftlichen Status verlieh, wovon die »Schmisse« in ihren Gesichtern Zeugnis ablegten. Bei den Burschenschaften gehörten Duelle zum guten Ton – sie wurden fast zu einem Sport. Zum Teil versuchten die Mitglieder, geblendet von der aristokratischen Tradition, ihren Status zu erhöhen, zum Teil zementierten Duelle ihre Kameradschaft, und nicht zuletzt machten sie sie zu einer studentischen Elite. Darüber hinaus endeten Studentenduelle selten tödlich.[10] Studenten und Offiziere waren aber mit ihrer Vorliebe für Zweikämpfe nicht allein; so forderte auch Karl Marx einen Gegner zum Duell. Trotz alledem schätzt man, daß nur fünf Prozent der deutschen Gesellschaft für satisfaktionswürdig befunden wurde.[11] In Frankreich konnte sich dagegen jeder mit jedem schlagen; das Duell war dort weniger ein Ausdruck der gesellschaftlichen Stellung als vielmehr ein Instrument zivilisierter Männlichkeit. Brachte doch die Kunst des Fechtens »virile Herzen und vitale Körper« hervor,[12] dringend erforderlich für eine Nation, die 1871 von Preußen geschlagen und gedemütigt worden war.

Obwohl diese aristokratischen Elemente überlebten, veränderten sie doch ihre Form. Natürlich war das Duell nach wie vor eine ritualisierte Verteidigung männlicher Ehre: von der Beleidigung über die Herausforderung und die formelle Ernennung von Sekundanten bis zur Wahl der Waffen zwischen Degen und Pistole. All das gehorchte seit dem Barock praktisch denselben Regeln, doch die Analogie zum Krieg fand sich nur in Deutschland. Auch wenn Duelle bisweilen mit dem Tod eines Beteiligten endeten, trugen sie doch bürgerlicher Empfindsamkeit Rechnung, indem sie sich in das moralische Mäntelchen von Gerechtigkeit und Tugend kleideten.[13] Die Ehre allein auf die Abstammung zu gründen war im modernen Zeitalter hinfällig geworden; statt dessen hofften bürgerliche Kritiker der Feudalordnung, wie Robert Nye schrieb, die Ehre durch Tugend zu ersetzen.[14] In Wirklichkeit aber kam das Duell auch weiterhin zur Verteidigung der Ehre zum Einsatz, selbst wenn andere männliche Eigenschaften allmählich das aristokratische Gebaren ersetzten.

Um 1900 war es in Deutschland, anders als in Frankreich, das erklärte Ziel des Duells, den Gegner zu töten, denn für gewöhnlich bevorzugte man Pistolen, nicht den Degen.[15] Der Schwerpunkt lag auf Selbstkontrolle, Zielsicherheit und Mißachtung der Gefahr, denn Kugeln war man wehrlos ausgesetzt, während sich die Duellanten mit dem Degen durchaus verteidigen konnten.

Deutsche Duelle waren überaus ernsthafte Angelegenheiten; französische Duelle zeichneten sich dagegen durch eine extrem niedrige Sterblichkeitsrate aus.[16] Die militärische Komponente der deutschen Duelle fehlte in Frankreich. Deutsche Burschenschaften verwendeten Degen und schufen so eine Art Sport, der Duelle nachahmte. Die zugefügten Wunden durften dem Verletzten keinen einzigen Schrei entlocken (Assoziationen an Laokoon drängen sich auf).[17] Doch so oder so mußten sich zu Tapferkeit und Mut noch andere Tugenden gesellen: Aufrichtigkeit, Ehrlichkeit und Leidenschaftslosigkeit. Darüber hinaus unterlagen Duelle zahlreichen Restriktionen;[18] sie waren auf fast bürokratische Weise geregelt.

Das deutsche Duell assimilierte die moderne Maskulinität auf seine Weise. Die neue gesellschaftliche Realität wurde integriert – man unternahm große Anstrengungen, um jedem Duellanten die gleiche Chance zu ermöglichen.[19] Die Art und Weise, wie sich eine neue gesellschaftliche Realität mit einem aristokratischen Brauch verband, trat in Frankreich am deutlichsten zutage. Das Ziel des Duells lag nicht länger darin, den Feind zu töten, sondern männliche Tugenden beispielhaft aufzuzeigen. Dieser Richtungswandel zeigte sich am deutlichsten gegen Ende des 19. Jahrhunderts – zu einer Zeit, in der viele Duelle ausgefochten wurden: »Wenn ein Mann seine Ehre zu dem einzigen Zweck verteidigt, ehrenhaft zu erscheinen, dann verliert der Ehrenkodex seine ursprüngliche Funktion und wird zur Karikatur.«[20] Die Funktion, die er erfüllen sollte, selbst wenn das – zumindest in Deutschland – in der Praxis anders aussah, läßt sich in einer zeitgenössischen französischen Arbeit über Duelle nachlesen. Sie nennt viele der Punkte, auf die wir bereits eingegangen sind: das Duell macht den Mann stark und unabhängig, es dient der Gerechtigkeit, vor allem, wenn das Gesetz nicht mehr greift, und sorgt für die gerechte Strafe der zugefügten Beleidigung.[21] Auf diese Weise suchte man die gesetzestreuen Bürger zu beruhigen. Aber das Duell diente auch dazu, Streitigkeiten nicht außer Kontrolle geraten zu lassen. Männer, die ihre Degen kreuzten, formten angeblich eine Art »Freimaurerschaft« des gegenseitigen Respekts. Daher war das Duell in die Ideale von Gerechtigkeit und männlicher Tugend eingebettet und verkörperte auch die Prinzipien von Recht und Ordnung, die der bürgerlichen Gesellschaft so wichtig waren.

Die männliche Ordnung sollte sich über moralische Zwecke legitimieren – so waren Gerechtigkeit, Gleichheit sowie Recht und Ordnung die Zeichen einer fundamentalen Veränderung, als die Adelsgesellschaft allmählich in eine bürgerliche überging. Männliche Ehre bedeutete nicht länger, nur Standesbewußtsein zu besitzen. Das Duellieren und das Fechten – eine notwendige Fertigkeit, um im Zweikampf zu bestehen – wurden jetzt als Charakterschulung betrachtet.[22] Trotzdem beschlich hin und wieder ein Gefühl des Unbehagens einige von denen, die zu Duellen Zuflucht nahmen, sogar in Deutschland. So hat beispielsweise der gehörnte Ehegatte in Theodor Fontanes Roman *Effi Briest* (1895), der soeben den Verführer seiner Frau in einem Duell getötet hat, Gewissensbisse, trotz der Tatsache, daß – wie er sich selbst ständig vorsagt – alles so geschah, wie es geschehen mußte.[23] Außerdem waren Duelle nun nicht länger öffentliche Ereignisse wie früher, sondern wurden privatim ausgefochten.[24] Obwohl das traditionelle Ritual im großen und ganzen bestehen blieb, hatten bürgerliche Elemente ihren Einzug gehalten. Nichts verdeutlicht dies so sehr – mehr noch als das schlechte Gewissen des Ehemanns von Effi Briest – wie die Tatsache, daß Duelle jetzt mit einem Handschlag der Duellanten enden mußten. Obwohl einige Duelle immer noch tödlich endeten, hatten sie sich größtenteils zu charakterbildenden Übungen bzw. Erprobungen der Männlichkeit gewandelt und waren nicht länger ein »Gottesurteil«.

Während die Parlamente am Ende des 19. Jahrhunderts über ein Verbot von Duellen debattierten, ermutigten die Regierenden sogenannte Ehrengerichte, die bei Ehrenhändeln Schiedssprüche fällen konnten. Trotzdem überdauerten die Duelle bis weit nach dem Ersten Weltkrieg. Daß das Duell ein Beweis männlicher

Qualitäten und ein Zeichen der Zugehörigkeit zur anerkannten Gesellschaft war, beweist die Tatsache, daß im Jahre 1926 das letzte noch verbliebene jüdische Mitglied einer Burschenschaft von Elitestudenten die Forderung zu einem Duell akzeptierte, obwohl die Auseinandersetzung vor einem Ehrengericht entschieden worden war, weil es damit die gesellschaftliche Stellung aller deutschen Juden zu verteidigen hatte.[25] Durch eine solche Zurschaustellung männlicher Ehre wollte hier eine diskriminierte Minderheit Teil des angesehenen Bürgertums werden. Ein Einzelfall, der aber die Langlebigkeit eines ehedem aristokratischen Ideals zeigt. Am Ende konnte jedoch nicht einmal die Anpassung an die moralischen Imperative das Duell davor retten, unter dem Ansturm seiner Kritiker abzutreten, die es als barbarische Methode zur Regelung von Ehrenhändeln verurteilten. Nicht zuletzt wollten die Herrschenden ihre besten Offiziere nicht unbedingt durch Zweikämpfe verlieren.

Die Bedeutung des Duells wurde erst vor kurzem von der Geschichtsforschung wiederentdeckt. Während der letzten einhundert Jahre wollten immer weitere Teile des Bürgertums, vielleicht sogar die Mehrheit, Duelle verbieten, nicht zu reden von den Intellektuellen. Aber für unsere Zwecke ist die Kontroverse, die das Duell als solches auslöste, nicht wichtig. Es erlangt vielmehr Bedeutung als aristokratisches Konzept männlicher Ehre, das seinen eigenen Beitrag leistete zur Konstruktion der modernen Maskulinität, an die von nun an wichtige moralische und körperliche Prinzipien gebunden waren. Männliche Eigenschaften wie Mut, Kaltblütigkeit, Stolz und Gerechtigkeitsgefühl blieben unangetastet. Die Vorstellung von Ritterlichkeit, die ebenfalls aus der Vergangenheit stammte, wurde ausgeweitet; man stellte sich unter Ritterlichkeit nun eine bestimmte Einstellung, entsprechende Verhaltensweisen vor – in England zum Beispiel Mitgefühl, Aufrichtigkeit und Patriotismus. Auch wenn im frühen 20. Jahrhundert Schluß mit den Duellen war, wurden die sogenannten ritterlichen Ideale Bestandteil einer bürgerlichen Moral, Teil dessen, was man für respektables Verhalten hielt.

Zur Ehre gehörte nicht nur »moralische Härte«. Körperliche Fertigkeiten und Geschicklichkeit waren immer schon wichtig gewesen, aber jetzt betrachtete die neu entstehende Gesellschaft den gesamten männlichen Körper als Inbegriff von Virilität, Stärke und Mut, was sich in Haltung und Erscheinungsbild niederschlagen sollte. Früher war zwar häufig von ritterlichem Verhalten, aber selten von entsprechendem Aussehen die Rede, und niemals – außer vielleicht bei den übelsten Schurken – wurde der menschliche Körper selbst zum Beurteilungskriterium. Natürlich war das Äußere in gewisser Weise immer schon von Belang gewesen; daher galt im Mittelalter und der Frühen Neuzeit Kleidung als Zeichen von Rang und Status, oft durch königliche Erlasse festgelegt. Dazu gesellten sich eine bestimmte männliche Haltung, Höflichkeit und Savoir-faire. Aber was früher nur fragmentarisch vorhanden war, wurde nun systematisiert, zu einer Gesamtheit zusammengefaßt, die nicht nur Kleidung und Haltung, sondern den männlichen Körper selbst in den Mittelpunkt der Aufmerksamkeit rücken ließ und – wie wir noch sehen werden – nach einem bestimmten Schönheitskatalog beurteilte. Wo frühere Zeiten keine solche Klassifikationsmethode kannten, wurde nun ein Stereotyp gestaltet, das die Wahrnehmung des modernen Mannes bestimmte.

Dieses maskuline Stereotyp ist, wie wir noch sehen werden, auch ein Schlüssel zur heutigen Wahrnehmung der Männlichkeit. Die entsprechenden Klischees transportierten die körperlichen und moralischen Werte eines neuen Zeitalters, aber sie setzten auch visuelle Standards, die es auf diese Weise zuvor nicht gegeben hatte. Es genügte nicht, sich an einer herrlichen Landschaft oder an einem vortrefflichen Gemälde zu erfreuen; das öffentliche Leben selbst mußte mit Symbolen und symbolischen Bedeutungen überzogen werden. Die Nation und die Gesellschaft stellten sich somit selbst dar und konkurrierten um die Aufmerksamkeit des Volkes durch den Einsatz von leicht verständlichen und klaren Sinnbildern. Tatsächlich wurde das maskuline Ideal in seiner Stärke und Schönheit zu einem Symbol von Gesellschaft und

Nation. Weltliche Symbole gewannen zunehmend an Bedeutung, als immer mehr Menschen ins öffentliche Leben drängten und das neue Konzept »des Volkes« sich in den Umwälzungen der Französischen Revolution niederschlug. So gelangten diese Symbole während der Französischen Revolution zuhauf zum Einsatz, als die Grande Nation begann, sich symbolisch darzustellen. Es ist verblüffend, in welchem Ausmaß wir uns während und nach dem Zeitalter der Französischen Revolution Beschreibungen männlicher Schönheit als Ausbund von Moral und Stärke gegenübersehen. Gleichzeitig schien das männliche Geschlecht im Laufe der Französischen Revolution und der Napoleonischen Kriege hinsichtlich seiner Männlichkeit immer unsicherer zu werden; diese wird immer und überall unterstrichen, auch dort, wo sie auf der Hand liegt. So heißt es häufig, daß »wir von einer blutigen Schlacht zurückkehren, ausgefochten unter Männern«.[26] Die Kluft zwischen den Geschlechtern wurde ebenfalls größer – jedes Geschlecht war auf seinen eigenen, dem anderen verschlossenen Einflußbereich beschränkt –, und das trug zu dem sich allmählich entwickelnden Imperativ des männlichen Stereotyps bei.

Der Zusammenschluß von Äußerem und Innerem rief ein Stereotyp auf den Plan, das die ganze Persönlichkeit umfaßte und es so erlaubte, den angeblichen Wert des einzelnen von seinem Gesicht bzw. Körperbau »abzulesen«. Aber ein solches Stereotyp konnte nur dann einen Sinn haben, wenn es auch eine äußere Norm gab, an die man sich halten konnte. Ansonsten war eine Beurteilung der ganzen Persönlichkeit nicht möglich. Ein Konsens über das, was bei der männlichen Gestalt als schön zu gelten hatte, entstand Ende des 18. Jahrhunderts und sollte – wie wir am Beispiel des maskulinen Ideals sehen – bis in unsere Zeit Bestand haben.

II

Die Verbindung von Körper und Geist war grundlegend für das Schönheitsideal und für das Stereotyp, das es darstellte. Im Mittelalter und zu Beginn der Neuzeit glaubten die meisten Menschen, daß eine lebende Seele einen unbelebten Körper bewohne. Das Naturideal der Aufklärung trug im 18. Jahrhundert entscheidend zur Zusammenführung von Körper und Seele bei. Hier ist nicht der Ort, um näher auf die Aufklärung einzugehen; es genügt, wenn wir feststellen, daß sie dem Gedanken der Einheit eine zentrale Bedeutung beimaß. Die Natur zu erforschen bedeutete, ihren tieferen Zweck anhand äußerer Erscheinungsbilder lesen zu lernen und das zu entschlüsseln, was man sehen, berühren, messen und sezieren konnte. Hier haben wir weitere Bausteine des modernen Männlichkeitsstereotyps vor Augen. Die Materie allein, so verkündet Pierre Bayle in seinem *Dictionnaire historique et critique* (1697), könne keine wahre Einheit darstellen; sie müsse vereint sein mit dem inneren Geist des autonomen menschlichen Wesens.[27] Der Philosoph Gottfried Wilhelm Leibniz schrieb 1695, daß die Seele untrennbar mit dem Organismus, in den Gott sie einfügt habe, vereint sei.[28] Aufgrund der vermeintlichen Einheit von Mensch und Natur ließen Anthropologen wie Georges-Louis Leclerc de Buffon in seiner berühmten *Histoire naturelle* (1778) die »rein materiellen« Kräfte, die ansonsten die Domäne der Wissenschaft waren, hinter sich und verkündeten statt dessen, daß »unsere Existenz der Zusammenschluß von Materie und Geist« sei.[29] Obwohl Buffon bei seiner Beschreibung der Nervenreaktionen versuchte, innerhalb des rein Physischen zu bleiben, fühlte er sich doch zu der Feststellung verpflichtet, daß die körperliche Erscheinung den Charakter anzeige. Das bedeutete zugleich, daß der Körper nicht länger als unbelebtes Gefäß gedacht wurde.

Johann Kaspar Lavaters Theorie der menschlichen Physiognomie veranschaulicht diese Einheit und zeigt gleichzeitig die große Bedeutung des Visuellen in der modernen Zeit auf. Er führte eine neue Sichtweise von Männern und Frauen ein: nicht die Kleider, die sie trugen, sondern ihre körperlichen Merkmale – die Form der Nase, die Augenfarbe und der Körperbau – drückten für ihn ihren wahren Charakter aus. Die neue Wissenschaft, die er in seinen *Physiognomischen Fragmenten zur Beförderung der Menschenkenntnis und -liebe* 1781 darlegte, basierte auf der Fähigkeit, den verborgenen Charakter eines Menschen anhand seines Äußeren zu erkennen (Abbildung 2.1).[30] J. J. Winckelmann, mit dem wir uns noch ausführlicher beschäftigen werden, versorgte ihn mit einer Norm, an der eine solche Erscheinung gemessen werden konnte: die Griechen verkörperten beispielhaft das Ideal menschlicher Schönheit, und eine solche Schönheit symbolisierte wiederum die richtige moralische Haltung. Die Griechen, so erklärte Lavater, und Winckelmann betete es ihm nach, waren besser und schöner als der Rest der Welt.[31]

Obwohl Lavater ein überzeugter Christ war und an Wunder glaubte, unterstützten die Aufklärer seine neue Wissenschaft voller Begeisterung, und Johann Wolfgang von Goethe selbst sorgte dafür, daß Lavaters ausführliche Arbeit über die Physiognomie veröffentlicht wurde.[32] Obwohl Goethe später mit Lavater eben wegen dessen Irrationalität brach, zeigt die Beliebtheit seiner Theorie, welchen Zwecken sie diente: Hier fand sich ein gewisser Pragmatismus, eine Betonung des Materiellen, mit der Sorge um die richtige Moral zusammen. Wie Lavater es ausdrückte: Je tugendhafter ein Wesen, desto größer seine Schönheit; je weniger tugendhaft, desto häßlicher seine Erscheinung.[33]

Die Physiognomie spielt also eine wichtige Rolle für die Konstruktion der modernen Maskulinität, weil sie der Verbindung von Körper und Seele, von Moral und Körperbau Rechnung zu tragen wußte. Lavater äußerte sich dezidiert über die Art von Moral, die einem Mann körperliche Schönheit verleiht: Liebe zur Arbeit, Mäßigung, Reinlichkeit sind körperlicher Gesundheit und der Wohlgeformtheit der Glieder förderlich.[34] Diese bürgerliche Definition von Tugendhaftigkeit charakterisierte das Stereotyp der idealen Männlichkeit ebenso wie die Harmonie aus

2.1 Lavater »liest« das Gesicht des Schweizer Historikers, Dichters und Kritikers Johann Jakob Bodmer (1698–1783). In dem Begleittext zum Bild heißt es unter anderem: »Wo findet man unter Tausenden von Dummköpfen solche Augen, eine solche Stirn? Wer eine solche Gestalt sein eigen nennt, besitzt mit Sicherheit ein Empfinden für das Natürliche, das Schöne, das Nützliche... Wahre Weisheit liegt in der Nase; und über den Lippen schwebt die Einfachheit des attischen Geistes.« (Johann Kaspar Lavater: *Physiognomische Fragmente zur Beförderung der Menschenkenntnis und -liebe.* London, 1804).

körperlicher und moralischer Schönheit, die Lavater rühmt. Die begeisterte Aufnahme seiner doch recht simplizistischen Theorie verdeutlicht, daß neue Zeiten angebrochen waren, die mit der aristokratischen Vergangenheit wenig am Hut hatten.

Auch die Medizin stärkte die Verbindung zwischen spirituellen und körperlichen Eigenschaften. Man war nun der Ansicht, daß Krankheiten ihre Spuren nicht nur auf dem Körper hinterließen, sondern auch auf dem menschlichen Charakter. Früher unsichtbare Zustände waren nun mühelos zu identifizieren.[35] André David Tissot versicherte in seinem vielgelesenen Werk *L'Onanisme* (1760), daß jene, die die Sünde der Masturbation ausübten, ihr Zeichen nicht nur auf ihren Körpern trügen – bleich, verweichlicht und bar jeglicher Energie –, sondern auch auf ihrem Geist, der melancholisch, willensschwach und ohne Selbstkontrolle sei.[36] Ob sie nun die neuen Wissenschaften des 18. Jahrhunderts wie Physiognomie oder Anthropologie betrieben oder moderne Medizin praktizierten, die Aufklärer gingen doch recht mühelos von der Analyse des Körperbaus zu einem Charakterurteil über. Der lateinische Satz vom »gesunden Geist im gesunden Körper«, der schließlich manch eine Schulsporthalle in Europa zierte, faßte eine Verbindung zusammen, die sich bei der Erschaffung des männlichen Stereotyps wie maßgeschneidert erweisen würde. Jean-Jacques Rousseau riet dem Hauslehrer in seinem erzieherischen Traktat *Émile* (1762), seinen Schüler ständig körperlich in Übung zu halten: er möge ihn robust und gesund erziehen, um ihn vernünftig und verständig zu machen, auf daß er von einem Mann der Tatkraft zu einem Mann der Erkenntnis werde.[37]

Sowohl John Locke als auch Rousseau waren der Ansicht, daß ein durchtrainierter Körper eine Vorbedingung für eine richtige moralische Haltung sei. Sie machten diese Einstellung durch ihre Theorien zur Erziehung und zur menschlichen Natur populär: das äußere Erscheinungsbild wurde zum Symbol des inneren Wertes, einem Zeichen, das alle sehen und lesen konnten. So wurde während der Französischen Revolution – als Teil der revolutionären Selbstdarstellung[38] – der männliche Körperbau selbst zum Symbol einer gesunden Nation und Gesellschaft. Wie wir im Laufe dieser Untersuchung noch sehen werden, hatte der nackte männliche Körper immer wieder diese Funktion inne, bis er im 20. Jahrhundert zu einem der machtvollsten Mittel nationalistischer und auch sozialistischer Selbstdarstellung wurde.

Lavater machte in seiner Physiognomie keine Unterschiede nach Geschlechtern; er schrieb über die Menschheit als Ganzes – und das trotz seiner geringen Meinung von den Frauen.[39] Für Wilhelm von Humboldt ergänzten ein Jahrzehnt später männliche und weibliche Schönheit einander als Symbole der gesamten Menschheit. Wahre Schönheit transzendiere die Besonderheiten des Geschlechts.[40] Während eines Großteils des 18. Jahrhunderts bildeten die Unterschiede zwischen den Geschlechtern keine so eindeutige Achse, um die sich das gesamte menschliche Denken ordnete, doch wurde die Differenzierung zunehmend deutlicher. Man betrachtete die Frau häufig nicht länger nur als Mutter und Erzieherin der Kinder; sie war nun ein offenes Objekt männlichen Begehrens und männlichen Herrschaftsstrebens.[41] Die Frau, so schrieb Rousseau, sei eigens geschaffen worden, um dem Mann zu gefallen.[42] Oder wie es im Artikel 213 des Code Napoléon (1804) heißt, der in einem Großteil von Europa Gesetz blieb: »Der Mann schuldet seinem Weibe Schutz, sie schuldet ihm Gehorsam.« Männliche und weibliche Schönheit wurden ab der Mitte des 18. Jahrhunderts für gewöhnlich nicht länger als komplementär wahrgenommen, sondern als deutlich getrennt, ohne eine Verbindung untereinander. Das engte das Ideal menschlicher Schönheit ein. Jedoch gilt unser Augenmerk hier nicht der zarten und verlockenden Schönheit der Frau, sondern der maskulinen Schönheit, die eine gesunde und fortschrittliche Gesellschaft widerspiegeln sollte. Am Ende dieses Kapitels kehren wir zu der besonderen Funktion zurück, die solchen geschlechtsspezifischen Unterschieden für die Konstruktion der modernen Maskulinität zukam.

Als dem männlichen Körper immer größere Bedeutung als

Symbol wahrer Maskulinität zukam, mußte seiner Form verstärkte Aufmerksamkeit gelten, ebenso wie der Errichtung bestimmter Schönheitskriterien. Die Form des männlichen Körpers und die Norm, an der er gemessen wurde, stehen miteinander in enger Verbindung, denn die Art und Weise, wie sich diese Normen schärften, hing von einer bestimmten Wahrnehmungsdisposition ab: das Äußere als Spiegel des Inneren. Wie sah nun das Ideal aus, dem der männliche Körper entgegenstreben sollte – die Vorstellung von maskuliner Stärke und Schönheit, die sich in den nachfolgenden eineinhalb Jahrhunderten erstaunlich wenig verändern sollte?

Das Ideal männlicher Schönheit war vom alten Griechenland inspiriert; es ist eines der wichtigsten Beispiele für den Einfluß, den die Antike auf das europäische Gedankengut ausübte. Wilhelm von Humboldt faßte dieses Ideal in Worte und gab gleichzeitig ein Beispiel für die Sehnsucht nach Stereotypen, als er 1795 schrieb, nur die Griechen hätten das Individuum erfolgreich in ein abstraktes Ideal verwandelt.[43] Dieses Ideal der menschlichen Schönheit leitete sich von der neuentdeckten Schönheit griechischer Skulpturen ab, die in berühmten Sammlungen zu sehen und, was fast noch wichtiger war, durch Beschreibungen zugänglich waren. Von konkreten Beispielen wurde ein allgemeingültiges Prinzip deduziert. Wilhelm von Humboldts Lob der Griechen gibt uns einen Hinweis darauf, warum die Wiederbelebung der Antike in der zweiten Hälfte des 18. Jahrhunderts einen solch immensen Einfluß auf europäische Intellektuelle ausübte und warum der Mann, der diesen Gedanken verbreitete, J. J. Winckelmann, zu einem der meistgelesenen Schriftsteller seiner Zeit wurde.

Johann Joachim Winckelmann (1717–1768), Archäologe und Kunsthistoriker, war seit seiner Jugend besessen von der Idee, die Schönheit der griechischen Bildhauerei neu zu entdecken – einer Kunstform, die jahrhundertelang vernachlässigt worden war. Er verdiente seinen Lebensunterhalt als Bibliothekar in Sachsen, erfüllte sich dann jedoch seinen Lebenstraum, zog nach

Rom und trat 1759 in die Dienste von Kardinal Albani, um dessen Kunstsammlung zu katalogisieren. Die bedeutendsten griechischen Skulpturen, die man damals kannte, gab es in Rom, hauptsächlich im Vatikan. Hier schrieb Winckelmann seine Arbeiten, die durch ihre Mischung aus Gelehrsamkeit, griffigen Formulierungen und ästhetischer Kritik nicht nur die Schönheit der griechischen Plastik allgemein bekannt machten, sondern ihnen eine ungeheure Bedeutung für sein Jahrhundert verliehen.

In seinen einflußreichsten Arbeiten *Gedanken über die Nachahmung der griechischen Werke in der Malerei und Bildhauerkunst* (1755) und der reich illustrierten *Geschichte der Kunst des Altertums* (1764) versuchte Winckelmann, ein allgemeingültiges Schönheitsideal anhand der Beschreibung der griechischen Skulpturen zu postulieren. Hier bekräftigte er die Vorrangstellung der Bildhauerei vor den anderen Künsten. Gewissermaßen als Echo von Winckelmanns Worten schrieb sein Zeitgenosse, der berühmte Philosoph Johann Gottfried von Herder: »Nur die Bildhauerei kann die vielgestaltige Wahrheit darstellen; Gemälde bieten nur eine Erzählung, durchwoben von Magie.«[44] Tatsächlich wurde nur durch die bildhauerische Darstellung die Struktur des männlichen Körpers vergegenwärtigt, die für die Herausbildung der Norm männlicher Schönheit so entscheidend war.

Die Skulpturen, die Winckelmann als Paradigma nahm, stellten vorwiegend junge Athleten dar, die aufgrund ihres Körperbaus und ihrer Haltung Kraft und Virilität verkörperten, aber auch Harmonie, Proportion und Selbstkontrolle (Abbildung 2.2 und 2.3). Sein oft wiederholter Satz über ihre »edle Einfalt und stille Größe« faßte die Wirkung dieser jungen Männer zusammen. Winckelmanns Stil, der die griechische Schönheit in denkwürdigen Sätzen pries, trug zum Erfolg seiner Thesen noch bei. Die männlichen Körper, die er beschrieb, waren stets geschmeidig, ohne auch nur ein Gramm Fett zuviel, und keine individuellen Besonderheiten des Körpers oder Gesichts störten ihre edlen Proportionen (Winckelmann erzählt uns, daß Alkibiades sich weigerte, Flöte zu spielen, aus Angst, das könne sein Gesicht verzer-

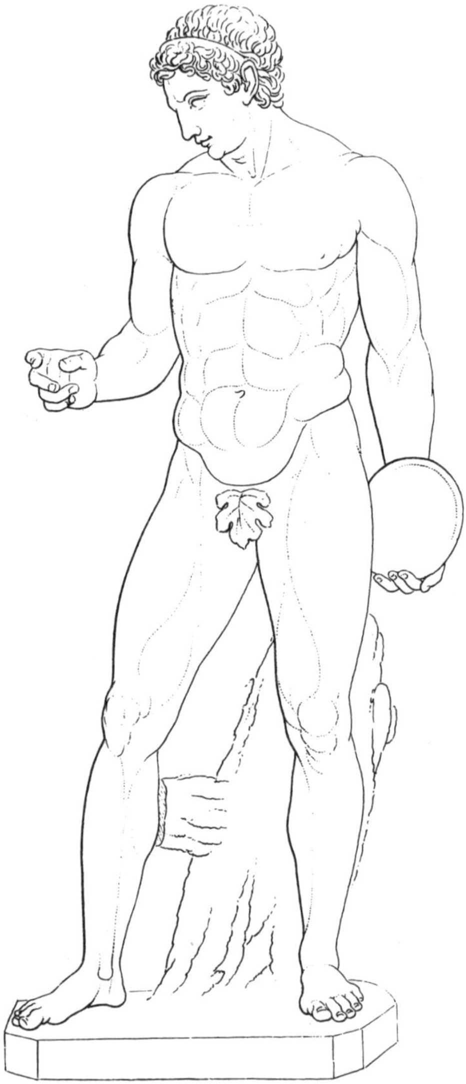

2.2 *Diskobulus in Ruhestellung* von Naukydes, Schüler des Polyklet (2. Hälfte des 5. Jh. v. Chr.) (J. J. Winckelmann: *Geschichte des Altertums*. [Dresden, Walthers Verlag, 1764] Tafel VII.)

2.3 *Jüngling* (J. J. Winckelmann: *Geschichte des Altertums*. [Dresden, Walthers Verlag, 1764] Tafel XV).

ren, und er warnte aus demselben Grund vor übertriebenem Gelächter).[45] Der ideale Körper vermittelte sowohl Stärke als auch Zurückhaltung, eben jenes Gleichgewicht, das schon Lavater gerühmt hatte, hier am Beispiel des Apollo vom Belvedere, des schönsten der jungen Götter. Goethe schrieb 1771: »Apollo vom Belvedere, warum zeigst du dich uns in all deiner Nacktheit, so daß wir uns unserer selbst schämen?«[46]

Die Laokoon-Gruppe mit Laokoon und seinen Söhnen im Würgegriff mehrerer Schlangen war im 16. Jahrhundert wiederentdeckt worden, und Winckelmann beschreibt in einer berühmten Passage Laokoons Schmerz, der alle Muskeln seines Körpers packte und doch zu keinerlei Anzeichen von Wut führte, die sich auf seinem Gesicht gezeigt oder seine Haltung bestimmt hätte. Vielmehr sind der Schmerz seines Körpers und die Größe seiner Seele im Gleichgewicht und scheinen einander aufzuheben,[47] beide sind gleichermaßen über die gesamte Figur verteilt.[48] Laokoon und seine Söhne symbolisierten von da an die Selbstkontrolle als Bestandteil wahren männlichen Heldentums.[49] Winckelmann charakterisierte Laokoon mit einem Bild, das bald zum immer wieder zitierten Allgemeingut wurde: »Wie die Tiefe des Ozeans in Ruhe verharrt, tobt auch ein Sturm darüber, und so weist der Ausdruck dieser Griechen trotz ihrer Leidenschaften auf eine große und stille Seele.«[50]

Winckelmann beschrieb vornehmlich die Anatomie seiner griechischen Statuen. Hier wird der männliche Körper vergöttlicht, geläutert – wie er es formulierte – von der vergänglichen Menschlichkeit.[51] Es erstaunt in diesem Zusammenhang nicht, daß Winckelmann die außergewöhnlichen Leistungen der Griechen auch mit ihren athletischen Leistungen in Verbindung bringt. Die edle Seele eines jeden Jünglings manifestierte sich ihm zufolge in der harmonischen Haltung seines nackten Körpers während gymnastischer Übungen,[52] und das läßt schon die bedeutende Rolle erahnen, die die Gymnastik und der Sport später spielen werden. Es ist bezeichnend, daß Winckelmann ansonsten seinen Griechen nur die Kunst als Beschäftigung erlaubte.[53] Diese Liebe zum schönen Körper wird auch die moderne Männlichkeit beseelen, das maskuline Stereotyp charakterisieren. Tatsächlich ist diese ungebrochene Tradition verblüffend. So unterstreicht eineinhalb Jahrhunderte später Adolf Hitler die »Unsterblichkeit des griechischen Schönheitsideals« als eine »Kombination von außergewöhnlicher körperlicher Schönheit, einem strahlenden Geist und einer edlen Seele«. Er ist der Meinung, daß ein verkommener Körper nicht verschönert werden könne, auch nicht durch den strahlendsten Geist.[54] Winckelmanns eigene Homosexualität ist in dieser Hinsicht nicht unerheblich. Wie auch immer sich das männliche Stereotyp später entwickelte, am Beginn seiner Geschichte, deren Etappen u. a. der glattrasierte Engländer, der germanische Jüngling oder der All-American boy sind, stand eine homoerotische Sensibilität.

Dennoch kann niemand, der einmal die Statue des Laokoon in den Vatikanischen Museen gesehen hat, Winckelmanns Beschreibung aus vollem Herzen zustimmen: vorherrschend scheint hier die Wut. Nicht nur Laokoons Gesichtsausdruck, sogar die Proportionen der sportlichen griechischen Jünglinge entsprechen eben nicht immer dem Ideal, das Winckelmann entwarf. So schimmert in Winckelmanns *Geschichte der Kunst des Altertums* die Spannung zwischen der Stille, die erhabene Schönheit definiert, und der Gewalt, die Skulpturen wie Laokoon erfüllt, durch.[55] Aber nichtsdestoweniger setzte er jene Norm männlicher Schönheit, die diese Spannung aufzulösen schien: daher unterzog er laut Goethe, um nur einen zu nennen, die maskuline Stärke der Kontrolle durch die Schönheit der Form. Obwohl es den Anschein haben mag, daß einige von Winckelmanns wohlgeformten Jünglingen mühelos in tobenden Zorn überzugehen imstande wären,[56] sollten sie doch, und darauf kommt es an, ihre Leidenschaften bändigen können.

Warum definierte Winckelmann sein Schönheitsideal als Trias von Gleichgewicht, Proportion und Mäßigung, drei Attributen, die er mit einer großen und stillen Seele gleichsetzte? Möglicherweise stand er unter dem Zauber der »kosmopolitischen Harmonie«, wie sie die Aufklärung befürwortete. Wir wissen auch, daß er von Pierre Bayles *Dictionnaire historique et critique* beeindruckt war, das über Einheit und Proportion nicht wenig zu sagen hatte. Persönliche Faktoren mögen eine wichtige Rolle gespielt haben – vielleicht sollten griechische Skulpturen in sein eigenes chaotisches Leben Ordnung bringen. Zweifelsohne hat Winckelmanns Homosexualität, wie schon erwähnt, sein Interesse an der fast sinnlichen Schönheit der griechischen Jünglinge geprägt.[57] Auf jeden Fall gab er freimütig zu, daß es sein »innerer Ruf«, seine eigene Versenkung in die Skulpturen waren, die zusammen mit dem intensiven Studium sein Urteil über deren Schönheit bestimmten.[58]

Doch wie wichtig persönliche Faktoren in Winckelmanns Urteil auch gewesen sein mögen, er traf für seine Zeitgenossen den richtigen Ton, und das erklärt auch seinen großen Einfluß. Er sah diese Skulpturen als eine Verkörperung idealer Schönheit an; und er sah sie in abstrakten Begriffen. Wie er selbst es formulierte, war das Fehlen individueller beziehungsweise zufälliger Züge entscheidend für die Schönheit der griechischen Skulptur.[59] Ein solches Konzept beraubte die griechischen Jünglinge jeglicher Sexualität und machte ihre Nacktheit akzeptabel.[60] Aber es stand auch in Einklang mit der Vorstellung, wie sie der englische Maler Sir Joshua Reynolds zu ungefähr derselben Zeit formulierte: das Ideal der Schönheit müsse auf seine allgemeinen Prinzipien reduziert werden, und Schönheit stehe über dem individuellen Wesen.[61]

Hier ist auch von Belang, welche Rolle der Schönheit in einem zunehmend visuell orientierten Zeitalter zukam, wie sie die Symbolik des privaten und des öffentlichen Lebens durchdrang. Obwohl die alten Griechen dem Gesichtssinn bereits den Vorrang vor den anderen Sinnen gegeben hatten[62] und das Barock die Welt zu einer Bühne erklärte, wurde das Visuelle jetzt säkularisiert und ausgeweitet, wurde Teil des Alltags und des politischen Lebens. Winckelmann war mit seinem Schönheitskult seiner Zeit zwar voraus, aber allmählich entwickelte sich im Bürgertum ein neues ästhetisches Bewußtsein. Öffentliche Gebäude wurden mit Fresken dekoriert, die die Tugenden der Stadt beziehungsweise der Nation darstellten, und – was noch viel wichtiger war – seit Beginn des 19. Jahrhunderts wurden in den meisten europäischen Städten Museen gebaut und Kunstwerke der Öffentlichkeit zugänglich gemacht. Das Streben nach Schönheit wurde zu einem integralen Bestandteil bürgerlichen Lebens, und die Suche nach maskuliner Schönheit, die Verehrung Griechenlands, muß vor diesem Hintergrund gesehen werden, der wiederum mit den durch die industrielle Revolution hervorgerufenen Veränderungen zusammenhängt. Das »Schöne, das Wahre und das Heilige« söhnten sich miteinander aus – gemeinsam wurden sie zum Heil, das man jetzt suchte.[63] Das Ideal, das Winckelmann gezeichnet hatte, war Teil jener Suche nach Sicherheit und Erbauung, die untrennbar zum modernen Zeitalter gehörte.

Folgerichtig wurde Winckelmann bei einer Universitätsfeier anläßlich seines Geburtstags in der Mitte des 19. Jahrhunderts als Neuentdecker des »Königreichs der Schönheit« gepriesen – zu einer Zeit, als der Schönheitssinn und die Wertschätzung wahrer Kunst vermeintlich in Dunkelheit gehüllt waren, galt er als Lichtbringer.[64] Winckelmanns Geburtstag wurde seit 1840 alljährlich an vielen deutschen Universitäten begangen, und der Tenor war zweifelsohne überall ähnlich. Auf diese Weise unterlagen Winckelmanns Ideale von Schönheit und Männlichkeit, die unumstößlich miteinander verbunden waren, einem Prozeß der Institutionalisierung, an dem auch die Gymnasien teilhatten.

Daß so viele seiner Zeitgenossen unter seinen Einfluß gerieten und dieses Konstrukt der Maskulinität an künftige Generationen weitergaben, lag nicht nur daran, daß Winckelmann eine Vorstellung von Schönheit entwarf, die sich hervorragend als Paradigma eignete. Winckelmann definierte auch ein ästhetisches Ideal der Männlichkeit, das einem tiefen Bedürfnis einer Gesellschaft entsprach, die sich auf dem Wege in die Moderne befand. Die Geschwindigkeit, mit der sich Europa zu einer industrialisierten modernen Gesellschaft entwickelte, ängstigte zu Beginn des

19. Jahrhunderts viele Menschen, so wie am Ende des Jahrhunderts auch das Chaos zu drohen schien. Die moderne Gesellschaft bedurfte der Ordnung, aber auch einer gewissen Dynamik. Gesellschaftliche Rangordnungen wurden von den neuen Kräften in Frage gestellt, Kräften, entfesselt von der industriellen Revolution mit ihren neuen Handels- und Produktionsbedingungen und ihrer rasanten Geschwindigkeit. Ordnung und Bewegung mußten vereint werden, und die »edle Einfalt und stille Größe«[65] von Winckelmanns Figuren ließen nicht nur Virilität zu – eine gewisse Dynamik –, sondern blendeten auch jedwede ungefügige Bewegung durch körperliche Harmonie und Proportion aus. Einmal mehr ist Laokoon hierfür ein gutes Beispiel. Die Bewegung findet sich im ausgestreckten Arm und in seinen Zügen, wird aber wie Schmerz und Leid zurückgehalten – harmonisch verteilt über den ganzen Körper. Für Winckelmann selbst waren gestählte Muskeln ein integraler Bestandteil der Schönheit der Skulptur; sie kündeten von Virilität, während die Haltung und der Ausdruck Harmonie vermittelten.[66] Das männliche Stereotyp verkörperte somit ein überindividuelles Schönheitsprinzip, das zwei gegensätzliche Kräfte zu vereinen suchte, die die Gesellschaft auseinanderzureißen drohten.

Winckelmann hat einen großen Einfluß auf seine Zeit – und auf die Späteren – ausgeübt. Natürlich hätten all jene, die seine Interpretation von Maskulinität bekannt machten, selbst in der Antike nach Inspirationen suchen können, hätten ihre eigene Sicht von Figuren wie Herkules oder Laokoon entwickeln können, aber die Vergangenheit wird immer mit den Augen der Gegenwart gesehen. Winckelmanns Zeitgenossen und ihre Nachfolger waren der festen Überzeugung, er habe die griechische Wirklichkeit eingefangen, und das kam ihren eigenen Wünschen sehr entgegen. Es ist hier, wie immer, wenn man sich mit der Geschichte beschäftigt, nicht nur wichtig zu wissen, wie die Vergangenheit sich tatsächlich selbst sah, vielmehr muß man zum Verständnis späterer Einstellungen die Frage aufwerfen, wie die Zeitgenossen die Vergangenheit interpretierten.

Bezeichnenderweise hatten Frauen an dem obgenannten Schönheitsprinzip nicht teil – und daher auch nicht an dem, was Schönheit für das Selbstbild der Gesellschaft bedeutete. Überragende Schönheit war für Winckelmann eher männlich als weiblich.[67] Entsprechende Beispiele wie der Apollo vom Belvedere, Antonius oder Laokoon waren niemals androgyn, sondern eben »richtige Männer«. Für weibliche Einflüsse war kein Raum.[68] Diese Vorstellung von männlicher Schönheit war ungewöhnlich für die Kultur der Neuzeit, in der Schönheit traditionell als Domäne der Frauen galt, und es mag gerade die Kombination zwischen einer klar definierten zeitlosen Schönheit und der traditionell aktivistischen männlichen Rolle gewesen sein, die der Maskulinität eine neue Dimension verlieh. Wie wir gesehen haben, wurde hier die Virilität zusätzlich mit ebenjenen Tugenden ausgestattet, die die moderne Gesellschaft schätzte. Frauen durften zwar nach wie vor schön sein, aber nur für sich, während aber die neuentdeckte Schönheit der Männer andere, dynamische Funktionen erfüllte.

Winckelmann beeinflußte die größten Dichter und Denker seiner Zeit. Johann Gottfried Herder hielt ihn für einen Griechen, der sich aus der Asche seines Volkes erhob, um sein Zeitalter zu erleuchten.[69] Gleichzeitig glaubte er 1781, genau zu der Zeit, als er Winckelmanns Lobrede schrieb, daß die antike Kunst nicht mehr in Mode sei.[70] Herder mag recht gehabt haben, doch blieb das antike Erbe im männlichen Stereotyp erhalten. Kein Geringerer als Goethe warf sein enormes Prestige für Winckelmann in die Waagschale. Er äußerte sich überschwenglich zu Winckelmann, in dessen Ästhetik er die Bestätigung seines eigenen Ideals vom autonomen Menschen fand, der sich mit Hilfe der Kunst zu größerer Menschlichkeit bildete.[71] Winckelmanns Ideale wurden Teil des Bildungsprozesses, des bürgerlichen Drangs zu Selbsterziehung und Charakterbildung, der in Mitteleuropa gute »citoyens« hervorbringen sollte. Das war eine schlagkräftige Verbindung, gestärkt noch von Goethes Überzeugung, daß Winckelmann selbst all das verkörperte, was ein Mann im Sinne der Natur darstellen sollte, galt doch der »schöne Mensch« als ihr höchstes Ziel.[72] Den Aufklärern diente die maskuline Schönheit der griechischen Jünglinge nicht nur als Beispiel für geglückte Bildung, sondern sie war auch Teil der Natur und der Naturgesetze, ein fester Felsen in einer sich schnell ändernden Welt.

Sogar jene, die Winckelmann kritisierten, zollten ihm Bewunderung. Friedrich Schiller hielt Winckelmanns Beschreibungen für allzu abstrakt; er selbst sah die griechischen Skulpturen voller Farbe und Form. Und doch zeigt Schiller, wie diese Norm der Schönheit, diese Ästhetik, die Winckelmann heraufbeschwor, dazu diente, im Zeitalter der Napoleonischen Kriege, der Revolutionen und gesellschaftlichen Umwälzungen ein Gefühl der Stabilität zu erhalten: Die Kunst habe die Würde des Menschen bewahrt, schrieb er 1795, und müsse sich jedweder Einmischung enthalten, sie wird zum Absoluten schlechthin.[73] Karl Philipp Moritz, Schriftsteller und Philosoph des 18. Jahrhunderts, hingegen mißfällt Winckelmanns körperlose Schönheit. Kunst, so fordert er, solle die Schönheit des lebenden Körpers prägen.[74]

Winckelmanns Einfluß reichte über die deutschsprachigen Gebiete weit hinaus. So wurde er beispielsweise in Frankreich begeistert rezipiert, nicht zuletzt weil seine »edle Einfalt und stille Größe« französische Wurzeln hatte und der französischen Klassik verpflichtet war. Winckelmanns Vorstellungen hatten sich im Frankreich der Aufklärung binnen kürzester Zeit verbreitet, und die *Encyclopédie*, das große Manifest der Zeit, pries ihn, weil er bewiesen habe, daß die Griechen die ideale Schönheit geschaffen hatten.[75] Seit der Französischen Revolution wurde er als Brücke betrachtet zwischen dem zeitgenössischen Frankreich und dem Frankreich, das laut Winckelmann als Erbe der antiken Ideale zu gelten hatte.[76] Durch seine Behauptung, daß das griechische Ideal der Freiheit Voraussetzung für die Blüte der griechischen Kunst gewesen sei, rückte seine *Geschichte der Kunst des Altertums* in den Mittelpunkt der politischen und künstlerischen Diskussionen, die zu jener Zeit in Frankreich stattfanden.[77]

2.4 »Le soldat calme«; *Leonidas bei den Thermopylen* von Jacques-Louis David, 1813–1814. Leonidas, König der Spartaner, fand in dieser Schlacht den Tod. (395cm x 531cm; Louvre, Paris. Mit freundlicher Genehmigung.)

Es überrascht daher nicht, daß der bedeutendste Maler während der Französischen Revolution, Jacques-Louis David, der selbst das Ideal der Männlichkeit beeinflußte, Winckelmann zutiefst bewunderte. Er ließ sich bei einigen seiner Gemälde von Winckelmanns Kopien klassischer Figuren inspirieren. Sie stellten Charaktere dar, die ihre Kraft zügelten, zum Beispiel den »soldat calme« (Abbildung 2.4), der über das Versprechen der Ewigkeit nachdenkt, bevor er in die Schlacht zieht.[78] David verband Heldentum und Stille mit moralischer Schönheit, und in Gemälden wie dem berühmten *Schwur der Horatier* (1784) stellte er diesen männlichen Eigenschaften weibliche Schwäche und Leidenschaft gegenüber: die Horatier, Vater und Söhne, leisten den Schwur, sich für Rom zu opfern, während die Frauen danebensitzen, weinen und jammern.[79] Wie indirekt Winckelmann den Franzosen auch immer beeinflußt haben mag, die Normen männlicher Schönheit und Haltung, die beide verkündeten, glichen einander sehr.

Winckelmanns Vorstellungen sollten im 19. Jahrhundert nur leicht modifiziert werden. Walter Pater aus England sah zum Beispiel 1867 in der Eleganz und Ruhe von Winckelmanns griechischen Skulpturen, die in das vierte vorchristliche Jahrhundert zurückreichten, eine »archaische Unbeweglichkeit.« Er hätte aus seinen Betrachtungen die »kühneren Kunsttypen« ausgeschlossen, die näher an der Wirklichkeit des Lebens gelegen hätten.[80] Einige Jahre zuvor hatte Robert Knox, der berühmte schottische Anatom, in den griechischen Figuren eine Mischung aus Robustheit, Energie und Vitalität gesehen – Merkmale, die die nördliche Rasse seiner Meinung nach geerbt hatte.[81] Das männliche Ideal in England war zwar immer noch von Winckelmanns Apollo vom Belvedere beeinflußt, schließlich verschmolz es jedoch mit den *Elgin Marbles*, den von Lord Elgin aus Athen mitgebrachten Bildwerken, die 1807 in London öffentlich ausgestellt wurden und noch heute im British Museum zu sehen sind. Diese Figuren schwenkten, sogar in Ruhehaltung, ihre Arme, sprachen miteinander und wandten sich einander zu. Zwei Kritikpunkte in bezug auf Winckelmann stachen Ende des 19. Jahrhunderts hervor: seine Griechen seien zu passiv und nicht nahe genug an der Wirklichkeit des Lebens. Sir Charles Bell, Mediziner und Chirurg, spitzte den letzten Punkt zu, als er 1844 Winckelmanns Behauptung, griechische Schönheit stelle Göttlichkeit dar, zurückwies; für Bell hatte Schönheit stoffliche Gründe, hing allein vom wohlgeordneten Funktionieren von Nerven und Muskeln ab.[82]

Eine solche Kritik spiegelte das Zeitalter der sich beschleunigenden gesellschaftlichen und wirtschaftlichen Veränderungen wider, in dem sich eine neue Romantik nach mehr sinnfälligem Gefühl sehnte. Gleichzeitig mußte das Abstrakte konkret werden. Die Akzentuierung des Materialismus, der Selbstgenügsamkeit der Figuren weist gleichzeitig auf einen neuen wissenschaftlichen Geist hin, der beabsichtigte, das griechische Ideal auf den Boden der Tatsachen zu stellen, und der erklärte, daß es sich bei dem männlichen Körper, wie schön auch immer, schließlich und endlich nur um ein biologisches Konstrukt handelte. Genau dies meinte Walter Pater, wenn er von der Natürlichkeit der griechischen Figuren sprach, und er fand höchstes Lob für den griechischen Künstler, der einen griechischen Jüngling in dem Moment der Ruhe abgebildet hatte, der zwischen zwei gegensätzlichen Bewegungen liegt: dem Rückwärtsschwung des rechten Armes und der Vorwärtsbewegung des linken Fußes.[83] Trotz dieser Versuche, in die ideale Skulptur Bewegung zu bringen, blieb das Wesentliche von Winckelmanns männlichem Ideal unangetastet, selbst als man es nicht länger als direkte Emanation des Göttlichen betrachtete und in seine stille Ruhe sanfte Bewegung eindrang.

Die Betonung der Proportionen, des Charakters der ganzen Figur, blieb bestehen, und die Leidenschaft wurde in Schach gehalten. Laut Walter Pater darf die schöne männliche Figur keine Wut, kein Verlangen und keine Überraschung zeigen, und obwohl er sich für seine Griechen ein wenig mehr Bewegung wünschte, durfte diese nicht abrupt sein.[84] Robert Knox hätte mit Paters Beschreibung der idealen griechischen Schönheit als »Ruhe in Bewegung« sicherlich übereingestimmt.[85] Winckelmann wurde modernisiert; seine stille Ruhe und ideale Männlichkeit erhielten eine kühnere, strengere und weniger göttliche Färbung, ohne daß jedoch die grundlegenden Prinzipien männlicher Schönheit verändert worden wären. So war er wohl die erste internationale Berühmtheit, die das Deutschland der Aufklärung hervorgebracht hat.[86]

In der zweiten Hälfte des 18. Jahrhunderts wurde eine Norm männlicher Schönheit errichtet, die sich später auch die nationalen und rassistischen Bewegungen zu eigen machen sollten. So glaubten die deutschen Anhänger des Rassengedankens daran, daß die Arier auf ihrem Zug von ihrem Ursprung im Fernen Osten durch Griechenland gekommen waren und sich all das zu eigen gemacht hatten, was an der antiken Welt am besten war. Manchmal wurde Winckelmanns Ideal männlicher Schönheit etwas Farbe hinzugefügt. Er war – fälschlicherweise – davon ausgegangen, die griechischen Skulpturen seien ohne Farbe gewesen, aber Carl Gustav Carus hatte in seiner *Symbolik der menschlichen Gestalt* (1853) sogar behauptet, der goldene Ton, den die Sonne verlieh, sei ein zusätzliches Zeichen überlegener Menschen.[87] Trotzdem war für Carus der Körperbau der griechischen Skulptur allen anderen überlegen. Natürlich gab es im Deutschland des Fin de siècle auch jene, für die die unregelmäßigen Züge die wahre Natur der Deutschen widerspiegelten, ihre besondere Dickköpfigkeit.[88] Aber solche Männer wurden für gewöhnlich als alt und knorrig dargestellt; die Jungen konnten sich an dem griechischen Standard der Schönheit messen lassen. Wie wir noch sehen werden, schienen die Nazis auf dem Höhepunkt des modernen Nationalismus zu ahnen, daß sie dieses männliche Ideal mit anderen teilten. In diesem Buch werden wir auf solche Parallelen hinweisen, um die Tiefe dieses Konzepts männlicher Schönheit aufzuzeigen.

3 Zum Ideal hin

Die Norm männlicher Schönheit war nun gesetzt, aber wie sollte man sie erreichen? Winckelmann selbst hatte sich nicht von ungefähr lang und breit über das griechische Stadion geäußert, in dem entsprechende gymnastische Übungen die männlichen Konturen und die erhabene Schönheit des nackten Körpers herausbildeten.[1] Tatsächlich sollte die »Turnhalle« eine entscheidende Rolle bei der Vervollkommnung des männlichen Stereotyps spielen. Der durchtrainierte, wohlgeformte Körper galt als Gegengewicht zum Intellekt, und eine solche Balance beförderte wiederum eine ordentliche Moral. Die aufrechte Jugend sollte »kerzengerade Gliedmaßen und einen scharfen Verstand« aufweisen, wie es in einer vielzitierten englischen Redensart heißt. Der Sport kam nicht nur über Winckelmann oder über das griechische Vorbild in Mode. Im 18. Jahrhundert wurde er lange noch als Bestandteil der persönlichen Hygiene betrachtet, wie André David Tissot 1780 formulierte: »Die Gymnastik ist jener Teil der Medizin, der die Erhaltung beziehungsweise Erneuerung der Gesundheit mit Hilfe von Übungen lehrt.«[2] Tissot bezieht sich in seinem Werk *Avis au peuple sur la santé* (Das Handbuch der Gesundheit, 1761), das ungefähr zur selben Zeit wie Winckelmanns wichtigste Schriften entstand, nicht nur auf die Griechen, sondern auch auf primitive Völker, die der Natur nahestehen, und hebt sie lobend als Exempel einer gesunden männlichen Konstitution hervor. Mit Hilfe des Sports solle man unerlaubte Leidenschaften angeblich kontrollieren können, hieß es, als der moralische Imperativ in den Diskussionen über körperliche Übungen immer größere Bedeutung erlangte. Die angestrebte Einheit von Körper und Seele war das Fundament, auf dem der Sport als Teil der modernen

Maskulinität aufbaute. Daher hielt Rousseau körperliche und geistige Betätigung für gleichrangig; beide galten ihm als integrale Bestandteile eines Lebens, das den Gesetzen der Natur gehorchte.[3] J. F. GutsMuths' Werk *Gymnastik für die Jugend* (1793) kann als Grundlagentext für die moderne Turnbewegung betrachtet werden. Obwohl in Deutschland schon einige Jahre zuvor eine Diskussion über den Nutzen körperlicher Übungen bei der Erziehung der Jugend ins Rollen gekommen war,[4] erfuhr sein Buch im Laufe des 19. Jahrhundert immer neue Auflagen. GutsMuths begründete zusammen mit Friedrich Ludwig Jahn, dem Turnvater, der zu Beginn des 19. Jahrhunderts zum energischen Kämpfer für den Sport in Deutschland geworden war, eine Tradition, die, wie wir noch sehen werden, ganz Mitteleuropa beeinflußte und auch Frankreich berührte.[5] Die Bewunderung für Griechenland spricht aus jeder Zeile von GutsMuths' Buch. GutsMuths erklärt zwar mehrfach, daß Körper und Geist voneinander abhängig seien, betont jedoch die Vorherrschaft des ersteren. Körperliche Unbeholfenheit, Nervenschwäche und mangelnde Gesundheit sind ihm Indizien für ein gestörtes Bewußtsein.[6] Einem verwöhnten Schwächling, der zu Krankheiten neigt, könne nichts mehr helfen.[7] Soweit ist GutsMuths' Rechtfertigung in sich logisch. Wenn er betont, daß seine praktischen Anweisungen keine Störung durch die Ästhetik dulden wollen, widerspricht er sich allerdings selbst, denn das Ideal der Schönheit spielt bei ihm eine wichtige Rolle, beeinflußt doch körperliche Schönheit angeblich die Schönheit des Geistes.[8] Ausgeglichene Proportionen und körperliche Harmonie sind ihm ebenso wichtig wie eine ordentliche Haltung, denn »Wer schätzt wohl nicht den überall so vorlaut sprechenden Empfehlungsbrief der Schönheit?«[9] Männliche Schönheit setzt wieder einmal die maskuline Norm. GutsMuths behauptet sogar, daß vor der Häßlichkeit selbst die barbarischen Nationen erschräken.[10] Offensichtlich geht er hier von einem festen, allgemein anerkannten Schönheitsbegriff aus.

Männliche Schönheit war ein Zeichen moralischen Wertes. Moralische Gesundheit und Geisteskraft, so läßt GutsMuths uns wissen, sind meistens die Folge körperlicher Stärke.[11] Körper, Schönheit und Moral des Mannes hängen eng miteinander zusammen; gemeinsam symbolisieren sie »männlichen Mut« und einen »männlichen Geist«. Die Beispiele, die GutsMuths zitiert, um sein männliches Ideal zu belegen, sind der Naturmensch, der Apollo vom Belvedere und indianische Krieger, eine merkwürdige Mischung aufklärerischer Ideale, von den alten Griechen bis zum edlen Wilden.[12] Damit legt er nicht etwa nahe, das Heil in roher Gewalt zu suchen. Ganz im Gegenteil, ein Element der Mäßigung tritt auf den Plan. Diese Sehnsucht nach Harmonie schlägt sich nicht umsonst im neuen maskulinen Stereotyp nieder: kennzeichnet sie doch die bürgerliche Gesellschaft insgesamt. Männliche Tapferkeit, so erklärt GutsMuths, müsse einen Mittelweg zwischen Tollkühnheit und Feigheit finden. Er definiert sie weitgehend als Ritterlichkeit, das heißt, die Schwachen sollen beschützt werden, von Feuersbrünsten oder Unfällen errettet ...[13] Wie Friedrich Ludwig Jahn, GutsMuths' jüngerer Zeitgenosse, der ihn an Ruhm weit übertraf, sah er in der modernen Männlichkeit die Fortsetzung einiger ritterlichen Traditionen. Tatsächlich wurde das Fechten Teil des Turnens, und Ernst Eiselen, ein Mitarbeiter Jahns in Deutschland, schrieb Handbücher sowohl zur Turn- als auch zur Fechtkunst. Jahn selbst betrachtete das Fechten als einen wesentlichen Bestandteil einer sportlichen Ausbildung.[14] Patriot, der er war, führte er allerdings die Tradition des Fechtens nicht auf das Mittelalter zurück, sondern auf die alten Germanen.

Für GutsMuths hatte diese ritterliche Tradition weniger mit Patriotismus zu tun; in seiner Abhandlung, die er verfaßte, noch bevor die Napoleonischen Kriege ganz Mitteleuropa überzogen, spielt so etwas wie Nationalbewußtsein keine Rolle. Er betonte die emphatische, die moralische Seite der ritterlichen Tradition, nicht deren aggressivere Anteile, die – wie wir im zweiten Kapitel gesehen haben – das Duell in Deutschland bestimmen sollten. GutsMuths' Vorstellung von Ritterlichkeit war ein typisches Beispiel dafür, wie sich ritterliche Ideale an die bürgerliche Empfindsamkeit anpaßten: Mitgefühl und Aufrichtigkeit, die sie exemplifizierten, sollten von nun an zu den Eigenschaften gehören, die ein moderner Mann besitzen mußte.

Letztendlich profitierte GutsMuths von den Zeitläuften: er überzeugte die preußischen Behörden davon, Gymnastik hinfort in der Schule anzubieten, um ordentliche preußische Patrioten zu erziehen, die sich gegebenenfalls gegen »Revolutionäre« zur Wehr setzen könnten ... Das heißt, nun sprach er sich für ein körperliches Training als notwendigen Bestandteil einer militärischen Ausbildung aus – und er hatte mit dieser Strategie Erfolg.[15] Nach den Napoleonischen Kriegen schrieb er sein *Turnbuch für die Söhne des Vaterlands* (1817) und führte darin, wenn auch widerwillig, militärische Übungen und den Gebrauch von Gewehren ein. Denn anders als Jahn oder Per-Henrik Ling aus Schweden (ein weiterer Begründer der modernen Turnbewegung) wollte er die militärische Gymnastik von der Gymnastik, die er in seinem bekanntesten Buch befürwortete, trennen.

»Militärische Gymnastik« subsumierte die Gymnastik unter militärische Übungen – anders als die sogenannten Kriegsspiele, die GutsMuths zur Entspannung von Körper und Geist vorschlug. Dabei handelte es sich um nicht ganz harmlose Spiele, Manöver zur Erstürmung einer Festung, wobei man einen Stock als Ersatz für das Schwert verwendete und Schubsen oder Schlagen, um den Stock eines »feindlichen Soldaten« zu erlangen, streng verboten war. Wer seinen Stock verlor, wurde entweder Gefangener oder war aus dem Spiel – gleichwohl einem Kriegsspiel, wo es einen Feind gab, dessen Fahne über die Mauer der eroberten Festung geworfen werden mußte.[16] Wie indirekt es auch immer sein mochte, hier wurden Männlichkeit und Krieg miteinander in Verbindung gebracht, und solche Kriegsspiele wurden an einigen deutschen Internaten noch mindestens bis zum Zweiten Weltkrieg veranstaltet.

Sowohl Ling als auch Jahn übernahmen GutsMuths' grundlegende Thesen, und doch wird Jahn immer noch von vielen als der eigentliche Turnvater betrachtet, vielleicht weil er dem Sport einen so offen patriotischen Anstrich verlieh. Er nannte gymnastische Übungen den »Rettungsanker des deutschen Volkes«, weil das Turnen allein zu Jugendlichkeit und Männlichkeit zu führen vermöge, zu einer Gemeinschaft von Deutschen ohne Ansehen von Religion, Land und Stand.[17] Für Jahn war die Gymnastik von Anfang an – anders als für GutsMuths – nur ein Hilfsmittel, um wahre Männlichkeit zu formen, und sie leistete auch militärischen Kenntnissen Vorschub. Von den Befreiungskriegen bis zur Mitte des Jahrhunderts wurde Jahn niemals müde, diesen Zweck des Turnens zu predigen.[18] Es galt ihm als eine öffentliche und gemeinschaftliche Aktivität, das den Esprit de Corps für eine künftige deutsche Elite schuf. Eine Gruppe von Sportlern, die von 1811 an auf einer Berliner Wiese namens Hasenheide Turnübungen vollzog, machte die Gymnastik bekannter als dies jedes Übungsbuch hätte tun können.

Jahn selbst bezeichnete GutsMuths als einen seiner »Vorarbeiter« und griff gern auf sein Buch zurück.[19] Als Jahn sein eigenes Buch *Deutsche Turnkunst* (1816) schrieb, war Napoleon besiegt, dennoch lag das Ziel der deutschen Einheit, dem er sich verpflichtet fühlte, noch in weiter Ferne. Wenn er den gemeinsamen Geist unter Turnern, einen Geist der Ausdauer und Selbstlosigkeit, so stark betonte,[20] so wollte er die deutschen Patrioten bereit und fähig machen, jederzeit für die deutsche Sache zu kämpfen. Jahn legte großes Gewicht darauf, daß Turner »keusch, rein, fähig, furchtlos und wahrheitsliebend« zu sein hatten, »bereit, Waffen zu tragen«.[21] Diesen ganz speziellen Eigenschaften werden wir auf dem Weg zur modernen Männlichkeit immer wieder begegnen. Drückten sie doch das Bedürfnis nach einer Dynamik und nach einer Ordnung aus, deren – wie wir bereits erwähnt haben – die Gesellschaft bei ihrem Eintritt in das moderne Zeitalter so dringend bedurfte. Jahn vernachlässigte dabei auch nicht die Ästhetik der Maskulinität, die für das maskuline Stereotyp so wichtig ist. Deshalb setzte er unter den ersten Turnern an besonders prominente Stelle einen Mann namens Friedrich Fries, der seinen Worten zufolge »Jugendfülle und Jugendschönheit an Leib und Seele« beispielhaft verkörperte.[22]

Für Jahn gehörten zum Turnen nicht nur die Fechtkunst, sondern auch Schwimmen, Tanzen, Eislaufen, Reiten und die Kampfkünste. Hierbei handelt es sich wohlgemerkt um Einzelsportarten, nicht um Mannschaftssportarten – eine wichtige Unterscheidung. Der männliche Körper mußte gewissermaßen herausgemeißelt werden, um sich dem männlichen Ideal anzunähern, und Mannschaftssportarten erachtete man hierfür als nutzlos. Solche Sportarten bedeuteten außerdem Wettbewerb, wo doch der Patriotismus Solidarität erforderte. Jahns turnerische Übungen sollten nicht nur gesunde und schöne Körper formen, die eine schickliche Moral zum Ausdruck brachten, sondern im wahrsten Sinne des Wortes neue Deutsche erschaffen. Er schrieb, daß es die heiligste Pflicht deutscher Knaben sei, zu deutschen Männern zu werden.[23] Männlichkeit war das oberste Ziel. Was er das »deutsche Turnen« nannte, wurde in der Gruppe ausgeführt, obwohl man die individuelle Leistung durchaus anerkannte. Um den Zweck dieser Übungen noch zu unterstreichen, änderte er das griechische Wort *Gymnastik* in das angeblich deutsche Wort *Turnen*.[24] Die Turner trugen Einheitskleidung, die den Übungen angemessen war und darüber hinaus ihre körperlichen Konturen sichtbar machte (Bäuche waren zum Beispiel verpönt). Der Turnplatz – das Gelände, auf dem die Gymnastik stattfand – wurde mit einem öffentlichen Heiligtum verglichen, auf dem – wie ein Traktat verkündete – die Legenden germanischer Helden zum Leben erwachten und die Vergangenheit sich mit der Zukunft aufs schönste verband.[25]

Somit wurde ein messianisches Element in den Kult des männlichen Körpers eingeführt – es sollte nie wieder ganz verschwinden. Die Vorstellung, daß ein wahrer Mann einem höheren Ideal dienen mußte, wurde so zum integralen Bestandteil dessen, was man die Militarisierung der Maskulinität nennen könnte. Obwohl Jahn selbst Patriot war, hatte er für das Marschieren und für Militäruniformen nicht viel übrig, seiner Meinung nach beschränkten sie nur den Körper in seinen Bewegungen. Wenn er von der preußischen Militärausbildung sprach,[26] meinte er damit

Freiwillige oder Söldner, die in den Befreiungskriegen gekämpft hatten, nicht aber straff organisierte Berufssoldaten. Trotzdem wurde seit der Französischen Revolution die Verbindung zwischen Sport und Militär üblich. Übungen zur körperlichen Ertüchtigung breiteten sich, befördert von GutsMuths und Jahn, über Deutschland, die Schweiz und Österreich auf Länder wie Italien und Frankreich aus, und dort wurden sie vor allem vom Militär aufgegriffen. Der allgemeine Wehrdienst war gerade erst eingeführt worden, weswegen dem körperlichen Zustand der Rekruten besondere Aufmerksamkeit galt. Allgemeine medizinische Überlegungen spielten natürlich ebenfalls eine Rolle: so befürwortete beispielsweise der französische Oberst François Amoros in seinem *Manuel de l'éducation physique et morale* (Handbuch zur körperlichen und moralischen Erziehung, 1830) die Gymnastik aus medizinischen und moralischen Gründen, am wichtigsten aber waren ihm militärische Zwecke.[27]

Sowohl in Frankreich als auch in Italien setzte sich die Gymnastik erst langsam durch; sie faßte erst Mitte des 19. Jahrhunderts richtig Fuß, eigentlich sogar erst gegen Ende des Jahrhunderts, als sie schließlich fester Bestandteil der Lehrpläne an den Schulen wurde. Der deutsche beziehungsweise österreichische Einfluß war wieder einmal entscheidend; Rudolf Obermann, der den ersten italienischen Gymnastikverein in Turin (1844) gründete und zur treibenden Kraft der italienischen Gymnastikbewegung wurde, war Österreicher und ließ sich von deutschen Vorbildern inspirieren. Das italienische Militär übernahm die Gymnastik in ihr Ausbildungsprogramm.[28] Unabhängig davon, wie intensiv sie in den einzelnen Ländern betrieben wurde, stets betrachtete man sie als Mittel, um einen angemessenen Standard der Maskulinität zu erreichen.

Nicht nur GutsMuths, sondern auch seine Nachfolger in Frankreich und Italien betonten die moralischen Konsequenzen gymnastischer Übungen: daß nämlich ein durchtrainierter und schöner Körper auf eine edle Seele hindeute. So schrieb Rudolf Obermann, körperliche Stärke zeuge von moralischem Mut.[29]

Zur gleichen Zeit bekräftigte er, daß alles nur mögliche unternommen werden müsse, um die Jugend männlich zu machen, auf daß man sie vor dem bewahren konnte, was er »Hermaphroditismus« nannte. Darunter verstand er, daß »weibliche Trägheit« den Mann infiziere... Allein die Gymnastik könne, wie Obermann meinte, eine Verweiblichung verhindern und »männliche Männer« schaffen – diszipliniert, fleißig, bescheiden und ausdauernd.[30] Diese Litanei von Tugenden liest sich wie ein Kommentar zu Winckelmanns »stiller Größe«. Der Kontrast zwischen männlichen und »weibischen« Männern war auf dem Weg zur modernen Maskulinität stets gegenwärtig. Die Argumente für Virilität und männliche Schönheit implizierten die Existenz eines Gegenbilds – nicht von ungefähr hatte Lavater ebensoviel Zeit auf das häßliche wie auf das schöne Gesicht verwendet. Die neue bürgerliche Gesellschaft, die langsam entstand, definierte sich auch, wie wir noch sehen werden, in Abgrenzung zu ihrem vermeintlichen Gegenteil, und das Ideal der Männlichkeit besaß als Korrelat den unmännlichen Mann.

Im Laufe des 19. Jahrhunderts wurde die Gymnastik zu einer Art gesellschaftlicher Hygiene, die sogar dazu diente, wertlose Proletarier in tugendhafte Bürger zu verwandeln und nicht zuletzt Sozialismus, Internationalismus und Nihilismus in Schach zu halten.[31] 1895 betonte Walter Pater die allumfassende Funktion des Sports für die Herausmeißelung des maskulinen Ideals und bezog sich dabei auf die Begeisterung der Griechen für die Gymnastik, die sich auf Charakter und Seele gleichermaßen auswirkte und ausgeglichene Proportionen zwischen beiden schuf. Wie in Griechenland wird durch die Gymnastik das körperliche Ideal der jugendlichen Form propagiert.[32]

England bildete trotz Paters Lobgesang auf die Gymnastik eine Ausnahme; dort hielt man den Mannschaftssport für die eigentliche Einübung in die Männlichkeit. Als die Public Schools – die Internate, in denen die englische Elite ausgebildet wurde – in den dreißiger Jahren des 19. Jahrhunderts reformiert wurden, sollten »Gottesfurcht und strenges Lernen« vorherrschen, und die Erziehung zur Tugend war eher eine Sache der Kapelle als des Sportfeldes. Der starke protestantische Geist im England der ersten Hälfte des 19. Jahrhunderts führte dazu, daß der Zögling sich im Kampf gegen die Sünde stählen mußte; das Ergebnis dieses Kampfes, so hieß es, stehe ihm ins Gesicht geschrieben.[33] Er sollte sich stets fair verhalten, aber es gab noch keine organisierte sportliche Aktivität zur Förderung des Fair-play-Gedankens. Zwischen 1850 und 1880 übernahm der organisierte Sport allmählich diese Funktion: »ein wahrhaft ritterlicher Fußballspieler ... macht sich niemals der Lüge oder der Täuschung oder der Gemeinheit schuldig, weder in Worten noch in Taten.«[34] Hier wurden wieder einmal Sport und Moral vereint. Das alte Sprichwort, daß die Schlacht von Waterloo auf den Spielfeldern von Eton gewonnen worden sei, stammte bezeichnenderweise aus dem Jahr 1889 und nicht aus der Zeit Napoleons.[35]

Die Vorherrschaft solcher Spiele an diesen Schulen war auf den Niedergang des religiösen Eifers und das Bedürfnis nach Disziplin in den Internaten zurückzuführen. Fair play, jene Ritterlichkeit, die jeden englischen Gentleman per definitionem auszeichnen sollte, wurde jetzt auf dem Spielfeld geübt. Mannschaftssportarten wie Cricket hielt man für ein probates Männlichkeits-Training; das Spielfeld entsprach imaginären ritterlichen Schlachtfeldern – eine Auffassung, die England vom Rest Europas unterschied. Trotzdem glichen die Tugenden, die der Mannschaftssport dem einzelnen abverlangte, denjenigen, die auch die Gymnastik förderte, sieht man einmal vom Fair play ab, von dem bei den körperlichen Übungen in Frankreich, Deutschland oder Italien eher selten die Rede war. Vielleicht betrachtete man das Fair play als notwendig in einer Nation, deren Wirtschaft zwar zu den fortschrittlichsten in Europa zählte, die jedoch befürchten mußte, daß sich alle anderen gegen sie verbündeten. Zusätzlich zu solchen Tugenden zeichnete den englischen Gentleman eine gute Kinderstube aus, und das bedeutete gute Manieren (die Burke im Gegensatz zu den Jakobinern für so wichtig gehalten hatte), Einfachheit und Sensibilität. Er mußte in allen Dingen das rechte Maß halten, durfte niemals großsprecherisch oder unmäßig erscheinen – solche Eigenschaften gehörten zum anerkannten Kanon schicklichen männlichen Verhaltens.

Die Ertüchtigung des männlichen Körpers hatte eine Bedeutung, die weit über Gesundheit und Hygiene, das Aneignen von Stärke oder motorische Fertigkeiten hinausreichte. Es schuf männliche Schönheit und einen guten Charakter, schmiedete ein Stereotyp. Gymnastik und Sport behielten diese Funktion lange bei. Sogar heute noch gilt der Sport in der Öffentlichkeit als Wurzel männlicher Tugend, obwohl ungezügeltes Konkurrenzverhalten, das für die Mitte des 20. Jahrhunderts so typisch ist, Mannschaftssportarten wie Fußball zum Inbegriff männlicher Aggression gemacht hat – von den anderen maskulinen Tugenden ist nicht mehr viel übriggeblieben.

Einen robusten und stählernen Körper heranzubilden war nun Bestandteil der männlichen Erziehung; Mäßigung und stille Größe gehörten auch dazu. Somit symbolisierte die männliche Ästhetik die Tugenden, welche die Gesellschaft schätzte; männliche Schönheit war transparent, zeigte die Ingredienzien, die für die moderne Maskulinität entscheidend waren. Und doch genügte es nicht allein, einen ordentlichen männlichen Körper zu gestalten; der Idealtypus erforderte auch Willenskraft. Die Turner bekräftigten gern, daß körperliche Übungen nicht nur der physischen Gesundheit zuträglich seien, sondern auch den Willen stärkten.[36] Die Vorstellung, daß der Wille zur Männlichkeit anerzogen werden könne, war weit verbreitet und beschränkte sich nicht nur auf gymnastische Übungen. Kindern ein gewisses Selbstvertrauen einzuflößen, ihnen Ausdauer und Mut beizubringen waren Ziele, die deutsche Erzieher fest im Auge behielten.[37]

In der Regel spielten Leibesübungen bei der Ausbildung des Willens stets eine Rolle, auch wenn man sich nicht sicher war, ob eine richtige moralische Einstellung nicht von ebensolcher Bedeutung war. Konrad Koch, Lehrer an einem deutschen Gymnasium, fand nicht von ungefähr in seiner *Erziehung zum Mute durch Turnen, Spiel und Sport* (1900) lobende Worte für die Gymnastik;

sie trage entscheidend zur Ausbildung des Willens bei. Gleichzeitig schrieb er die Wurzeln wahrer Willenskraft sowohl dem christlichen Glauben als auch der Liebe zum Vaterland zu. Mut war schon immer eine Frage des Willens gewesen; wer aber jetzt diese Prüfung bestand, nahm die Existenz jener männlichen Tugenden, die wir bereits aufgelistet haben, als gegeben an: kein männlicher Mut, kein schöner Männerkörper ohne die richtige Moral.

Die Konstruktion der modernen Maskulinität ging über die Herausmeißelung des männlichen Körpers vonstatten, was somit auch eine Verpflichtung gegenüber den jeweils tonangebenden gesellschaftlichen Einstellungen und Verhaltensweisen beinhaltete. Sogar in einer säkularisierten Gesellschaft ging man größtenteils davon aus, daß jene Tugenden nicht nur auf griechischen, sondern auch auf christlichen Fundamenten ruhten. Nicht wenige glaubten im 19. Jahrhundert, daß die Griechen Hand in Hand mit den Juden die Ankunft Christi vorbereitet hätten; die Schriftstellerin George Eliot berichtete von Absolventen der englischen Public School in Rugby, »die annahmen, Christus habe griechisch gesprochen«.[38] Viele Schriftsteller sprachen für gewöhnlich von Selbstkontrolle, Mäßigung und Harmonie nicht nur als griechischen, sondern auch als christlichen Tugenden, und der Einfluß des Christentums auf die Festschreibung des Männlichkeitsstereotyps darf keineswegs unterschätzt werden. Dies traf besonders auf das protestantische Deutschland mit seinen starken pietistischen Traditionen zu, aber auch auf England, wo in Elite-Internaten die Kapelle zwar nicht länger der wichtigste Ort war, aber mindestens ebenso bedeutsam wie das Spielfeld. Moral konnte auch auf den Fundamenten der Aufklärung errichtet werden, und eine Minderheit war sogar davon überzeugt, daß die Schulung des Verstandes entscheidend für die Erziehung zur Männlichkeit sei; gleichwohl war der Einfluß des Christentums auf die Moralvorstellungen nach wie vor groß, selbst wenn es oft nur eine Metapher war für jene Verhaltensregeln, die die Gesellschaft als entscheidend erachtete.[39]

Viele der Attribute, die ein wahrer Mann angeblich besitzen

sollte, hatten bereits in den pietistischen und evangelischen Bewegungen des 18. Jahrhunderts eine große Rolle gespielt – tatsächlich konnte man sie bis zu Calvin zurückführen. Die Kontrolle über die Leidenschaften zu behalten, Mäßigung zu üben und sexuelle sowie geistige Reinheit zu bewahren waren allesamt nachdrückliche Forderungen des Protestantismus gewesen, lange bevor Winckelmann sie in den jugendlichen Heiden personifiziert sah. Nun wurden diese Tugenden allesamt aktualisiert und auf das Männlichkeitsstereotyp hin zugeschnitten.

Johann Kaspar Lavater, auf den wir im zweiten Kapitel zu sprechen gekommen sind, war ein Pietist, für den die Begegnung des Menschen mit Gott, wie sie sich in Christus vollzogen hatte, zur Vervollkommnung des menschlichen Körpers beitrug.[40] Die Betonung lag auf dem Wort »Vervollkommnung«, denn nichts Menschliches konnte in einer sündigen Welt bereits vollkommen sein. In einem religiösen Handbuch für Kinder aus England mit dem Titel *The Fairchild Family* (1818) erzählen die Eltern ihren kleinen Kindern (fünf, acht und zehn Jahre alt), daß sie aufgrund ihrer sündigen Natur eigentlich fortwährend bestraft werden müßten; indes könne allein ihr Vertrauen auf Jesus sie erretten. Der Gegensatz zu Winckelmanns Glauben an die Autonomie des Menschen könnte gar nicht größer sein. Aber dieser Unterschied erklärt auch, warum das griechische Modell mit seinem konkreten und unveränderlichen Schönheitsstandard für die Entwicklung des idealen männlichen Stereotyps unverzichtbar war.

Selbst der Pietismus beschäftigte sich mit dem Problem der Maskulinität. Gott hatte den Mann mit einer robusten Natur ausgestattet, stark an Körper und Geist, wie dafür geschaffen, sich zu schützen und zu verteidigen. Wie Philip Greven jedoch erklärt, spürten streng religiöse Männer ein gewisses Unbehagen angesichts ihrer eigenen Maskulinität, denn der Mensch sollte doch Christus dienen, und das bedeutete ein völliges Gottvertrauen und das Eingeständnis der eigenen Machtlosigkeit.[41] Außerdem hielt man Sensibilität sowohl für eine christliche als auch für eine männliche Tugend – hier nähert sich das evangelische

Männlichkeitsbild einem vermeintlich weiblichen Attribut an.[42] Nicht selten mußten sich Pietisten dagegen verwahren, für Schwächlinge und Muttersöhnchen gehalten zu werden, für zartbesaitete Männer, die zu einer Zeit öffentlich weinten, als eine solche Zurschaustellung von Gefühlen – im 18. Jahrhundert noch durchaus üblich – für ganz entschieden unmännlich gehalten wurde. Das Christentum trug so zur Modifikation des Männlichkeitsbildes bei: Zärtlichkeit und Zuneigung in der Öffentlichkeit zu zeigen war in solchen Kreisen gang und gäbe, wenn es auch keineswegs gesellschaftlich anerkannt war. Dennoch bot auch diese Variante des Christentums auf lange Sicht keine Alternative zur normativen Maskulinität, weil die grundlegenden männlichen Tugenden unangetastet blieben, ja sogar verstärkt wurden, was Selbstkontrolle, Aktivismus und den Status der Männer als Oberhaupt der Familie betraf. Gleichwohl wurden die rauhen Kanten der Maskulinität auf diese Weise etwas abgerundet und bürgerlicher Empfindsamkeit angepaßt.

Jedoch vermochten diese empathischeren Seiten das Auftauchen einer aggressiven, robusten und aktivistischen Maskulinität innerhalb der evangelischen Bewegung in England Mitte des 19. Jahrhunderts nicht zu verhindern. Man sprach von »Muscular Christianity«; aus dem Glauben an einen robusten Körper und Geist wurde ein Schlachtruf gegen jegliche Sündhaftigkeit und zugleich gegen jene, die sich Englands Größe in den Weg stellten. Diese Schlacht führte man »im Namen der großen englischen Nation«, wie der Pfarrer und Schriftsteller Charles Kingsley in *Westward Ho!* schrieb (das zwischen seiner Erstveröffentlichung 1855 und dem Ende des Jahrhunderts vierzig Auflagen erlebte) – einem Buch, das »jener Art von englischer Tugend gewidmet ist, die zugleich männlich und göttlich ist«. Auf die Selbstkontrolle kam es an, die »Kühnheit des Mannes gegenüber sich selbst«,[43] aber ebenso auf Ritterlichkeit, die ein Christentum milderte, welches im Namen der Maskulinität manchmal gar dazu tendierte, die Gewalt zu verherrlichen. Thomas Hughes, ein wichtiger Propagandist der »Muscular Christianity« machte englischen

Jungs 1857 klar, wenn sie schon kämpften, dann bis zum Ende – es sei weder göttlich noch ehrlich, nachzugeben, wenn man noch aufrecht stehen und weitermachen könne.[44]

Gottesfurcht und Männlichkeit wurden zusammengeworfen, aber dabei kam es stets auf die sogenannten männlichen Eigenschaften an. David Newsome hält den Satz »Ich handle, daher bin ich« für das treffendste Motto einer frühen viktorianischen Vorstellung von Männlichkeit.[45] Jene Form des Christentums versuchte die nunmehr traditionellen Vorstellungen der Männlichkeit auf christlich-protestantischen anstatt auf heidnisch-griechischen Fundamenten zu errichten. Aber diese beiden Wurzeln männlicher Moral konnten, wie wir gesehen haben, auch im Tandem existieren; die Moral selbst ließ sich christlich nennen, doch die Maskulinität als Symbol war vom ästhetischen Geschmack der alten Griechen geprägt. Bezeichnenderweise war das äußere Erscheinungsbild so lange nicht glasklar definiert, wie man behauptete, wahre Maskulinität entstamme allein dem christlichen Glauben. (Ein richtiger Christ war allerdings auch gut gebaut, selbst wenn man die Einzelheiten von Aussehen und Erscheinungsbild noch nicht klar festgelegt hatte.) Das Stereotyp des glattrasierten jungen Engländers, der von stattlicher Statur war, stand aber hinter dieser Maskulinität. Der Anti-Typus hierzu zeichnete sich durch ein weibisches Wesen aus, wie es beispielsweise den herkömmlichen Feinden Englands, papsttreuen Katholiken, Spaniern und Franzosen, nachgesagt wurde.

Willenskraft und Mut waren entscheidende maskuline Attribute für jene Christen, die den »guten Kampf« führten, und tatsächlich unterschieden sich der deutsche und der englische Vorstoß in Richtung moderne Männlichkeit nur in ihrer Gewichtung: Maskuline Standards konnten erreicht werden, indem man den männlichem Körper durch körperliche Übungen zu einem offenkundigen Zeichen moralischer Werte formte – in England freilich in viel begrenzterem Ausmaß.

Ob christlich oder griechisch oder beides, stets waren militärische Tugenden gegenwärtig: schließlich wurde das maskuline

Stereotyp in Revolutionen und Kriegen geschaffen. Heldentum, Tod und Opfer wurden mit Männlichkeit ebenso in Verbindung gebracht wie Disziplin. Die neue Bürgerarmee der Französischen Revolution war selbst eine Schule der Männlichkeit. Zuerst hatte sich die Französische Revolution zu ihrer Verteidigung auf Freiwillige verlassen, aber 1793 rief die Legislative die Wehrpflicht für die gesamte waffenfähige männliche Bevölkerung aus. Dies bedeutete einen Neubeginn und das Ende der Söldner, die für Geld oder um des Abenteuers willen gekämpft hatten. Jetzt wurden Soldaten zwangsrekrutiert um einer edlen Sache willen, für die sie sich begeistern sollten. Auf diese Weise wurde das Militär eine Kaderschmiede der Männlichkeit, wohingegen früheren Söldnern an einer entsprechenden Schulung jegliches Interesse gefehlt oder sie ein eher unbrauchbares Material abgegeben hatten.

Die Soldaten der Französischen Revolution stammten – ebenso wie die Freiwilligen, die in der preußischen Armee gegen die Franzosen kämpften – aus allen Bevölkerungsklassen. Die Ideale der Männlichkeit, durch das Prisma des Krieges gesehen, setzten sich in den Köpfen vieler Menschen fest, eine Leistung, die mittelalterliche Ritter niemals zuwege gebracht hatten oder hätten bringen wollen. Die sogenannten soldatischen Ideale selbst wurden von den Gebildeten verbreitet, größtenteils Offiziere, die der Ober- oder Mittelklasse entstammten. Der moderne Krieger wurde jetzt gemeinsam mit dem griechischen Jugendlichen und Athleten zum Modell für Maskulinität. Als Friedrich Pockels, der unzählige Bücher über Männer, Frauen und die Gesellschaft verfaßt hatte, sich 1813 zu angemessenem gesellschaftlichem Verhalten äußerte, fühlte er sich dazu gezwungen, einen Abschnitt über die Streitkräfte einzufügen, weil sie – wie er es formulierte – eine Bedeutung erlangt hätten, die ihnen früher gefehlt habe. Außerdem regiere ein Geist der Kameradschaft unter ihnen – sie seien alle Soldaten, ungeachtet ihres Ranges.[46] Tatsächlich war der Soldat jetzt der Sohn oder der Nachbar und nicht irgendein Söldner, den man fürchtete und mied.

Heldentum, Tod und Opfer für einen höheren Lebenszweck wurden zu festen Attributen der Männlichkeit. Die Revolutionäre in Frankreich hatten »heldenhaften Stoizismus und Würde« gelobt, und das wurde ebenso zum Thema visueller Darstellungen, wie einst Winckelmanns Laokoon in seiner Agonie »stille Größe« symbolisiert hatte. Jacques-Louis David malte solche Helden, und in zahllosen Festen, die während der Revolution zu Ehren ihrer Märtyrer gefeiert wurden, waren Tod, Opfer und Heldentum untrennbar miteinander verbunden. Die körperliche Beschaffenheit der Revolutionshelden, wie sie in Pamphleten und Bildern festgehalten wurde, bürgte für ihren Stellenwert. Daher schrieb auch der Bewunderer eines inhaftierten jungen Girondisten kurz vor dessen Guillotinierung durch die Jakobiner, wie dieser selbst die Schande der Gefangenschaft hocherhobenen Hauptes ertragen habe. Außerdem habe sich sein Charakter als »virile und männliche Schönheit« in seinem Gesicht niedergeschlagen.[47] Von Alex Potts wissen wir, wie der Neoklassizismus, der die Revolutionskunst prägte, männliche Schönheit durch die gewalttätige Begegnung des Körpers mit dem Tod plastischer gemacht hatte.[48] Davids Vorliebe für Motive, die athletische männliche Körper mit dem Tod verknüpften, war sicherlich Teil des neuen »esprit militaire«.[49]

Doch Tod und Opfer wurden auch mit der Vorstellung von Freiheit in einen Topf geworfen – ob es Freiheit, Gleichheit, Brüderlichkeit war oder, wie in den deutschen Befreiungskriegen, die Sehnsucht nach der nationalen Einheit. Die Freiheit, mit der solche Helden in Verbindung gebracht wurden, war die Freiheit im Dienste einer höheren Sache, nicht eine individuelle Freiheit, sondern die der Nation bzw. der neuen französischen Republik. Friedrich Schillers berühmtes *Reiterlied* (1797) umriß diese Freiheit: Nur der Soldat ist frei, weil er die Ängste des Alltagslebens von sich geworfen hat, sich kühn seinem Schicksal stellt und dem Tod ins Auge blickt. Freiheit ist hier untrennbar mit der Idee des Opfertods verbunden, und über den Opfertod heißt es im Gedicht: Trifft er den Soldaten nicht heute, so trifft er ihn morgen.

Aber im Grunde steht die Freiheit Seite an Seite mit dem Konformismus: die Helden und Märtyrer waren die Stereotype, die das männliche Ideal beispielhaft verkörperten.

Sich einer übergeordneten Sache zu verschreiben heiligte das Leben und den Tod des einzelnen; diese Verpflichtung war die Voraussetzung für heldenhafte Männlichkeit. So müssen zum Beispiel die Helden von Thomas Carlyle ernsthaft und aufrichtig sein, aber vor allem, wie er in seinem Werk *Heroes and Hero Worship* (1841) schreibt, müssen sie von ernsten Vorstellungen beseelt sein. Er lobt Rousseau, weil »dieser von Ideen wie von Dämonen besessen ist«.[50] Was Carlyle in seinem vielgelesenen Werk als Ideen bezeichnet, stellt einen höheren Zweck dar, etwas jenseits des Individuellen, das seine Helden auszeichnet. Die angemessene moralische Haltung war die andere wichtige Komponente wahren Heldentums; hier ersetzte einmal mehr die Tugend das alte aristokratische Konzept der Ehre. Der Held mußte alles in einem sein: sein Mut sollte sich in seinen Worten manifestieren, in seinen Meinungen und nicht weniger in seiner Haltung und in seinem Gesichtsausdruck.[51] Männlichkeit war, wie sich hier bestätigte, etwas Allumfassendes. Der Held verkörpert und konzentriert sich auf all die Faktoren, die das Ideal der Maskulinität ausmachen.

Insbesondere die englischen Vorstellungen von Heldentum waren von einem moralischen Imperativ durchdrungen, der die rein körperlichen Talente bei weitem in den Schatten stellte. Als daher viel später, nämlich im 20. Jahrhundert, John Buchan, wie Carlyle ein Befürworter der Heldenverehrung, schrieb, daß Cäsar und Nelson auch Züge von weiblicher Zartheit und Anmut aufwiesen, war das nicht als Tadel gemeint, sondern als Lob ihrer Spiritualität.[52] Dennoch war Mut das Hauptattribut von Buchans Helden, ein männlicher Mut, der – wie er es formulierte – den Frauen nichts schuldete.[53] Der »höhere Zweck«, dem sich der Held verpflichtete, mußte auf der richtigen Moral gründen. Das ließ viel Freiraum für die Sache, denen sich die meisten Helden tatsächlich widmeten: zum Beispiel ihrer jeweiligen Nation. Die

Konstruktion der modernen Maskulinität hatte nicht nur mit dem Siegeszug des Bürgertums zu tun, sondern auch mit dem Aufstieg eines neuen nationalen Bewußtseins. Jede Nation unterstützte das Ideal der Männlichkeit als ihr eigenes; die Helden der Französischen Revolution kämpften, um »la patrie« zu verteidigen; Jahns Turner strebten nach nationaler Einheit. »Eltern, deren Kinder den ruhmreichen Tod für das Vaterland starben, sind zu beneiden«, hören wir während der deutschen Befreiungskriege, »der schönste und beneidenswerteste Tod ist der Tod für das Vaterland.«[54] Hier werden Tod, Opfer und Vaterland amalgamiert, eine Trias, die auch in Zukunft ein Prüfstein wahrer Männlichkeit sein sollte.

Tatsächlich sah Joseph de Maistre, der konservative französische Denker, die edelsten Ideale männlicher Tugend im Krieg verwirklicht, wie er 1797 schrieb: Nationen erreichten die Größe, deren sie fähig waren, nur nach langen und blutigen Konflikten.[55] Nicht nur in Deutschland, sondern auch in Frankreich unterstützten Nationalisten eine aggressive Maskulinität und waren deren wichtigste Übermittler. Der Tod im Krieg sollte den Lebenden eine Lehre sein. Von dieser Zeit an waren Männlichkeit und Patriotismus miteinander verzahnt, obwohl später, wie wir noch sehen werden, auch die Sozialisten die Ideale der Maskulinität unterstützten. Trotzdem war es immer der Nationalismus, der das männliche Stereotyp zu einem der Mittel seiner Selbstdarstellung erhob. Daß diese Verbindung relativ neu war, mag die ständige Betonung der Männlichkeit erklären, die sich in Schriften zur Zeit der Befreiungskriege findet.

An diesem Punkt unserer Ausführungen müssen wir auf einen weiteren Baustein der modernen Maskulinität zu sprechen kommen. Männer können nicht isoliert betrachtet werden; Frauen sind im Selbstbild der Männer immer gegenwärtig. Jacques-Louis Davids Gemälde *Der Schwur der Horatier* (1785), auf das wir uns im zweiten Kapitel bezogen haben, spricht Bände mit seinen heldenhaften Männern und ängstlichen Frauen. Tatsächlich werden Frauen während der gesamten Französischen Revolution und der napoleonischen Periode häufig als Klagende dargestellt, insbesondere in der Literatur, die sich um den Krieg dreht. Der Gegensatz zwischen Kriegern und schwachen Frauen wird zum Beispiel in Wilhelm von Humboldts Gedicht *Die Amazonen* (1831) deutlich hervorgehoben. Darin eilen die Amazonen in die Schlacht, getrieben von ihrem Schicksal. Und doch kennen sie, anders als die Männer, keine Freude am Kampf, keine Siegesgewißheit; ihr Teil sind Liebe und Sehnsucht.[56] Daß Wilhelm von Humboldt kein Chauvinist war, sondern einer der größten Humanisten seiner Zeit, macht seine Worte um so bezeichnender. Kein Wunder, daß »weibische« Männer verpönt waren. Der ideale weibliche Körper hatte eine sinnliche, sexuelle Schönheit zu transportieren im Gegensatz zum heldenhaften Körper des idealen Mannes.

Der Krieger bot natürlich ein überhöhtes Bild der Maskulinität, aber die Geschlechter wurden doch immer schärfer voneinander abgegrenzt. 1795 glaubte Humboldt noch, wie wir an früherer Stelle bereits erwähnt haben, daß Schönheit als Ausdruck einer edlen Menschheit »reine Weiblichkeit und reine Männlichkeit« vereine. Doch gleichzeitig – typisch für eine uns bereits bekannte Sicht der Maskulinität – schrieb er, daß der männliche Körperbau mit seiner Rigidität der Form das ausdrücke, was die Natur mit dem menschlichen Körper im allgemeinen erreichen wollte. Der Körper der Frau, mit seinen üppigen und runden Formen, wurde auf seine sexuellen Funktionen beschränkt.[57] Schließlich ließ Humboldt, wie bei seiner Darstellung der Amazonen, das Ideal einer zusammengesetzten Schönheit fallen und schrieb jedem Geschlecht seine ganz eigene Ästhetik zu.[58]

Die Trennung von Männern und Frauen griff auf alle Bereiche über. In einem bekannten Werk über das weibliche Geschlecht bekräftigte Friedrich Pockels 1797, daß eine Frau all ihren Charme verlöre, wenn sie mit männlicher Stärke, männlichem Mut und einem männlichen Geist ausgestattet sei.[59] Nicht umsonst heißt es in Max von Schenkendorfs Gedicht aus dem Jahr 1814: »Wo ist der blühende Rosengarten, wo ist die süße Maid?«

Obwohl Frauen an den Festen der Französischen Revolution teilnahmen, verkam die Suche nach einer Göttin der Vernunft bisweilen zu einem bloßen Schönheitswettbewerb.[60] Der Code Napoléon war zwar großzügig gegenüber zuvor verfolgten Minderheiten wie den Juden, aber äußerst restriktiv in bezug auf Frauen; sie wurden, wie wir schon in einem früheren Kapitel angedeutet haben, fast aller Rechte beraubt und zu Leibeigenen ihrer Ehemänner, was die Geschlechtergrenzen festschreiben sollte. Die Gründe für diese Verschärfung, die hier nicht ausführlich behandelt werden können, liegen u. a. in der Einführung einer Kernfamilie, in der veränderten wirtschaftlichen Struktur, die Frauen vom Arbeitsleben ausschloß, und in dem von uns schon so oft erwähnten Bedürfnis der neuen bürgerlichen Gesellschaft nach Dynamik und Ordnung, symbolisiert durch ein maskulines Ideal. Frauen waren natürlich immer schon weitgehend aus der aktiven Welt der Männer ausgeschlossen gewesen, aber nun war ihr Platz in der Gesellschaft festgelegt, zumindest bis die Frauenrechtsbewegung gegen Ende des 19. Jahrhunderts diesen Platz wieder in Frage stellen sollte.

In den Überlegungen Johann Gottlieb Fichtes zur Stellung von Mann und Frau findet sich eine Begründung dafür, daß seine Zeitgenossen die Suche nach einem allumfassenden Schönheitskonzept aufgaben. Es müsse eine klare Aufteilung zwischen den Geschlechtern geben, schrieb Fichte, denn wäre ihre Beziehung zueinander ständig in Bewegung, würde das ein ewiges Hin und Her bedeuten und die Unfähigkeit, sich auf eine bestimmte geistige und körperliche Form festzulegen.[61] Gleichzeitig wurde das Weibliche eine Stufe unter das Männliche gestellt, denn bei der Empfängnis galt die Frau allein als Gegenstand männlicher Macht. Der Mann verkörperte wieder einmal die gesamte Menschheit,[62] die göttliche Einheit wurde nicht länger im Androgynen exemplifiziert, sondern fand sich allein im starken Manne. Fichte steht mit seiner Wertung der Geschlechter nicht allein, und wir sollen ähnliches im folgenden Jahrhundert noch des öfteren hören. Die Frau sei die nachsichtige Freundin des Mannes, erklärte Friedrich Pockels.[63] Die Worte eines rechten Agitators gegen Ende des 19. Jahrhunderts fassen eine allgemeine Empfindung zusammen, die Fichte auf philosophischere Weise teilte: »Je weiblicher die Frau und je männlicher der Mann, ... desto gesünder Gesellschaft und Staat.«[64]

Jene, die nicht in dieses starre Muster für Männer und Frauen paßten, waren die Feinde der Gesellschaft; sie wurden als Widersacher wahrer Maskulinität betrachtet. Die Bausteine der modernen Männlichkeit standen nicht isoliert da; nicht nur durch das weibliche Gegenbild, sondern auch durch all jene, die es angeblich auf die Zerstörung der Maskulinität abgesehen hatten, kamen ständig neue hinzu. Hier spiegelte die Maskulinität einmal mehr ein tiefes gesellschaftliches Bedürfnis wider, denn die moderne Gesellschaft brauchte auch Feinde, um sich ihrer selbst zu vergewissern. Wie wir gesehen haben, stärkte der Krieg das männliche Stereotyp. Die Feinde der Maskulinität waren stets die erklärten Gegner: die Deutschen, die gegen Napoleon kämpften, hielten die Franzosen für dekadent und verweichlicht, und obwohl die Franzosen die Deutschen nicht besonders dekadent fanden, fehlten auch ihnen angeblich unabdingbare männliche Tugenden. Die Feinde, die sich in der Nation selbst verbargen, waren dabei möglicherweise die größere und sicherlich dauerhaftere Bedrohung; ein Schreckbild, das die feste Ordnung bedrohte. Wer waren diese inneren Feinde, und in welchem Zusammenhang standen ihr Charakter und ihr Erscheinungsbild mit der Konstruktion der modernen Maskulinität? Der Anti-Typus, den diese Feinde darstellten, ist entscheidend für das Verständnis des Ideals an sich. Ideal und Anti-Typus waren in einer unheiligen Allianz untrennbar miteinander verbunden.

4 Der Anti-Typus

Nach und nach entstand ein maskulines Stereotyp, das in seiner »stillen Größe« und Selbstkontrolle die Gesellschaft so wiedergab, wie sie sich gern selbst sah. Es war relativ leicht, sich mit einem derart unzweideutigen Symbol zu identifizieren, dessen äußeres Erscheinungsbild eine Entsprechung des moralischen Universums war, eine Normalität, die die Norm für eine allgemein anerkannte Lebensführung errichtete. Aber dieses Ideal der Maskulinität, ja die moderne Gesellschaft als Ganzes, brauchte ein Bild, gegen das es sich abheben bzw. definieren konnte. Jene, die außerhalb standen oder von der Gesellschaft an den Rand gedrängt wurden, boten sich als Anti-Typus an, der wie in einem Brennspiegel das Umgekehrte der gesellschaftlichen Norm widerspiegelte. Solche Außenseiter waren entweder jene, die sich in Herkunft, Religion oder Sprache vom Rest der Bevölkerung unterschieden, oder jene, die für »asozial« galten, weil sie nicht den gesellschaftlichen Normen entsprachen. Für die derart an den Rand Gedrängten erwies sich die Suche nach Identität als schwierig und schmerzlich. Jedoch standen nicht alle Außenseiter denselben Problemen gegenüber, obwohl sie im Grunde nur die Wahl hatten, ihre Identität zu leugnen oder die gängige Norm zu stützen, bis ihnen schließlich – in den letzten Jahrzehnten des 19. Jahrhunderts – durch emanzipatorische Akte mehr Möglichkeiten zur Verfügung standen.

Was genau waren die besonderen Merkmale jener von der Gesellschaft marginalisierten Gruppen? Jene, die angeblich ohne festen Wohnsitz, ohne Wurzeln waren, wurden für gewöhnlich als Außenseiter betrachtet: Zigeuner, Landstreicher und die Juden, die – ohne eigenes Heimatland – stets dieser Kategorie zugerechnet wurden. Verbrecher, Geisteskranke und die sogenannten Perversen müssen dieser Liste hinzugefügt werden. Die Ausgrenzung all dieser Gruppen war nicht neu; sie hatten schon während des Mittelalters und in der Frühen Neuzeit ihr Dasein am Rand der Gemeinschaft gefristet. Als aber die Konturen der modernen Gesellschaft immer schärfer wurden, begann man die Außenseiter zu klassifizieren. Dieselbe Systematisierung, der – wie wir gesehen haben – das maskuline Stereotyp unterlag, wurde nun auf dessen Anti-Typus angewendet. Der Außenseiter stand für körperliche und moralische Unordnung – nicht von ungefähr kontrastierten populäre deutsche Romane des 19. Jahrhunderts gern das gesetzte bürgerliche Leben mit einer instabilen, wurzellosen Existenz, was hauptsächlich auf die Juden zielte, denn anders als Zigeuner oder Vagabunden stellten sie eine unliebsame Konkurrenz dar, mehr noch, waren damals eine emanzipierte Minderheit, die sich langsam assimilierte. Daher stellte Gustav Freytag in seinem bekannten Roman *Soll und Haben* (1855) einem tugendhaften alteingesessenen deutschen Kaufmannshaus ein jüdisches Kaufmannshaus gegenüber, immer in Bewegung, unstet und verschlagen. Ähnlich höhnte Friedrich Hackländer in *Handel und Wandel* (1850), Handelsreisen führten zweifelsfrei in den Wahnsinn, und er stellte den finanziellen Spekulationen und riskanten Operationen der Juden die sogenannte ehrliche Arbeit gegenüber. Vielleicht zeigen diese drastischen Beispiele, wie man vergebens versuchte, die Modernität zu verlangsamen und die neue Geschwindigkeit der Zeit in den Griff zu bekommen.

Bezeichnenderweise erwachte die Legende vom »ewigen Juden«, die schon im 17. Jahrhundert Konjunktur gehabt hatte, zu neuem Leben. Gustave Doré, berühmt als Illustrator der Bibel, fertigte 1852 einen Holzschnitt an, der den ewigen Juden mit einem roten Kreuz auf seiner Stirn, spindeldürren Armen und Beinen, riesiger Nase, wehendem Haar und einem Stab in der Hand zeigte (Abbildung 4.1). Hatte dem ewigen Juden früher auch so etwas wie Würde angehaftet, war hier die antisemitische Tendenz unverkennbar.[1] Die Legende selbst erzählt von einem

4.1 *Der ewige Jude* von Gustave Doré (1852). Doré hatte sich als Illustrator der Bibel einen Namen gemacht. (Eduard Fuchs: *Die Juden in der Karikatur*. [München, Albert Langen Verlag, 1921].)

Juden, der sich weigerte, Christus auf seinem Weg nach Golgatha bei sich rasten zu lassen, und deshalb dazu verdammt wurde, in alle Ewigkeit zu wandern. Die Antisemiten im Deutschland des 19. Jahrhunderts betrachteten seine Ruhelosigkeit als gerechte Strafe für seine Sünde – der Jude als ewiger Vagabund. (Die Nazis machten einen Film daraus und stellten auch eine Ausstellung mit dem Titel »Der ewige Jude« zusammen.)

All die Elemente, die in den Anti-Typus der modernen Maskulinität einflossen, waren mit jenen verwandt, die zur Konstruktion der modernen Maskulinität beigetragen hatten. Im 18. Jahrhundert begannen die Anthropologen, bei der Beurteilung der Unterschiede zwischen den Weißen und den sogenannten Primitiven ästhetische Kriterien anzuwenden, und durch vermeintlich wissenschaftliche Methoden wie Schädelvergleiche und Gesichtsmessungen wiesen sie die »körperliche Schönheit« allein der überlegenen europäischen Rasse zu. Außerdem verwendeten in den neunziger Jahren des 18. Jahrhunderts – zu einer Zeit, in der man viel von Klassifikationen hielt – einflußreiche Rassentheoretiker wie Peter Camper Winckelmanns Schönheitsideal als vorrangigen Maßstab.[2] Andere Anthropologen und Physiognomiker folgten auf dem Fuße. Wie wir gesehen haben, galten ähnliche Standards sowohl in der Kunst wie auch in den Humanwissenschaften.

Wer oder was galt nun als häßlich? Es waren all jene, die der Norm nicht entsprachen. Da das Schönheitsideal bestimmte Bedürfnisse der Gesellschaft widerspiegelte, diente die Häßlichkeit dazu, deren Feinde zu brandmarken. Männliche Schönheit beruhte auf Harmonie und gemäßigten Bewegungen, aber auch auf der Abwesenheit alles Zufälligen; alles mußte zusammenpassen. Die Menschheit hatte, so hieß es, Vollkommenheit durch Schönheit anzustreben.[3] Häßlichkeit hingegen galt als Stigma des gefallenen Menschen, um so mehr, wenn man sich vor Augen hält, welche Rolle die Schönheit für den Bürger spielte: sie sollte ihn erbauen, ja, ein Symbol des Heiligen sein. Häßlichkeit war das glatte Gegenteil von Schönheit: zufällig, ohne Harmonie, nichts war an seinem Platz. Ein häßlicher Körper besaß keine Konturen, das Gesicht war von einer »beweglichen Physiognomie« verunstaltet. Häßlichkeit war die Kehrseite des Schönheitsprinzips, das wir beschrieben haben; und ebenso wie dieses Prinzip durch das Ideal wahrer Männlichkeit vergegenständlicht wurde, so wurde die Häßlichkeit durch den Außenseiter symbolisiert. Sein Körperbau unterschied sich in allen Einzelheiten von dem des Idealtypus. Schiller und seine Zeitgenossen betonten, wie wichtig die Form für die Schönheit sei, und meinten damit klare Linien und harmonische Proportionen ohne jedes Übermaß. Nicht nur Ruhelosigkeit, ständige Bewegung, auch Formlosigkeit charakterisierten den Außenseiter; es gab hier keine Mäßigung, keine goldene Mitte, die Schiller so sehr rühmte[4] und die den gesellschaftlichen Idealen jener Zeit so genau entsprach.

Doch bezog sich Häßlichkeit nicht nur auf körperliche, sondern auch auf geistige Eigenschaften, und hier stand einmal mehr das Äußere für den inneren Mann. Eine ungepflegte äußere Erscheinung signalisierte einen Geist, dem es an Kontrolle über die Leidenschaften gebrach, in dem Ehrgefühl zu Feigheit verkommen, Ehrlichkeit unbekannt war und Lüsternheit den Platz der Reinheit übernommen hatte. Kurz gesagt, die Tugend hatte sich in Laster verwandelt. Wann immer die Karikatur des ewigen Juden in all seiner Häßlichkeit auftauchte, war klar, daß man es mit einem amoralischen Wesen zu tun hatte, einer wandelnden Warnung, den Pfad der Tugend zu verlassen. Als solches war das Schicksal des Juden aus der Legende von Anfang an gedacht gewesen.

Diese innige Verbindung von Körper und Seele wurde nicht zuletzt durch die Medizin gefestigt. Wenn sie behauptete, daß ein gesunder Geist nur in einem gesunden Körper wohnen könne, trug sie entscheidend zur Konstruktion der modernen Männlichkeit bei. Ärzte machten sich daran, all jene als krank zu bezeichnen, die nicht in die bürgerliche Gesellschaft paßten; körperliche Krankheit wurde zu einer Bedrohung für die Gesellschaft. André David Tissots Buch *L'Onanisme* (Die Masturbation), das wir schon zuvor zitiert haben,[5] liefert entsprechende Belege. Nicht zu vergessen ist, daß dieses Werk die Art und Weise prägte, wie das Phänomen der Masturbation in den nächsten eineinhalb Jahrhunderten interpretiert werden sollte. Man hielt sie für eine schreckliche Krankheit, die andere sogenannte auszehrende Krankheiten nach sich zog, einschließlich Wahnsinn und Homosexualität, und die auch jene Nervosität zur Folge hatte, die alle Außenseiter charakterisierte. Das Außenseitertum brandmarkte somit Körper und Geist; darüber hinaus war es Teil einer ganzen Kette von Krankheiten. Der Außenseiter war sozusagen eingekesselt. Auch wenn die Masturbation, laut Tissot, von realem körperlichem Unwohlsein wie Kopfschmerzen, Bauchschmerzen und Rheumatismus begleitet wurde, stellte der Schaden, den sie außerdem den Nerven zufügte, die größte Bedrohung dar.[6]

Nervosität war schon viel früher für eine Krankheit gehalten worden. Robustheit galt als Barriere gegen eine derartige Krankheit, und daher neigten Frauen, wie Thomas Sydenham, der berühmte englische Arzt, 1682 schrieb, aufgrund ihrer zarten Konstitution eher zu Nervosität und Geisteskrankheiten als Männer.[7] Kranke Männer aber schädigten auch ihre Nerven, was nicht nur drohte, sie zu verweichlichen – ein Punkt, auf den wir noch zurückkommen werden –, der Zustand ihres Körpers und Geistes bewies außerdem ihren Mangel an Männlichkeit. An ihnen war alles zufällig, ohne einen festen Platz: Körper, Gesicht und Geist waren ständig in Bewegung. Das Wort »Unordnung« charakterisierte diesen Zustand, der im Chaos enden konnte.

Die Faszination, die Nervenstörungen auf das ganze 19. Jahrhundert ausübten, wurzelte ebenso im Empfindsamkeitskult des 18. Jahrhunderts wie in der Romantik, aber im Grunde war sie auch eine Reaktion auf das schnelle Tempo der gesellschaftlichen, politischen und wirtschaftlichen Veränderungen. Außenseiter wie die Juden wurden allmählich zum Symbol dieser Veränderung und ihrer möglichen Konsequenzen. Ein zerrüttetes Nervenkostüm wurde mit der Moderne in Verbindung gebracht; es zog wiederum die Degeneration von Kultur und Politik nach sich. Bezeichnenderweise hieß es erst seit dem 18. Jahrhundert, daß man »nervös« sei[8] – um 1750, als Ärzte wie Albrecht von Haller begannen, das empfindliche Nervensystem genaueren Untersuchungen zu unterziehen. Zuckende Muskeln und abrupte Körperbewegungen galten als Symptome für zerrüttete Nerven. Krankheiten, die früher faulen Ausdünstungen oder schlechten Körpersäften zugeschrieben worden waren, führte man nun auf das Nervensystem zurück. Die Nervosität galt in erster Linie als Geisteskrankheit, aber sie griff auf den ganzen Körper über. Diese Gleichsetzung von Häßlichkeit und Krankheit verbreitete sich rasch, über Bücher und Bilder. Dabei blieb das Stereotyp des nervösen Außenseiters erstaunlich stabil, ebensowenig wie das Stereotyp der wahren Männlichkeit fundamentalen Veränderungen unterlag. Aber schließlich war das eine ja die Kehrseite des anderen: Nervenkrankheiten sollten bis weit ins 20. Jahrhundert hinein wichtige Gegner der Männlichkeit bleiben – und sind es vielleicht heute noch.

Tissot vertrat die Ansicht, daß sich die Masturbation durch kalte Bäder und körperliche Ertüchtigung heilen ließe, womit er Wandern und Reiten meinte, da die Gymnastik ihren Siegeszug noch nicht angetreten hatte. Eine weitere Heilmethode setzte den Hebel an der männlichen Einbildungskraft an, die es von unerwünschten Leidenschaften zu reinigen galt. Pierre-Jean-Georges Cabanis, einer der einflußreichsten Ärzte während der Französischen Revolution, glaubte, daß es die besondere Mission der Medizin sei, das Körperliche und das Geistige in die Humanwissenschaften zu integrieren, und obwohl er die körperliche Beschaffenheit als grundlegend für die Gesundheit betrachtete, richtete er sein Augenmerk auf die Leidenschaften und Verirrungen der männlichen Einbildungskraft. Die »unsichtbaren Zügel der menschlichen Natur« müßten ergriffen und diszipliniert werden.[9] Gegen Ende des 18. Jahrhunderts, viel später als Tissot, vertrat er die Ansicht, daß körperliche Übungen den Charakter eines Mannes verändern konnten, weil auf diese Weise neue Sinne geformt wurden.[10] Daß körperliche Übungen helfen konnten, Verirrungen der Einbildungskraft zu verhindern, war eine Grundüberzeugung vieler Vertreter der Gymnastikbewegung wie auch der meisten englischen Befürworter des Sportunterrichts an Schulen.

Der deutsche Erzieher Christian Gotthelf Salzmann schrieb 1787, daß Störungen des Körpers zu einer überhitzten Imagination führten, welche nur in Schach gehalten werden könnten, indem man die Konstitution stärke.[11] Eine blühende Phantasie, so glaubten Männer wie er, könne der Vorbote ernster Krankheiten sein. Führten doch unkontrollierte Triebe zu einem Ungleichgewicht zwischen Körper und Geist – dem genauen Gegenteil des männlichen Ideals, bei dem sich Körper und Geist die Waage halten sollten.

Der Sexualtrieb galt allgemein als der stärkste Trieb. Wenn man ihn nicht in Schach hielt, führte er, so glaubte man, unweigerlich zur Masturbation, deren schreckliche Konsequenzen Tissot so anschaulich beschrieben hatte. Jedoch hatte nicht nur der sogenannte Selbstmißbrauch, sondern auch ein Übermaß an Lust in der Ehe düstere Folgen. Daher bekräftigte ein deutsches Werk mit dem Titel *Handbuch aller Kenntnisse, welche der Mann in jedem Alter zu wissen nötig hat*, das 1838 veröffentlicht wurde, daß Männer durchaus an Auszehrung sterben konnten, wenn sie in ihrer sexuellen Beziehung nicht Mäßigung übten.[12] Das Ziel dieses und anderer Handbücher jener Zeit lag offensichtlich darin, den Sexualtrieb zu »veredeln«, und wenn es nach dem bereits zitierten Handbuch ging, durften nur jene, die an Körper und Geist vollkommen waren, den Geschlechtsverkehr ausüben. Wenn man miteinander schlief, bevor eine solche Vollkommenheit erreicht war, würde, so hieß es, der Körper zerstört.[13] Das rückhaltlose Ausleben der Leidenschaft und der unmäßige Gebrauch der Einbildungskraft führten ebenso wie die Nervosität zur Zerstörung des normativen Stereotyps. Mit diesen Attributen versah man all jene, die von der Gesellschaft ausgegrenzt wurden. Man blickte mißtrauisch auf jedwede Übertreibung, in welcher Form auch immer. So wie die normative Maskulinität die Ideale einer aktiven, arbeitsamen Gesellschaft widerspiegelte, so verkörperten die Außenseiter deren Anti-Typus.

Von jeher hatten die Menschen in ständiger Furcht vor Erkrankung und frühem Tod gelebt. Die moderne Medizin steckte noch in den Kinderschuhen, und schon untermauerte ihre Erklärung, Außenseiter seien behandlungsbedürftig, die Vorurteile der modernen Gesellschaft. Der Mediziner, der seinen eigenen Berufsstand zu etablieren und seinen Status zu definieren trachtete, wurde zu einem wichtigen Schiedsrichter über die Moral. Dabei half ihm der weitverbreitete Glaube, daß Hygiene und Gesundheit zusammenhingen. Krankheit wurde mit Laster gleichgesetzt, insbesondere von jenen Ärzten, die vor Gericht sogenannte sexuelle Perversionen begutachteten, die in allen europäischen Ländern unter Strafe standen.[14] Gesundheit und Krankheit wurden zu Zuständen, die den »Insider« vom »Outsider« unterschieden, leicht erkennbare Zeichen, die in den Körper eingebrannt waren. Der »Outsider« sah genauso aus wie die abschreckenden Exempel, an denen Tissot das Laster der Masturbation festgemacht hatte – nervös, schwach, vorzeitig gealtert, offensichtlich dem Tode nahe; der »Insider« drückte körperlich und geistig jene Ausgeglichenheit aus, für die die Griechen Pate gestanden hatten. In diesem medizinischen Konzept von Gesundheit und Krankheit ist all das enthalten, was wir schon erwähnt haben: der Zustand von Körper und Geist, die Ruhelosigkeit in einer Gesellschaft, in der alles an seinem Platz sein mußte. Kein Wunder, daß in einer Enzyklopädie aus dem Jahre 1788 stand, jeder, der seine Gesundheit vernachlässige, beleidige die Gesellschaft, zu der er gehöre.[15]

Das Ideal der Schönheit, das für die Konstruktion der modernen Maskulinität so wichtig war, wurde umgekehrt. Viele hielten zum Beispiel die Juden in jeder Hinsicht für eine Umkehrung der Deutschen und verunglimpften sie als Untermenschen. Das bedeutete allerdings nicht, daß man sie nicht als menschliche Spezies betrachtete, das taten nicht einmal die Nationalsozialisten; der Unterschied konnte so absolut nicht sein.[16] Der »Untermensch« mußte konkretisiert, bekannt gemacht werden, wenn er eine glaubhafte Bedrohung darstellen sollte. Juden und andere

Außenseiter wurden so zum Inbegriff des Bösen, waren aber trotzdem noch als Männer erkennbar, selbst wenn sie die traditionellen Werte umkehrten.

Solche Außenseiter, ob Juden oder Homosexuelle, konnten keine Ehre haben, die – wie wir gesehen haben – als integraler Bestandteil der Männlichkeit betrachtet wurde. Wie zuvor schon erwähnt, weigerten sich in Deutschland gegen Ende des 19. Jahrhunderts immer mehr Burschenschaften, Juden für satisfaktionswürdig zu erklären, während nationalistische Burschenschaften in Österreich 1896 alle Juden aus Duellen ausschlossen, weil sie angeblich das Wesen der deutschen Ehre nicht verstehen konnten.[17] Ob die Herausforderung eines Juden zum Duell angenommen wurde oder nicht, war ein Barometer, anhand dessen man den Zustand des Antisemitismus messen konnte – standen dabei doch die männlichen Eigenschaften par excellence auf dem Prüfstand. Die vermeintliche Feigheit der Juden kam nicht nur in der antisemitischen Literatur vor, sondern auch in volkstümlichen Schwänken; in Deutschland wurde der angebliche ›Schiß‹ der Juden vor Duellen und dem Militärdienst häufig aufs Korn genommen.[18] Schauspieler, die sich auf solche Charaktere spezialisierten, halfen mit, das jüdische Stereotyp zu verbreiten. Man muß wohl kaum betonen, daß die Antisemiten den Juden alle Eigenschaften absprachen, die mit der Maskulinität in Verbindung gebracht wurden; im besten Fall war der Jude nur ein halber Mann.

Wieder einmal entsprach das Äußere dem Inneren; der jüdische Körper galt als grundlegend anders als derjenige »normaler« Männer, wie Sander Gilman überzeugend dargelegt hat,[19] und dieser Unterschied manifestierte sich in exakt jenen Körperteilen, die die meiste Aufmerksamkeit auf sich zogen: Nase, Füße, Hals und Gesichtsfarbe. All diese körperlichen Merkmale signalisierten – wenn sie nicht der Norm männlichen Aussehens entsprachen – Häßlichkeit. Die sogenannte jüdische Nase, die Hakennase, existierte als Karikatur bereits im 16. Jahrhundert (schließlich ist die Nase eines der hervorstechendsten Merkmale

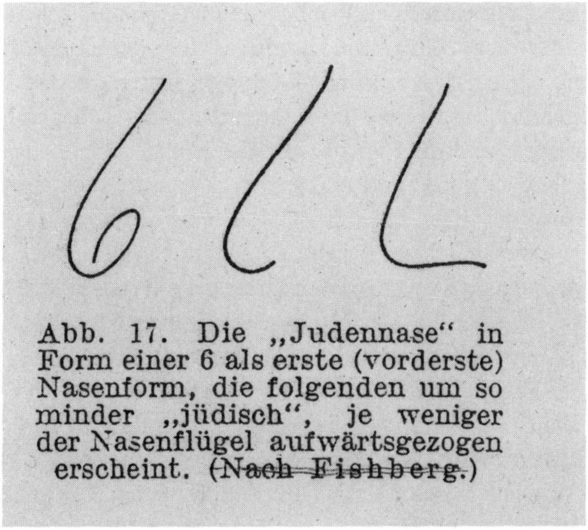

4.2 Die jüdische Nase. Bild und Text stammen von Hans Leicher, Mediziner und Hals-Nasen-Ohren-Spezialist sowie Dozent an der Universität Frankfurt. (*Die Vererbung anatomischer Variationen der Nase, ihrer Nebenhöhlen und des Gehörorgans*. [München, J. F. Bergmann Verlag, 1928].)

des Gesichts). Sie wurde als sogenanntes jüdisches Erkennungszeichen erst Mitte des 18. Jahrhunderts fest verankert und entwickelte sich dann jedoch schon bald zum Gegenteil der geraden Nase des griechischen Schönheitsideals (Abbildung 4.2). Winckelmann selbst hatte nicht expressis verbis von der jüdischen Nase gesprochen, dafür aber die platte Nase, die man für gewöhnlich den Schwarzen zuschreibt, als Gegenteil der geraden und spitzen Nase hervorgehoben, die er den Griechen zudachte.[20] Trotzdem wurde die jüdische Nase alsbald zum Merkmal eines nicht vertrauenswürdigen, unmoralischen und verdächtigen Menschen.[21] Jedoch gab nicht nur die Nase, sondern der ganze Körper den Juden zu erkennen, in derselben Totalität, die Körper und Geist umfaßte und das männliche Schönheitsideal prägte, nur daß hier die Schönheit auf den Kopf gestellt wurde: die flachen Füße, der watschelnde Gang (im Gegensatz zum festen männlichen Schritt), der halslose Körper, die großen Ohren und die dunkle Gesichtsfarbe. Abgesehen davon kommen junge Juden in der Literatur des 19. Jahrhunderts so gut wie nie vor. Juden wurden für gewöhnlich als ausgelaugt und gealtert dargestellt, zu einer Zeit, in der man die Jugend hochhielt.

Diese verräterischen Zeichen, an denen man den Juden angeblich erkennen konnte, bewiesen auch seine Krankheit. Zu einer Zeit, als Hygiene Teil der Medizin wurde, sagte man den Juden einen Mangel an Reinlichkeit und eine notorische Vernachlässigung des Körpers nach. Der Ausdruck »schmutziger Jude« faßte schließlich das jüdische Stereotyp zusammen: Häßlichkeit, Schmutz und Krankheit zeichneten ihn aus. Tatsächlich wurden Juden bisweilen beschuldigt, die gefürchtetste Krankheit des Jahrhunderts zu übertragen, die Syphilis, und die jüdische Nase selbst galt gelegentlich als eine der Auswirkungen dieser Krankheit wie auch die »dunkle Haut« der Juden. Es liegt auf der Hand, wie hier vor dem Hintergrund eines stetig wachsenden Konsens über das, was wahre Schönheit, Gesundheit und Männlichkeit ausmachte, ein Anti-Typus konstruiert wurde.

Wie weit dieses Stereotyp reichte, zeigt sich an keinem Geringeren als Henri Baptiste Grégoire, dem Verfechter der jüdischen Emanzipation während der Französischen Revolution. Als er seine Maßnahmen zur Emanzipation der Juden vor der Nationalversammlung (1789) darlegte, ließ er verlauten, daß Juden im allgemeinen eine fahle Gesichtsfarbe, gekrümmte Nasen, tiefliegende Augen und ein vorstehendes Kinn besäßen und daß sie vor der Zeit alterten. Außerdem würden Juden chronisch masturbieren, was man aus ihrer nervösen Disposition ersehen könne.[22] Es wurde der Versuch unternommen, den Juden in seiner Gesamtheit zu sehen – nicht von ungefähr in einem Zeitalter, in dem die Suche nach einer Totalität viele Denker beschäftigte. Grégoire nannte sein bahnbrechendes Traktat zur jüdischen Emanzipation bezeichnenderweise *Essai sur la régénération physique, morale et politique des juifs* (Essay über die körperliche, moralische und politische Regeneration der Juden, 1785). Dieser Titel läßt keine einzige der »jüdischen Eigenschaften« unerforscht, welche nach Meinung des Autors allesamt »verbessert« werden müßten. Daß der körperliche Aspekt hier an erster Stelle steht, ist signifikant; schließlich erzählte das Äußere die Geschichte des inneren Mannes.

Die hervorstechenden Merkmale des stereotypen Juden, die Grégoire auflistet, wurden bis zu einem gewissen Grad von allen Außenseitern geteilt, ob es sich um Zigeuner, Homosexuelle, Schwarze, Verbrecher oder Geisteskranke handelte. Sie alle waren häßlich, von unregelmäßigen Proportionen und nervös. In Europa gab es nicht so viele Schwarze; ansonsten hätten sicherlich auch sie als Gegenbild zur normativen Männlichkeit herhalten müssen. Aber auch so verhafteten und töteten die Nazis die meisten der ungefähr achthundert Kinder aus gemischtrassigen Beziehungen zwischen deutschen Frauen und schwarzen Soldaten, die zwischen 1921 und 1924 der französischen Besatzungsarmee im Rheinland angehörten. Adolf Hitler war der Ansicht, daß die Juden die Schwarzen ins Rheinland eingeschleppt hätten – mit dem Ziel, die weiße Rasse zu vernichten (wieder einmal waren die Juden die Wurzel allen Übels, der archetypische Anti-Typus).[23] Schwarze waren offensichtlich stark und körperlich gut in Form, aber selbst das wurde gegen sie verwendet: ihre Stärke sei barbarisch, ohne Ordnung oder Richtung, fehlgeleitet in eine übermäßige sexuelle Energie, die alle weißen Frauen bedrohe. Körperliche Kraft, wie gesund auch immer, hatte etwas Gefährliches, es sei denn, sie war gepaart mit Selbstkontrolle und Mäßigung.

Die Außenseiter wurden ständig homogenisiert, zu einer Bruderschaft des Bösen zusammengefaßt, die sich gegen die Norm stellte. Juden wurden ob ihrer vermeintlich dunklen Haut mit den Schwarzen in Verbindung gebracht; tatsächlich ähnelte für einige Rassisten die Physiognomie der Juden der der Schwarzen: so trafen sich die beiden minderwertigen Rassen. Laut den Nationalsozialisten war das stärkste Band zwischen Schwarzen und

Juden ihre Hysterie, ihre Liebe zu abgehackten, nervösen Bewegungen, die durch das vergegenständlicht wurde, was die politische Rechte Deutschlands »Negermusik« nannte. Auch von ihr sagte man, sie sei von den Juden nach Deutschland eingeschleppt worden, um die Degeneration des deutschen Volkes zu betreiben. Joseph Goebbels tat sein Bestes, um den Jazz zu arisieren, denn wie in einer Nazi-Veröffentlichung zu lesen steht: »Negerstämme marschieren nicht.«[24]

Die Juden wurden – wenn auch in geringerem Maße – mit den Homosexuellen in Verbindung gebracht und schließlich, als die ewigen Wanderer, auch mit den Zigeunern. Die Physiognomie der Juden wiederum schien derjenigen von Geisteskranken und Verbrechern zu ähneln, vor allem wegen der großen Ohren, die laut Kriminologen wie Cesare Lombroso das Erkennungszeichen eines Kriminellen waren. Dem Außenseiter wurde im allgemeinen ein fester Platz zugewiesen, und die Möglichkeiten, ihn darzustellen, waren daher beschränkt, wie ein Blick auf entsprechende Karikaturen zeigt.

Die wahre Natur eines Stereotyps kann man nur erkennen, wenn das Ideal und seine Antithese Seite an Seite gestellt werden – und somit das eine das andere verstärkt. Genau dies geschah z. B. zur Zeit der deutschen Besatzung in der Ausstellung »Die Juden Frankreichs«, die 1941 in Paris gezeigt wurde. Dort stellte man die überlebensgroße Statue eines nackten Mannes mit dem Titel »Der vollkommene Athlet« in die Mitte des Ausstellungsraumes, um den Kontrast zwischen der idealen Männlichkeit und der moralischen und körperlichen Minderwertigkeit der Juden augenfällig unter Beweis zu stellen.[25]

Es waren jedoch die sogenannten unmännlichen Männer, die vielleicht die größte Angst unter jenen hervorriefen, die Teil der »normalen« Gesellschaft waren – während sie alle Merkmale von Außenseitern besaßen, schienen sie darüber hinaus auch noch die Grenze zwischen den Geschlechtern überschritten zu haben. Wir haben bereits gesehen, daß in Zeiten der Unsicherheit starken Demarkationslinien zwischen den Geschlechtern großes Gewicht beigemessen wurde; sie zu verwischen schien das Schreckgespenst der Anarchie heraufzubeschwören. Homosexualität – oder Sodomie, wie man sie damals nannte – war besonders bedrohlich, und, obgleich ein uraltes Phänomen, im 18. Jahrhundert stereotypisiert. Die Angst vor Sodomie ging einher mit der Angst vor Katastrophen.[26] Die Napoleonischen Kriege lösten eine Welle von Verfolgungen der Sodomisten in England aus. Und doch ließ man, wie Paul Derks gezeigt hat, im 18. Jahrhundert noch eine gewisse Nachsicht gegenüber Homosexuellen walten, die im darauffolgenden Jahrhundert undenkbar gewesen wäre.[27] Toleranz bedeutete jedoch keineswegs, daß man Homosexualität akzeptiert hätte; man ignorierte sie, vorausgesetzt, sie zeigte sich nicht allzu deutlich. Im 19. Jahrhundert wurden dagegen, wie bei der Geschlechtertrennung, klare Grenzen gezogen, die niemals überschritten werden durften.

In seinen Essays über Winckelmann (1805) schrieb Goethe, daß die Natur diesen mit allem ausgestattet habe, was einen Mann ausmache und ziere, obwohl er genau um dessen Homosexualität wußte.[28] Was Goethe als Bewunderer griechischer Schönheit hingegen nicht ausstehen konnte, waren weibische Männer und männliche Frauen.[29] Hier konnte eine stillschweigende Duldung der Homosexualität neben einer strengen Trennung der Geschlechter existieren. Die relative Offenheit, die Goethe und andere aus seinem Weimarer Zirkel an den Tag legten, war nicht etwa darauf zurückzuführen, daß sie Homosexualität befürwortet hätten, sondern daß sie Winckelmanns Vorstellung von männlicher Schönheit bewunderten – des männlichen Körpers, in dem sich, in Wilhelm von Humboldts Worten, die Hoffnung auf das Menschliche im allgemeinen niederschlug.[30] Aber diese Toleranz sollte nicht von Dauer sein, denn die Homosexuellen wurden bald schon mit einem Körper versehen, der in seiner Häßlichkeit dem des jüdischen Stereotyps entsprach. Obwohl man einräumte, daß Homosexuelle groß und sogar wohlproportioniert sein konnten, mußte ihre Schönheit notwendigerweise unvollständig sein. Daher stand in einer 1810 geschriebenen Biographie des Historikers Johannes von Müller, eines bekannten Homosexuellen, daß der untere Teil seines Körpers für einen Mann von beträchtlicher Größe bestimmt war, doch habe die Natur ihren Plan nicht völlig ausgeführt, und der obere Teil seines Körpers sei klein geblieben. Seine Nase und seine Stirn hätten zwar Stärke und Kühnheit signalisiert, aber die Augen seien umwölkt gewesen, und die Kinnpartie habe der eines kraftlosen Jünglings geglichen.[31] Und wenn ein Homosexueller dem männlichen Schönheitsideal nahekam, mußte ihm notgedrungen irgend etwas fehlen.[32] Im Jahre 1816 behauptete ein Gegner der jüdischen Emanzipation, wenn ein Jude schön sei, könne bei ihm etwas nicht stimmen. Kurz und gut, Schönheit mußte all denen abgesprochen werden, die das Gegenteil der Maskulinität darstellen sollten. Die Grenze zwischen der modernen Maskulinität und ihren Feinden mußte scharf gezogen werden, damit die Männlichkeit als Symbol einer gesunden Gesellschaft aus diesem Kontrast Stärke gewinnen konnte.

Den homosexuellen Anti-Typus der Maskulinität mit all seinen Implikationen faßte exemplarisch die anonyme Schrift *Getroffene Bilder aus dem Leben vornehmer Knabenschänder und andere Scenen aus unserer Zeit und Herrlichkeit* zusammen, die 1833 in Deutschland veröffentlicht wurde. Ihr Antiheld, Don Pederasto, war ein Aristokrat (herrschte doch im Bürgertum die Überzeugung vor, daß unter dieser korrupten Klasse die Homosexualität besonders wütete), und seine perverse Persönlichkeit konnte sich bei seinem opulenten Lebensstil erst richtig entfalten. Don Pederastos Trinkspruch »Lang lebe Griechenland!« sowie seine Gründung eines Vereins zur Verbreitung griechischer Ideen dienten allein als Fassade für seine Ausschweifungen. Unbescholtene junge Männer vom Lande fielen diesem Freundeskreis anheim und blieben an Körper und Seele zerstört zurück; sie waren gesund gewesen, und nun waren sie krank. Dieser Verein Don Pederastos war Teil einer allgemeinen homosexuellen Verschwörung, die die Macht in Spanien zu ergreifen beabsichtigte.[33]

Die Außenseiter planten angeblich in einem fort Verschwörungen. Ob von Homosexuellen oder vom Weltjudentum angezettelt, ihre Methoden und Ziele waren im großen und ganzen dieselben. Die Phalanx gesunder Männer, die die normative Gesellschaft verkörperten, sah sich einer gleichermaßen einheitlichen Opposition gegenüber, aber während die Gesellschaft von hohen Idealen zementiert und von mutigen und redlichen Männern angeführt wurde, griffen jene, die sie zu zerstören trachteten, zu allen erdenklichen Mitteln. In vorderster Front dieser Gegengesellschaft befanden sich jene, die die Norm der Maskulinität auf den Kopf stellten. Als Don Pederasto zu einem Duell gefordert wird, bebt sein zarter, schwammiger, weiblicher Körper vor Angst, und er fleht um Pardon.[34] Der »Außenseiter« kann keine Ehre im Leib haben.

Man bezichtigte die Juden immer wieder der Homosexualität. Im 20. Jahrhundert wurden zwei der prominentesten Juden – Walther Rathenau, der erste Organisator der Kriegswirtschaft in Deutschland und spätere Außenminister der Weimarer Republik (1921–1922), sowie Léon Blum, Premierminister der französischen Volksfrontregierung (1936–1937) – von ihren Feinden öffentlich als Homosexuelle bezeichnet. Das Bild des Juden und das Bild des Homosexuellen ergänzten Ende des 19. Jahrhunderts einander.[35] Jedoch gab es – außer bei den ganz fanatischen Antisemiten – auch Vorbehalte, eine Liebe, deren Namen man nicht auszusprechen wagte, ins Feld zu führen. Ehrenwerte Leute sollten von derlei sexuellen Praktiken am besten nichts erfahren.

In diesem Zusammenhang ist es kein Wunder, daß die Juden auch »feminisiert« wurden (daher wurde beispielsweise Léon Blum im Kleid dargestellt; siehe auch Abbildung 4.3). Man beschuldigte sie für gewöhnlich weniger, die Grenze zwischen den Geschlechtern sexuell zu überschreiten, man warf ihnen vielmehr ihre vermeintliche »Verweiblichung« vor. Sie wurden oft als »zart und schwach« beschrieben, und ihr angeblich passives, feiges und verschlagenes Verhalten paßte hierzu hervorragend. Aber erst Otto Weiningers berühmtes und erstaunlich populäres Buch *Geschlecht und Charakter* (1903) sollte sich als wichtigste Quelle für

4.3 Der jüdische Sozialist und französische Premierminister Léon Blum: der ewige Jude als Transsexueller aus dem französischen Satirejournal *Le Charivari*, 20. Juni 1936.

die vorgebliche Feminisierung der Juden erweisen. Hier wurden Juden mit Frauen als Wesen von Leidenschaft und Emotion, denen es an wahrer Kreativität fehle, auf eine Stufe gestellt; beide waren sowohl ohne »Bewußtsein ihres Selbst« als auch ohne »Eigenwert«.[36] Die vermeintliche Passivität des Anti-Typus erreichte in diesem Buch ihren Höhepunkt. Natürlich unterschied Weininger zwischen dem einzelnen Juden und dem Judentum als solchem, aber wie sehr er auch versuchte, von seinem Antisemitismus zu abstrahieren, er feminisierte die Juden auf der Basis seines negativen Frauenbildes.

Frauen mit ihrer unkontrollierten Leidenschaft galten ihm als Verkörperung von ungezügelter Sexualität, und wahre Männer hätten im Sexualakt allein »einen schweinischen, animalischen Akt zu sehen«.[37] Weininger hatte offensichtlich Schwierigkeiten, sich mit seiner eigenen Sexualität abzufinden, und die Theorie, die er in *Geschlecht und Charakter* aufstellte, daß jedes menschliche Wesen in sich etwas Weibliches und etwas Männliches trage, mag ihm selber zugesetzt haben. Doch werde der wahre Mann, anders als der Jude oder der Homosexuelle, die weibliche Komponente seines Naturells überwinden; er kenne nur die platonische Liebe und führe ein ausgeglichenes Leben, frei von der Hysterie, die laut Weininger Frauen, Juden und Homosexuelle kennzeichnet. Er lobte die männlichen Eigenschaften, die sich mittlerweile als solche eingebürgert hatten; das Unmännliche fand sich wie üblich im Anti-Typus. Der Außenseiter wird wieder einmal homogenisiert; diesmal dringt er in den Raum ein, der wahre Männer angeblich von den Frauen trennte. Hier war die Maskulinität das Prinzip, das all das vereinte, was schöpferisch war – und klar: »Maskulines Denken unterscheidet sich von weiblichem Denken durch das Bedürfnis nach Klarheit und eindeutiger Form.«[38]

Auf der einen Seite die Juden als »feminine« Wesen, auf der anderen als völlig zügellose – Raubtiere, die es nach blonden Frauen gelüstete. Dies wurde ihnen von Antisemiten gerne zum Vorwurf gemacht. Auch sollten sie weiße Frauen zur Prostitution zwingen. Nicht von ungefähr belegt Edouard Drumonts *La France Juive* (1886), ein veritables Brevier antijüdischer Ressentiments des 19. Jahrhunderts, die vermeintliche Erfindung der Pornographie durch die Juden mit Bildern nackter Frauen – ein Beweis, wie sie das Christentum zu unterminieren trachteten.[39] Einmal mehr galten Juden als alt, schwach oder verweichlicht, und ihre Körperbeschaffenheit unterschied sich von derjenigen der Homosexuellen nur unwesentlich. Ihnen wurden bestimmte körperliche Merkmale und Maße zugeschrieben, allein um ihre Abweichung von der Norm zu zeigen; Homosexuelle waren fast immer schlaff und dünn, eher Herren, die eine unmännliche Haltung einnahmen, als ausgesprochen häßliche (siehe auch Abbildung 4.4). Doch weder die einen noch die anderen konnten der Norm maskuliner Schönheit auch nur im entferntesten genügen.

Juden und Homosexuelle waren nicht die einzigen Anti-Typen, aber die erschreckendsten: als Stereotype jagten sie Angst ein, aber auch, weil sie sich assimiliert hatten, unerkannt leben und sich mitten unter der Bevölkerung verstecken konnten. Zigeuner hingegen wollten sich nicht verkleiden und wurden seit dem Mittelalter als »Plage« betrachtet; oft verglich man sie mit Räuberbanden, die plündernd durch die Lande streiften. Auf ihre Köpfe wurden Preise ausgesetzt, und man unternahm den Versuch, sie in den Militärdienst zu pressen.[40] Im Zuge der Französischen Revolution wollte man sie ein für allemal disziplinieren, und es begann eine Phase schwerer Verfolgungen. Bisweilen wurden Zigeuner auch mit Juden verglichen, weil sich fromme Juden ebenfalls nicht der Norm entsprechend kleideten und oft als Hausierer auftraten. Ohnehin verdächtigte man beide, Krankheiten zu verbreiten und schmutzig, verschlagen und unehrlich zu sein. Zigeuner hielt man wegen ihrer Lebensweise meistens für »Abkömmlinge von Landstreichern, Schwindlern und Dieben«, wie ein Nazi-Experte für Zigeuner es formulierte. In ihnen fließe »das Blut von Vagabunden«,[41] und obwohl Juden häufig ebenfalls als Räuber und Landstreicher gesehen wurden, reichte das jüdische Böse weiter, höhlte die Fundamente der Gesellschaft und der Nation aus. Interessanterweise scheint man – soweit wir wissen – sich nicht eigens mit dem Körperbau der Zigeuner beschäftigt zu haben (wie mit dem der Juden und Homosexuellen). Zigeuner waren natürlich viel mobiler als Juden, und weil man sich nicht besonders bemühte, sie zu assimilieren, spielten sie als maskuline

4.4 *Der verwöhnte junge Mann*. Eine schwulenfeindliche Karikatur aus der Pariser Zeitschrift *L'Assiette au Beurre*, Nr. 422, Mai 1909.

Anti-Typen nur eine untergeordnete Rolle. Anders als Juden oder Homosexuelle lebten sie außerhalb der Gesellschaft, blieben unter sich und schienen im Laufe der Geschichte weitgehend als selbstverständlich hingenommen zu werden – bis der Rassismus der Nationalsozialisten ihre weitgehende Ausrottung anordnete.

Die Geisteskranken und Verbrecher waren als Außenseiter schon wichtiger und wurden als Zerrbilder der gesellschaftlichen Ideale gebrandmarkt. Der Geisteskranke führte die Folgen zerrütteter Nerven vor Augen, und wir haben gehört, wie man angeblich durch Masturbation dem Wahnsinn anheimfallen konnte.[42] Die Juden dagegen waren sowieso von Natur aus mit einem hypersensiblen Nervensystem ausgestattet, und daher schrieb man ihnen – wie wir noch sehen werden – die Neigung zu entsprechenden Krankheiten zu. Die Verzerrungen und Grimassen der Geisteskranken, die niemals stillsitzen konnten, waren ohnehin ein Ausbund an Häßlichkeit. Verbrechern sagte man während der zweiten Hälfte des 19. Jahrhunderts ebenfalls einen ganz eigenen Körperbau nach: große Ohren, einen dicken Hals oder ein anderes Kainszeichen. In seinem Buch *The Criminal* (1912) schrieb Havelock Ellis wie seinerzeit Lombroso in Italien, daß abstehende Ohren, wie man sie bei Kriminellen häufig anträfe, auf einen atavistischen Charakter schließen ließen, wie man ihn bei Affen und einigen der niederen Rassen finde.[43] Verbrecher standen für einen Rückfall in vermeintlich primitivere Zeiten, und ihre großen Ohren verrieten sie – die so anders waren als die kleinen und wohlgeformten Ohren der griechischen Jünglinge.

Landstreicher müssen dieser Liste der Außenseiter noch hinzugefügt werden, ungepflegt und schmutzig und fast immer häßlich. Sie warfen alle Normen der bürgerlichen Gesellschaft über den Haufen: sie gingen keiner geregelten Arbeit nach, hatten keinen festen Wohnsitz und waren daher nirgendwo integriert. Außerdem besaßen sie keine Familie. Landstreicher – oder Vagabunden, wie man sie manchmal nannte – wurden als »classe déclassée« betrachtet, nicht nur in Frankreich, sondern in ganz Europa.[44] Später bezeichnete man Landstreicher und andere Außenseiter als »asozial«, will heißen, als Leute, die sich produktiver Arbeit und einer geordneten Gemeinschaft widersetzten. Jeder einzelne dieser mutmaßlichen Feinde der Gesellschaft war im nationalsozialistischen Deutschland an Leib und Leben bedroht.

Wie wir schon des öfteren festgestellt haben, brauchte die moderne Gesellschaft offensichtlich einen Anti-Typus, gegen den sie sich definieren konnte und der dazu diente, sie in ihrem Selbstbild zu stützen. Aber in erster Linie hielt man Außenseiter für unfähig, eine Gemeinschaft, eine geordnete Gesellschaft zu formen. Diese Anschuldigung mag auch die verhängnisvollste gewesen sein, die man insbesondere gegen die Juden erhob, ein Teil ihrer vermeintlich unheilbringenden Natur. Die Erschaffung von Gesellschaft und Staat war eine maskuline Aufgabe, und Menschen wie die Juden – im besten Falle »halb Mann . . . halb Frau«, wie es in einem französischen Buch kurz nach dem Ersten Weltkrieg hieß – konnten an diesem Unterfangen keinen Anteil haben.[45] Aus diesem Grunde machten so viele Antisemiten die zionistische Bewegung lächerlich und glaubten fest an ihr Scheitern. Während der Nazi-Herrschaft wurden Juden und Asoziale schließlich wieder einmal als »gemeinschaftsunfähig« in einen Topf geworfen – ein deutsches Wortkonstrukt, mit dem die ererbte Unfähigkeit, sich zu integrieren, umschrieben wurde. Die Nazis machten viel aus dieser Anschuldigung – und nicht nur gegen die Juden. Im Zuge der Judenvernichtung unternahm man 1943 den Versuch, ein allgemeines Gesetz zu verabschieden, unter das all jene fielen, die nicht am Erhalt der Gesellschaft mitwirkten. Dieses Gesetz richtete sich gegen die angeblich notorisch Unzufriedenen (»Querulanten«), gegen Landstreicher, Bettler, Arbeitsscheue, geistig Zurückgebliebene und Homosexuelle. Die Liste der Asozialen, die – wie wir gesehen haben – weit in die Vergangenheit zurückreichte, blieb unverändert bestehen und umfaßte alle »Schädlinge« der Gesellschaft.[46]

Die gesellschaftliche Rolle des Außenseiters mit all ihren Folgeerscheinungen umfaßte die Moral wie die Ästhetik. Dies ist vielleicht der wichtigste Grund, weshalb das Stereotyp des Außenseiters sich so lange halten konnte. Trotz der sich häufig wandelnden Machtverhältnisse sind die Konturen der modernen Gesellschaft – anders als beim Übergang zur Frühen Neuzeit – über weite Strecken relativ stabil geblieben. Natürlich werden Verbrecher und Geisteskranke heute nicht länger in dasselbe Klischee gepreßt wie zu Beginn dieses Jahrhunderts, weil unsere Vorstellung von Krankheit sich verändert hat; in gewisser Hinsicht ist sie weniger moralisch und dafür pragmatischer geworden. Aber die heutigen Karikaturen von Juden und Homosexuellen sind immer noch jene des Anti-Typus der modernen Maskulinität; hier haben sich die Vorstellungen von Krankheit und Gesundheit nicht verändert, auch nicht die Vorstellungen von Schönheit und Häßlichkeit.

Frauen waren natürlich keine Außenseiter; sie hatten ihren festen Platz in der Gesellschaft. 1810 drückte es Madame de Staël in ihrem Buch über Deutschland kurz und prägnant aus: Es sei richtig, Frauen von Politik und öffentlichen Angelegenheiten auszuschließen, im Gegenzug könnten Frauen bedingungslose eheliche Treue erwarten. Mit Männern zu konkurrieren sei der natürlichen Bestimmung der Frau fremd.[47] Die Ehe war die Institution, die Männern und Frauen ihren jeweiligen Platz in der Gesellschaft zuwies, und die Leichtigkeit, mit der in Deutschland eine Scheidung erlangt werden konnte, drohte, so Madame de Staël, in die familiären Beziehungen das Prinzip der Anarchie einzuführen.[48] Madame de Staël war kein »Blaustrumpf«, und sie nahm – ungewöhnlich für eine Frau ihrer Zeit – lebhaft am öffentlichen Leben in Frankreich teil. Ihre Aussage zur Aufgabenteilung der Geschlechter ist aus diesem Grund um so signifikanter. Die weitverbreitete Angst vor der »sexuellen Anarchie« kam allerdings erst in den letzten Jahrzehnten des 19. Jahrhunderts auf, als die Frauenrechtsbewegung den Ausschluß der Frauen aus dem öffentlichen Leben in Frage zu stellen wagte.

Doch es gab bereits früh Anzeichen, daß nicht alles zum besten stand, daß die Frauen tatsächlich zu Feinden der Männer werden und somit die Gesellschaft bedrohen könnten. So war tatsächlich in einer neuen bayerischen Gesetzessammlung zu Beginn des 19. Jahrhunderts zu lesen, daß Männer zu Opfern gemacht und in ihrer Sexualität von Frauen bedroht werden könnten.[49] Die romantische Bewegung schien die Trennung der Geschlechter noch zu bestätigen, indem sie die Frauen als rein, keusch und zärtlich idealisierte, die fern jeder Wirklichkeit die höchsten Instinkte der Menschheit ansprachen. Gleichzeitig waren die Romantiker jedoch von der Frau als Verführerin fasziniert, die am Morgen ihren Liebhaber, mit dem sie die Nacht verbracht hat, meuchelt – der »femme fatale«, die Männer nur verführt, um sie zu zerstören: Kleopatra galt als eine ihrer ersten Inkarnationen.[50] Die Romantik trug dazu bei, die Frauen an den ihnen zugewiesenen Platz zu fesseln, indem sie sie vergötterte, aber gleichzeitig wies die »femme fatale« in die Zukunft: am Ende des Jahrhunderts sollten nicht wenige Frauen mit demselben Mißtrauen betrachtet werden wie die Außenseiter, als Bedrohung der Maskulinität.

Doch auch wenn die Frau nicht zur Außenseiterin gestempelt wurde, verlieh der immer deutlicher wahrgenommene Unterschied zwischen Männern und Frauen dem Ideal der Maskulinität Auftrieb. In seinem Roman *Lucinde* (1799) behauptet Friedrich Schlegel beispielsweise, daß nur die Liebe einer verständnisvollen Frau den Mann zu wahrer Männlichkeit anspornen könne.[51] Der Mann brauche die Frau, um sich seiner eigenen Männlichkeit bewußt zu werden, wie grobschlächtig er auch sein möge, aber die Frau, die diese wesentliche Funktion erfülle, müsse wahrhaft feminin bleiben. Nur so kann, laut Fichte, die Frau die Charakterstärke des Mannes und seinen Mut untermauern, sie selbst muß sich allerdings seinem Gesetz beugen.[52] Somit war der Frau eine klar umrissene Funktion bei der Konstruktion der modernen Maskulinität zugewiesen, die allerdings nicht nur negativ war, selbst wenn ihr der Mann an Intellekt und Status als überlegen galt.

Der Kult weiblicher Schönheit hatte das Schönheitsideal über Jahrhunderte hinweg definiert, aber nun konnten die Männer eine eigene Schönheit für sich in Anspruch nehmen. Sobald diese Norm gesetzt war, versuchten sie, ihre Überlegenheit zu behaupten, wie wir im dritten Kapitel gesehen haben. So glaubte Goethe, daß männliche Schönheit vollkommener sei als weibliche. Eine solche Vollkommenheit sei in der Antike mustergültig dargestellt worden, und es waren die männlichen Skulpturen – Figuren wie der Apollo vom Belvedere –, die laut Winckelmann allein das Maß für die moderne und die antike Schönheit vorgaben.[53] Sexualität war auch hier im Spiel: der ständige Refrain, daß die Sexualität für Männer etwas Ephemeres sei, während sie die Frauen ganz vereinnahme, war Teil des Jubels über männliche Schönheit, Keuschheit und Zurückhaltung. *Männerbibliothek oder Handbuch aller Kenntnisse welche der Mann in jedem Alter ... zu wissen nötig hat* (1838) führte der männlichen Jugend die Unersättlichkeit der Frau vor Augen. Der Mann müsse enthaltsam und keusch sein; wenn dem nicht so wäre, entzünde er die Lust der Frau und müsse dann unter Umständen feststellen, daß er unfähig sei, ihren Appetit zu stillen. Der Mann mußte, wie wir gesehen haben, seine Leidenschaften kontrollieren, sich ganz der Harmonie von Körper und Seele widmen, die plötzliche körperliche oder seelische Bewegungen ausschloß. Für die Sinnlichkeit der Frau war hier kein Platz – und diese Sinnlichkeit war doch das bestimmende Moment ihrer Schönheit.

Die Strenge der Form, die Weininger unter anderem gelobt hatte, fehlte der weiblichen Schönheit ebenfalls – nicht umsonst hatte Wilhelm von Humboldt im männlichen Körper das Maß aller Dinge gesehen.[54] Strenge der Form bedeutete, um Friedrich von Schlegel zu zitieren, einen glatten Körper, fest wie Marmor.[55] Wieder einmal sehen wir uns einem klassischen Ideal gegenüber, das im 19. Jahrhundert weite Verbreitung fand. Die unterschiedlichen Schönheitsideale verstärkten die Trennung der Geschlechter, die gegen Ende des 18. Jahrhunderts immer schärfer wurde. Carl Friedrich Pockels schrieb in seinem vielbändigen Versuch, das weibliche Geschlecht zu charakterisieren (1797), daß sich die Frau an den Mann klammere und durch ihre Hilflosigkeit sein

Mitgefühl errege.[56] Zu dieser Sicht der Frau paßte die plötzliche Beliebtheit von Raphaels *Madonna* zu Beginn des 19. Jahrhunderts oder die Mode der Madonnenfrisuren in England.[57] Zusammenfassend läßt sich sagen, daß die moderne Maskulinität sich teilweise in Abgrenzung zur Frau konstituierte, die Untergebene und gleichzeitig wichtige Partnerin war, mit ihrer ganz anderen Schönheit und im Grunde passiven Natur. Umgekehrt konnten die Forderungen, die Frauen an Männer stellten, durchaus deren Maskulinität stärken.

Dennoch kannte die Romantik auch Frauen als Heldinnen, die zwar ganz feminin blieben, aber auch mit sogenannten maskulinen Eigenschaften wie Willenskraft und Mut ausgestattet waren. Sir Walter Scotts Rebecca in *Ivanhoe* (1820) ist die berühmteste dieser Frauen: unerschrocken stellt sie sich ihren Feinden und verteidigt sich mit Elan und unbeugsamem Mut. In ihrer Schönheit und Keuschheit bleibt sie stets weiblich. Wichtiger noch, sie ist Jüdin, eine exotische Fremde, orientalisch – und daher steht sie außerhalb der Beschränkungen der bürgerlichen Gesellschaft. Die Phantasie der Romanschreiber noch übertreffend, spielten jüdische Frauen wie Rahel von Varnhagen zur selben Zeit eine zentrale Rolle in der intellektuellen – und maskulinen – Gesellschaft Berlins, die für christliche Frauen tabu war. Die sogenannten maskulinen Tugenden, die solche Frauen besaßen, wurden ihnen als Außenseiterinnen zugestanden, und daher sah man sie nicht als Herausforderung maskuliner Privilegien.

Von der Mitte des 18. Jahrhunderts bis hin zu den ersten Jahrzehnten des 19. Jahrhunderts wurde die Bühne für den endgültigen Siegeszug der modernen Maskulinität bereitet. Die Norm für das Ideal der Männlichkeit wurde errichtet und sein Anti-Typus bestimmt vor dem Hintergrund des Aufstiegs der bürgerlichen Gesellschaft mit ihren Forderungen, Hoffnungen und Ängsten. Die moderne Maskulinität als Idealtypus wurde in Worten und Bildern verbreitet, und Männer versuchten, diese Norm zu erfüllen, indem sie ihren Körper stählten, die Probe des Krieges bestanden, ihre Ehre verteidigten und ihren Charakter entsprechend formten. Von Anfang an und bis in die jüngere Geschichte hinein blieb das männliche Stereotyp erstaunlich konstant. Dennoch mußte die moderne Maskulinität einige Hürden überwinden, die zwar das normative Ideal stärkten, aber auch alternative Definitionen von Männlichkeit zu bieten schienen. Neue politische und gesellschaftliche Bewegungen wie der Sozialismus versuchten sich an anderen Versionen von Männlichkeit, und einige von denen, die als Feinde der Maskulinität betrachtet wurden, machten sich daran, den Zerrspiegel zu einem wahren Spiegel umzugestalten und ihre unmännlichen Attribute protzig zur Schau zu stellen. Die moderne Männlichkeit wurde gegen Ende des 19. Jahrhunderts auf die Probe gestellt, die zweite große Krise seit ihrer »Geburt«. Die Folgen von beschleunigten sozialen und wirtschaftlichen Veränderungen führten zu einer neuen Ruhelosigkeit, verstärkt noch von den Männern und Frauen, die gegen die feste Ordnung rebellierten. Das Chaos erhob wieder einmal sein bedrohliches Haupt.

5 Maskulinität in der Krise: Die Dekadenz

I

Das Stereotyp der modernen Männlichkeit hatte sich inzwischen verfestigt, gegründet auf idealer körperlicher Schönheit. Es enthielt all die Attribute, die der wahre Mann besitzen sollte. Auch die Mittel, um sie zu erlangen, lagen auf der Hand. Die imaginäre – oder reale – Anwesenheit eines Anti-Typus verstärkte und verdeutlichte das männliche Ideal. Nachdem es in Gestalt von Winckelmanns griechischen Jünglingen erst einmal Verbreitung gefunden hatte, blieb es – ungeachtet aller Revisionsversuche – ungeheuer stabil und sollte die normative Maskulinität im 19. Jahrhundert und weit bis ins 20. Jahrhundert hinein definieren. Viele Männer von heute werden auf den vorangegangenen Seiten ihr eigenes maskulines Ideal wiedererkannt haben.

Wir haben bereits einen der wichtigsten Gründe für diese Kontinuität genannt: Das männliche Ideal entsprach dem Bedürfnis der modernen Gesellschaft. Andererseits brauchte sie auch einen Anti-Typus, gegen den sie sich behaupten konnte. Des weiteren war der moderne Nationalismus von Anfang an ein wichtiger Verbündeter des männlichen Ideals. Aber auch die Art und Weise, wie sich das Stereotyp selbst herausbildete, war für seine erstaunliche Zählebigkeit verantwortlich.

Stereotype lassen sich nur schwer verändern, und Klischees, die auf ein bestimmtes Aussehen und bestimmte Verhaltensweisen zielen, formen tiefsitzende mentale Bilder. Bezeichnenderweise wurde das Denken in Stereotypen durch seine Verbindung mit der modernen Wissenschaft nobilitiert – in einem Zeitalter, das Wissenschaft mit Fortschritt gleichsetzte. Wie wir bereits erwähnt haben und in der Folge auch noch sehen werden, förderten Mediziner die Schaffung von Stereotypen durch ihre Definition von Krankheit und Gesundheit, die sie nicht nur in klinischen, sondern auch in moralischen Kategorien vornahmen. Die Deutschen mit ihrem unseligen Hang zu Systematisierungen erfanden zu Beginn des 20. Jahrhunderts sogar eine scheinbar neue wissenschaftliche Theorie, die die visuelle Wahrnehmung zur Grundlage einer Typologie des Menschen erhob – eine Theorie, die in Wirklichkeit Johann Kaspar Lavater über ein Jahrhundert zuvor in seinen Studien zur Physiognomie aufgestellt hatte. Nun nannte man solche Stereotype »eidetische Bilder« und definierte sie als besonders klare und detaillierte Imagines, die fest im Geist verankert waren.[1] Einmal mehr bestätigt sich so, daß Stereotype so etwas wie eine unveränderliche Natur haben.

So trugen all diese Faktoren – die Bedürfnisstruktur der Gesellschaft, der Nationalismus und schließlich die »Natur« des Stereotyps als solche – zu der Tatsache bei, daß es der Geschichte der modernen Maskulinität trotz zahlreicher Scheitelpunkte an dramatischer Spannung mangelt. Denn letztlich vermochten selbst diese dem männlichen Ideal nicht viel anzuhaben. Das Fin de siècle war eine solche Phase: von den siebziger Jahren des 19. Jahrhunderts bis zum Ersten Weltkrieg wurden sowohl das klassische Männlichkeitsbild als auch sein Anti-Typus aufgefrischt. Dabei zeichnete sich, oberflächlich betrachtet, dieses Zeitalter durch große Stabilität aus: »Stolz auf seine Wissenschaft und seine Gesetze, durch seinen neu erlangten Wohlstand mit neuem Mut erfüllt, lebte das Bürgertum in einem festgefügten Rahmen.«[2] Aber in Wirklichkeit hatte die Gesellschaft mit immer neuen Herausforderungen zu kämpfen, die einige ihrer wichtigsten Voraussetzungen in Frage stellten und das Bild bedrohten, das sie von sich selbst entwarf. Die Feinde der normativen Maskulinität schienen überall zum Angriff zu blasen: die Frauen versuchten, aus ihrer traditionellen Rolle auszubrechen, und immer mehr »weibische« Männer und »unweibliche« Frauen traten auf den Plan. Diese Gruppen und auch die Frauenrechtsbewegung drohten die Geschlechtergrenzen zu unterminieren, die bei der Konstruktion der modernen Maskulinität eine so entscheidende Rolle gespielt hatten. Diese Opposition gegen gesellschaftliche Normen wurde von einer literarischen und künstlerischen Avantgarde, die sich in permanenter Rebellion gegen das Establishment befand, unterstützt, und die neuen Massenmedien sorgten für eine breite öffentliche Plattform.

Mit Sorge verfolgte das Bürgertum die Arbeiterunruhen zur Jahrhundertwende und den Aufstieg der sozialistischen Bewegung. Hinzu kamen heftige Wirtschaftskrisen. Die neuen Technologien schienen den Lauf der Zeit selbst beschleunigt zu haben. Dazu kamen diffuse Ängste: die Angst vor Entvölkerung (in den meisten west- und mitteleuropäischen Ländern weit verbreitet, insbesondere in Frankreich nach der Niederlage im Jahr 1871), die fast hysterische Furcht vor Krankheiten wie Syphilis und Tuberkulose. Vor allem letztere legte es nahe, Kategorien von Gesundheit und Krankheit auf die Gesellschaft auszudehnen. Unter solchen Umständen mußte das Ideal der Maskulinität, das die Ideale der Gesellschaft so hervorragend bündelte, um so heftiger verteidigt werden.

Das Männlichkeitsbild, inzwischen klar konturiert, wurde oft in medizinische Begriffe gefaßt, die die zuvor erwähnten Besorgnisse nur zu deutlich transportierten. In diesem Zusammenhang sollte die neue Thematisierung der Sexualität eine wichtige Rolle spielen; allerdings stand hierbei die Beschäftigung mit den sogenannten sexuellen Abweichungen und Fehlfunktionen zumeist im Vordergrund.[3] Daß sich die Sexualwissenschaft als Zweig der Psychologie etablierte, sprach Bände, und die berühmtesten Sexualforscher wie der Österreicher Richard von Krafft-Ebing beschäftigten sich fast ausschließlich mit der sogenannten abartigen Sexualität. Häufig vermied man es – im Zuge der Diskussionen um Maskulinität –, direkt über Sexualität zu sprechen, aber sie schwang in der fortdauernden Debatte über den beklagenswerten Zustand von Anstand und Moral stets unter der Oberfläche mit.

Krankheit und Lasterhaftigkeit hatte man seit Beginn des 19. Jahrhunderts miteinander in Verbindung gebracht, genauso wie man Gesundheit mit Tugendhaftigkeit gleichsetzte. Die Maskulinität stand für das Selbstbild der Gesellschaft, für das moralische Universum des Bürgertums mit seiner Akzentuierung von Keuschheit, Aufrichtigkeit und Selbstkontrolle. Noch abschrekkender als eine wissenschaftliche Beschreibung des Lasters wirkte allerdings seine Anschauung: Menschen mit lockerem Lebenswandel und ohne ordentliche Sitten sägten an dem Ast, auf dem die Gesellschaft saß, drohten, sie zu zerstören. Man hielt moralische und körperliche Krankheiten für identisch, denn Unmoral schlug sich auf Körper und Gesicht nieder, wie Oscar Wilde im *Bildnis des Dorian Gray* (1890) so drastisch aufzuzeigen trachtete. So wurde die Avantgarde, die die überkommene Moral offen angriff, genauso mißtrauisch beäugt wie alle anderen Gesellschaftskritiker. Es nimmt also nicht wunder, daß Ärzte die Initiative ergriffen und Sittlichkeit mit Gesundheit gleichsetzten – zum Teil, weil sie damit bestimmten Erwartungen entsprachen, zum Teil, weil ihre Profession so selbst an Gewicht gewann. Die Mediziner bedienten sich ihrer gesammelten ärztlichen Autorität, um ein moralisches und körperliches Stereotyp der Außenseiter zu erschaffen, seien es die sogenannten minderwertigen Rassen, seien es emanzipierte Frauen, Juden oder Homosexuelle.

Daß die Maskulinität in irgendeiner Weise befleckt wurde, galt als Symptom für die Krankheit oder gar Auflösung der Gesellschaft. Dies zeigte schon das Gemälde *Les Romains ou la Décadence*, das 1847 in Paris ausgestellt wurde (Abbildung 5.1). Asketische griechische Heroen sehen dort starr der Orgie zu, die sich zu ihren Füßen abspielt: Männer und Frauen, die sich sexuellen Ausschweifungen hingeben. Im Hintergrund sind zwei händchenhaltende Männer zu sehen. Noch 1917 wurde dieses Gemälde als ein Werk gepriesen, das sich gegen Selbstsucht und Unmoral richtete.[4] Damit ist schon angedeutet, welch bedeutende Rolle Vorstellungen von »Dekadenz« spielten, wenn es

5.1 *Les Romains ou la Décadence* von Thomas Couture (1847). (Musée d'Orsay, Paris. Mit freundlicher Genehmigung.)

darum ging, die Feinde der Männlichkeit einzukreisen. Bénédict Augustin Morel drückte sich in seinem berühmten *Traité des dégénérescences physiques, intellectuelles et morales de l'espèce humaine* (Abhandlung über die körperliche, intellektuelle und moralische Degeneration der menschlichen Rasse, 1857) unmißverständlich aus: »Das unaufhörliche Fortschreiten in Europa nicht nur des Wahnsinns, sondern aller anomalen Zustände, die einen besonderen Bezug zur Existenz des körperlich und moralisch Bösen in der Gesellschaft haben, ist Gegenstand meiner Untersuchung.«[5]

Degeneration ist ein medizinischer Begriff, der von Dekadenz unterschieden werden muß, einem Begriff, den Dichter wie Baudelaire und Romanciers wie J.-K. Huysmans auf sich selbst angewendet haben und für die er eine neue Sensibilität bedeutete, eine Verfeinerung der Nerven und der Sinne, die keineswegs in negativem Licht gesehen wurde. Und doch wurden Degeneration und Dekadenz oft miteinander verwechselt; am Ende galten sie sogar fast als austauschbar. Schließlich wurde die Dekadenz als künstlerische Bewegung von den Verfechtern der normativen Gesellschaft ja als »degeneriert« betrachtet.

Die vermeintliche Dekadenz dieses Zeitalters wurde regelmäßig mit der Dekadenz des alten Roms kurz vor dessen Niedergang verglichen, aber ebenso oft verstand man sie rein medizinisch. Die Gründe für solche Degeneration waren – laut Bénédict-Augustin Morel, der selbst Arzt war – vielfältig, etwa Alkoholismus (ein damals vieldiskutiertes Problem), schlechte Gewohnheiten oder aber gesellschaftliche Rahmenbedingungen. Vor allem hielt man die Degeneration für erblich. Arnold Zweigs Roman *Aufzeichnungen über eine Familie Klopfer* (1911) ist hierfür ein signifikantes Beispiel. Der Vater wird von Phobien heimgesucht; einer seiner Söhne stirbt als Kind; der andere erschießt sich mit neunzehn Jahren und hinterläßt Briefe und Tagebucheinträge, die von seiner Homosexualität zeugen; eine Schwester lebt in selbstauferlegter Isolation, unfähig, sich dem Leben zu stellen. Hier endet der Stammbaum, denn am Ende der Dekadenz steht die Auslöschung.[6]

Nicht selten aber wurden in Krankheitsbeschreibungen von Medizinern zur Jahrhundertwende auch gesellschaftliche Faktoren als Ursachen von Erkrankungen genannt. Vor allem Ärzte, die sich mit »geistiger Gesundheit« befaßten, einem Begriff, unter den die gesamte Persönlichkeit des Menschen fiel, ließen es an entsprechenden Hinweisen nicht fehlen: Oswald Bumke, ein einflußreicher deutscher Psychiater und Professor an mehreren angesehenen deutschen Universitäten, der von der Jahrhundertwende bis nach dem Zweiten Weltkrieg lehrte, behauptete unter anderem, daß geistige Gesundheit mit den Bewegungen der menschlichen Seele gleichzusetzen sei.[7] An diesem Beispiel wird deutlich, wie sehr die Ärzteschaft versuchte, sich das einstige Monopol des Klerus anzueignen, indem sie die Moral zum Hoheitsgebiet der Medizin erklärte.

Sie wurde von anderen unterstützt, die selbst keine Ärzte waren; so befand eine Autorin der englischen *Fortnightly Review* aus dem Jahre 1895, daß es an den Ärzten sei, nicht an den Moralisten, das Fin de siècle zu erfassen, das sich bedauerlicherweise die Verachtung von Traditionen und der etablierten Ordnung auf die

Fahnen geschrieben hätte. Schließlich seien sie die Experten für die beiden Krankheiten, die an diesem Zustand die Hauptschuld trügen: Degeneration und Hysterie.[8] Die Ärzte wiederum betrachteten die Probleme der Moderne als Symptome, die es bei jeder medizinischen Diagnose zu berücksichtigen galt, vor allem, wenn man sich dem Strom der Zeit entgegenstemmen wollte. Max Nordau, selbst Mediziner, erklärte in seinem berühmten Werk *Entartung* (1892), daß »die Erschütterungen, die der Reisende im Eisenbahnzuge beständig erleidet«, teilweise eine Zerrüttung der Nerven nach sich zögen, welche so typisch sei für das Chaos, ein Vorläufer des nahen Endes der festgefügten Ordnung,[9] und ungefähr zur selben Zeit betrachtete Jean-Martin Charcot, der berühmte französische Psychiater, die Eisenbahn als dramatischen Schauplatz von Nervenzusammenbrüchen.[10] Die auf allen Ebenen wahrzunehmende Beschleunigung, eine Folge des raschen technologischen Fortschritts, war Anlaß zu medizinischer Sorge geworden. Nordau, der den Begriff der Entartung populär machte, vertrat die Ansicht, daß schnelle und scheinbar unkontrollierte Körperbewegungen sowie Ruhelosigkeit zerrüttete Nerven verrieten, sichere Erkennungsmerkmale der Dekadenz.

Nervosität und Hysterie erlangten so zentrale Bedeutung, ob nun als Zügellosigkeit à la Rom oder als Schwäche und Unfruchtbarkeit, verursacht durch »körperliche und moralische Gifte« wie Alkohol, Opium oder Syphilis. Oswald Bumke versicherte als typischer Vertreter seiner Zunft, daß die menschliche Seele nicht richtig funktionieren könne ohne gesundes Nervensystem, der stofflichen Basis ihrer Existenz.[11]

Degeneration und Dekadenz, wie die Ärzte sie definierten, sollten nun angeblich alle Außenseiter charakterisieren – nicht zufällig genau in dem Moment, wo sie die Bühne betraten. Wir haben im vierten Kapitel gesehen, daß die Gesellschaft der Anwesenheit eines Anti-Typus bedurfte, um ihr eigenes Bild von Stärke und Stabilität zu projizieren. Um die Jahrhundertwende stießen zu den »klassischen« Außenseitern wie Juden, Zigeunern und Asozialen noch jene hinzu, die dem männlichen Ideal nicht entsprachen, weil man sie auf irgendeine Weise für krank oder unmännlich hielt. Sie schienen die Kluft zwischen wahrer Maskulinität und ihrem Gegenteil auf gefährliche Weise zu verengen. Signifikant ist in diesem Zusammenhang, daß Männer mit schwacher Konstitution plötzlich als Problem galten. Das zeigt sich überdeutlich in Zeitungsanzeigen um 1900: »Männer mit schwachen Nerven, hier finden Sie ein sicheres Heilmittel«, oder einfach: »Schwache Männer! Elektrische Strömungen haben bereits Tausende geheilt!«[12] (Siehe Abbildung 5.2).

»Verweiblichung« galt als etwas Schreckliches. Natürlich erhielten die meisten »weibischen« Männer das Etikett der Homosexualität und waren von daher schon als Außenseiter stigmatisiert, aber auch wenn sie heterosexuell veranlagt waren, wurden sie pathologisiert. Ärzte leisteten dem maskulinen Ideal Vorschub, indem sie entsprechenden Männern eine Behandlung verordneten. Französische Ärzte schrieben in den achtziger Jahren des 19. Jahrhunderts, daß angesichts der »reizbaren« Schwäche verweiblichter Männer jeder sexuelle Akt zwangsläufig in völliger Erschöpfung und Sterilität enden würde.[13] Wieder einmal führte so die Degeneration direkt in den Untergang.

Aber schien nicht die Wissenschaft selbst den Abstand zu verringern, der zwischen der Männlichkeit und ihrem Gegenteil bestand? Zuvor war Hysterie auf Frauen beschränkt gewesen, als Zeichen ihrer zarten Nerven und ihrer kaum kontrollierbaren Leidenschaften. Doch gegen Ende des Jahrhunderts wurden die Worte »nervös« und »Nervosität«, die in Deutschland auf einige medizinische Texte beschränkt gewesen waren, Teil des allgemeinen Wortschatzes.[14] Die Hysterie wiederum galt als schlimmste Krankheit des Nervensystems.[15] Ihre Symptome waren Instabilität und ruckartige Bewegungen. Diese Symptome wurden nicht nur über zahlreiche literarische Beschreibungen bekannt, sondern auch durch den Einsatz der medizinischen Photographie. Hier leistete die Salpêtrière Pionierarbeit, die berühmte Irrenanstalt in Paris, in der man diese Krankheit zu dokumentieren sich vorgenommen hatte. Voller Verachtung sah man auf die Patientin-

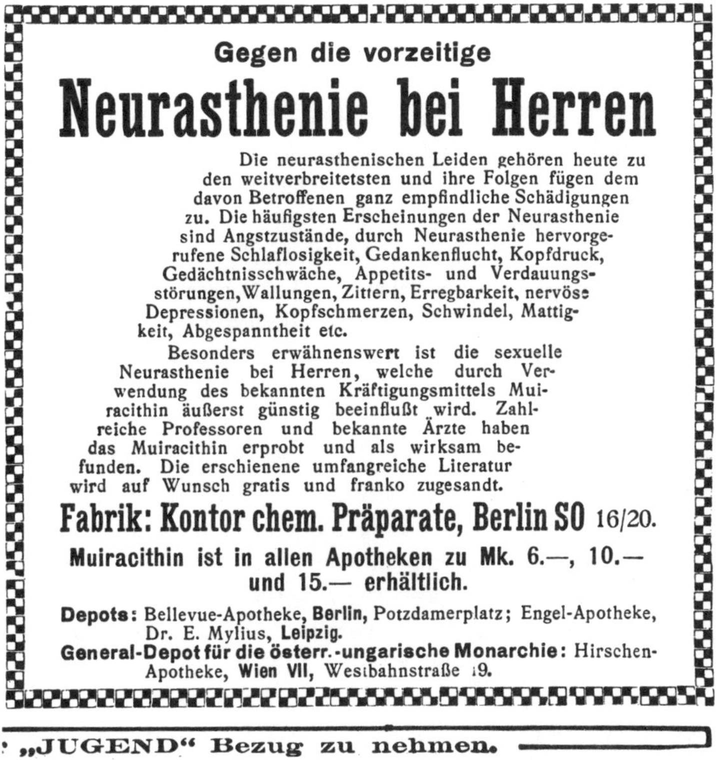

5.2 Deutsche Anzeige zur Heilung der »Neurasthenie bei Herren« aus der Zeitschrift *Jugend*. (*Jugend: Münchner illustrierte Wochenschrift für Kunst und Leben* [1914].)

nen herab (war bei ihnen doch nichts von der »stillen Größe« zu finden, wie sie die ideale Männlichkeit verkörperte); sie galten als abschreckende Beispiele; und nicht zuletzt mit ihrer Schützenhilfe wollte man es den Frauen verwehren, die Kontrolle über ihr eigenes Leben zu ergreifen.

Jean-Martin Charcot, der berühmteste Arzt der Salpêtrière (1862–1893), schien daher der normativen Maskulinität einen kräftigen Schlag zu versetzen, als er das den Frauen zugeschriebene Krankheitsbild der Hysterie auf die Männer übertrug. In seinen dienstäglichen Vorlesungen in den Jahren 1872–1873 behauptete er, daß nicht wenigen Männern, die an Hysterie litten, jedweder feminine Zug fehle; es handle sich bei ihnen allem Anschein nach um robuste Wesen. Trotzdem könnten auch sie hysterisch werden, »so wie eine Frau«, und das sei etwas, »was die Vorstellung der meisten Menschen übersteige«.[16] Charcot ergriff jede Gelegenheit, wie uns Marc S. Micale wissen läßt, um eine »hystérie virile«[17] als Krankheit zu etablieren, und doch unternahm auch er Versuche, das männliche Ideal an sich zu schützen: denn angeblich seien in Männern alle Phänomene, die man mit hysterischer Nervosität in Verbindung bringen könne, niemals voll ausgeprägt. Aber im selben Atemzug beschreibt er praktisch identische Fälle von männlicher und weiblicher Hysterie.[18] Indes, so Charcot, würden Frauen aufgrund einer überwältigenden emotionalen Erfahrung »hysterisch«, während bei Männern die Hysterie in aller Regel einem körperlichen Trauma folge, üblicherweise an ihrer Arbeitsstelle.[19] Micale hat ausgerechnet, daß es in den von ihm analysierten 61 Fallgeschichten männlicher Hysterie unter Charcots Patienten nur zwei Fälle gab, in denen ein erwachsener Mann weinte.[20] Offensichtlich wurden einige Attribute der Männlichkeit selbst bei größter Hysterie nicht abgelegt. Wie dem auch sei, die wenigen männlichen Fälle von Hysterie, die vor Gericht kamen, konnten seltener mit richterlicher Nachsicht rechnen als ihre weiblichen Pendants (Ruth Harris fand in den französischen Aufzeichnungen nur zwei solcher Fälle).[21] Die Gerichte waren eben kaum geneigt, männliche Hysterie als mildernden Umstand bzw. als reale Erkrankung anzuerkennen.

Wie ambivalent Charcots Haltung zur männlichen Hysterie auch gewesen sein mag, sie wurde nun zum Objekt beträchtlichen wissenschaftlichen Interesses. Man veröffentlichte Bücher darüber, und der junge Sigmund Freud gab 1886 sein Debüt in der medizinischen Gesellschaft von Wien mit einer Abhandlung, die eine Diskussion der männlichen Hysterie einschloß. Der hysterische Mann, ließ er sein fassungsloses Publikum wissen, sei kein seltener oder eigentümlicher Fall, sondern durchaus üblich, ja häufig.[22] Auch hier geriet das männliche Ideal unter Beschuß.

Gesellschaftliche Faktoren waren für die Diagnose nervöser Krankheiten im Rahmen der Dekadenztheorie stets von Bedeutung. Richard von Krafft-Ebing vertrat in seinem häufig herangezogenen *Lehrbuch der Gerichtlichen Psychopathologie* (1879) die Ansicht, daß mangelnde Teilnahme am gesellschaftlichem Leben einer der Hauptgründe für Geisteskrankheiten sei.[23] Gleichzeitig waren ältere religiöse Vorstellungen zu spüren, über die nun medizinische Konzepte gestülpt wurden. So vertrat Bénédict-Augustin Morel die Meinung, daß Krankheiten und das Böse eine Folge der Ursünde seien, mit der sich der Mensch vom Bilde Gottes, nach dem er geschaffen worden sei, abgespalten habe.[24] Doch konnte sich auch hier der normale Mann vor Nervosität und Hysterie sichern, die ihn der Degeneration gefährlich nahe brachten: dann nämlich, wenn er laut Bumke die Gesellschaft formte und die Frauen vor deren Gefahren beschützte.[25]

Den Geschlechtstrieb unter Kontrolle zu haben galt als Zeichen geistiger Gesundheit, während ein entsprechender Mangel auf eine Geisteskrankheit hindeutete. Wie Krafft-Ebing 1886 schrieb, war es notwendig, daß »der Kulturmensch seinen Sexualtrieb nur innerhalb von Schranken, welche die Interessen der Kulturgemeinschaft, zuvörderst die sittlichen, wahrten, betätige«. Ohne eine solche »Forderung seitens des normal gearteten Kulturmenschen« könnten »die Familie und der Staat als die Grundlagen sittlicher und rechtlicher Lebensgemeinschaft« nicht bestehen.[26] Für Krafft-Ebing ist der Mann gegenüber der Frau im Vorteil, wenn es darum geht, die Sexualität unter Kontrolle zu halten. Wie er in seiner *Psychopathia sexualis* (1886) schreibt, ist für den Mann die Liebe zu einer Frau nur ein Aspekt seines Lebens; die Frau werde dagegen von ihrer biologischen Bestimmung beherrscht – sie könne ihren Durst nicht mit einer Umarmung stillen.[27] Der berühmte Sexualforscher verkleidet gewissermaßen nur ein normatives Stereotyp. Das männliche Ideal setzt wieder einmal fest, was Normalität ist, als Gegengewicht zu Nervosität und Dekadenz.

II

Das Ideal der Maskulinität und das, was es verkörperte, wurde allmählich aber nicht nur durch Krankheiten in Frage gestellt, sondern auch durch die zunehmende Selbstsicherheit unmännlicher Männer und unweiblicher Frauen. Seit den neunziger Jahren des 19. Jahrhunderts beanspruchten die »Degenerierten« immer mehr Raum, und wie wenige sie auch waren, so warfen sie doch der normativen Maskulinität den Fehdehandschuh hin: als sogenannte abartige Männer und Frauen, die ihre sexuelle Abweichung, ihr eigenes unorthodoxes Mann- oder Frausein stolz zur Schau stellten.

Daß sich Homosexuelle (worunter man damals nur Männer verstand) nicht länger versteckten, fing in den sechziger Jahren des 19. Jahrhunderts langsam an und erreichte im Fin de siècle einen ersten Höhepunkt. Homosexuelle waren früher als Kriminelle verurteilt und in ihren Rechten nicht anerkannt worden: Friedrich Engels zum Beispiel reagierte mit Entsetzen und Furcht, als Karl Marx ihm 1869 einen der ersten Aufrufe für die Rechte der Homosexuellen zuschickte – er stammte von Karl Heinrich Ulrichs, einem ehemaligen deutschen Beamten und Journalisten: »Die Päderasten machen Inventur«, schrieb Engels, »und stellen fest, daß sie eine Macht im Staate sind. Jetzt fehlt nur noch eine Organisation, obwohl eine solche insgeheim bereits existiert... [Man] kann von Glück sagen, daß wir selbst zu alt sind, um den Sieg ihrer Sache noch zu erleben und den Preis dafür am eigenen Leib zu bezahlen.«[28]

Die Furcht vor einer homosexuellen Verschwörung muß zwei Jahrzehnte später unter jenen, die beobachteten, wie die Homosexuellen nun die Öffentlichkeit herausforderten, noch viel größer gewesen sein. Bei der Premiere von Oscar Wildes Theaterstück *Lady Windermeres Fächer* (1892) in London trugen der Autor und seine Freunde zum ersten, aber nicht zum letzten Mal eine grüne Nelke am Revers – laut Wilde ein Symbol subtilen künstlerischen Temperaments, aber auch von Artifizialität und Dekadenz,[29] das nicht wenige mit Homosexualität in Verbindung brachten. Robert Hitchens – selbst ein Mitglied von Wildes Kreis – definierte die grüne Nelke 1894 als schwules Emblem: Alle Männer, die sie trügen, würden einander ähneln. Sie hätten denselben Gang oder vielmehr dieselbe wippende Art der Fortbewegung, denselben schüchtern-selbstsicheren Gesichtsausdruck, dieselben wiegenden Kopfbewegungen.[30] Das *Ladies Pictorial* schmähte 1892 die grüne Nelke als unmännlich.[31] Gleichzeitig druckte *The Artist and Journal of Home Culture* homoerotische Lyrik neben gewichtigen Kunstkritiken ab.

Paris nahm während des Fin de siècle eine Frontstellung ein, wenn es um die Verteidigung homosexueller Lebensformen ging. Schwule Männer und lesbische Frauen traten in Büchern, in Zeitschriften wie *Le Chat Noir*, die den Namen eines überaus erfolgreichen Kabaretts trug,[32] und – nicht weniger wichtig – mit ihrem provozierenden Lebensstil an die Öffentlichkeit. Einige Beispiele aus der Zeit um 1900 mögen dieses »Coming out« illustrieren, das weitaus umfassender war als in England. Jean Lorrain, ein bekannter Romancier und Publizist, schrieb offen über die Päderastie und glorifizierte Prostituierte und Androgyne (allerdings nicht die Lesben, die er – wie die Amazonen – beschuldigte, alle Männer vernichten zu wollen).[33] Die Außenseiter verbündeten sich miteinander. Lorrain vertrat seinen Standpunkt, ohne dabei auf die alten Griechen zu rekurrieren, die der Homosexualität angeblich eine respektable geschichtliche Vergangenheit verliehen. Er selbst wurde, nicht ganz zu Unrecht, »der Botschafter Sodoms« genannt.[34]

Robert de Montesquiou erfreut sich größerer Bekanntheit, weil er höchstwahrscheinlich das wichtigste Modell für Marcel Prousts homosexuellen Baron de Charlus abgab, obwohl vielleicht auch Prousts Ambivalenzen dieses nicht gerade schmeichelhafte Portrait beeinflußt haben mögen. Er selbst gratulierte Proust dazu, daß er in seinem *Sodom und Gomorrha* die homosexuelle Liebe offen beim Namen genannt habe.[35] Mit seinem Gefährten Gabriel Yturri verkehrte er zur Jahrhundertwende nicht nur in der homosexuellen Szene, sondern gleichzeitig auch in der vornehmsten Pariser Gesellschaft, gab exquisite Feste und war ein gerngesehener Gast in den Salons. Sowohl Jean Lorrain als auch Robert de Montesquiou protzten mit ihrer Dekadenz und zelebrierten ihren homosexuellen Lebensstil vor den Augen der Öffentlichkeit. Beide legten Rouge und Lidschatten auf, trugen auffällige Kleidung und hatten offensichtlich keine Angst davor, weibisch zu wirken (siehe Abbildung 5.3). Sie waren wohl der Meinung, Provokation sei die beste Verteidigung, obwohl Lorrain mit seinem Aussehen und seinem Verhalten ständig Anstoß erregte. Auf manche mag ihre zur Schau gestellte Homosexualität wie eine ziemlich exotische, wenn auch harmlose Überspanntheit gewirkt haben. Und auch die Lesbierinnen, wie wir noch sehen werden, fanden genügend heterosexuelle Freunde und Bewunderer, da sich ein bestimmter Teil der besseren Gesellschaft von der Dekadenz fasziniert zeigte. Gerade diese Mischung aber unterstrich wieder einmal die Gefahren, die von den »décadents« für die respektable Gesellschaft ausgingen.

Oscar Wildes eindringliche Verteidigung der »Männerliebe« während seiner Gerichtsverhandlung im Jahre 1895 stieß indes in England auf taube Ohren, und das in einer Gesellschaft, deren Elite einen Großteil ihres Lebens in einer rein männlich ausgerichteten Gemeinschaft verbrachte. Doch auch hier gab es mehr und mehr Versuche, der Liebe unter Männern eine größere Legitimität zu verleihen, obwohl man sie aller sexuellen Konnotationen zu entledigen suchte und ihr eine ehrwürdige Ahnenreihe verpaßte, indem man die homosexuellen Praktiken der alten Griechen heraufbeschwor – eine Vergangenheit, die Lorrain und Wilde allerdings verschmähten, da sie ihre persönliche Selbstver-

5.3 *Le Comte Robert de Montesquiou* von Giovanni Boldini (1897). (Musée d'Orsay, Paris. Mit freundlicher Genehmigung.)

wirklichung höher stellten.[36] Jedoch griffen Gruppen wie die Oxforder, zu deren Mitgliedern Walter Pater in den neunziger Jahren des 19. Jahrhunderts zählte, auf Plato und die Traditionen Winckelmanns zurück, um eine sogenannte abweichende Moral zu preisen. Sie ließen sich von Platos Zielsetzungen (die auch von Winckelmann hätten stammen können) inspirieren, der da sagte, »nur wenn ein Mann Schönheit in dem erkennt, was sie sichtbar macht, wird er von . . . wahrer Tugend beflügelt.«[37] Hier wurde das maskuline Stereotyp einmal als Waffe gegen die normative Maskulinität eingesetzt. Dennoch war man in London, Oxford oder Cambridge der Homosexualität gegenüber weit weniger aufgeschlossen als in Paris – trotz des Aufsehens, das Oscar Wildes Verhandlung zeitweise erregte.

Robert de Montesquiou hatte auch viele lesbische Freundinnen – überhaupt schienen lesbische Zirkel im Paris des Fin de siècle um sich zu greifen, und Lesbierinnen mischten sich oft unter die Schwulen. So verteidigte Natalie Barney die lesbische Liebe in ihren Schriften und dachte nicht im entferntesten daran, ihre verschiedenen lesbischen Liebesaffären zu verheimlichen, während sie gleichzeitig zu Beginn des neuen Jahrhunderts einen der erfolgreichsten literarischen Salons in Paris hatte. Als sie im hohen Alter auf ihr langes Leben zurückblickte, zitierte sie voller Stolz Walt Whitman: »Ich habe niemals Kompromisse geschlossen, und doch existiere ich.«[38] Liane de Pougy, die gefeiertste Kurtisane ihrer Zeit, verfaßte ein *Idylle-Saphique* (1901), das aus einer Reihe von lesbischen Verführungsszenen besteht.[39] Dekadente Themen sind in diesen Kreisen en vogue, wie es Colette in der Rückschau in ihrem Werk *Le pur et l'impur* (1931) so genau beschrieben hat.

Eine solche Offenheit mußte der bürgerlichen Gesellschaft ein Dorn im Auge sein, und noch mehr war das die immer deutlicher in Erscheinung tretende homosexuelle Subkultur in den Großstädten. Magnus Hirschfeld, der deutsche Sexualwissenschaftler, nannte für das Berlin des Jahres 1904 über zwanzig Schwulenbars (1914 gab es 38 solcher Etablissements), und die sogenannten

Urningsbälle, regelmäßige Tanzveranstaltungen, zogen bis zu 800 Menschen an und entwickelten sich zu einer Touristenattraktion.[40] Als der bekannte französische Theaterautor Oscar Méténier Berlin 1904 besuchte, fand er eine Gesellschaft vor, die jetzt mit der Homosexualität viel lockerer umzugehen schien, als es in Paris üblich war. Er staunte über die Gelassenheit und das Selbstbewußtsein der Homosexuellen, die er bei verschiedenen Parties traf.[41] Zwei französische Deutschlandbeobachter fassen zu ungefähr derselben Zeit die Unterschiede zwischen Berlin und Paris folgendermaßen zusammen: Paris hatte seine homosexuellen »Happenings«, z. B. während des Karnevals, ansonsten trafen sich die Homosexuellen jedoch privat. Anders als in Deutschland begegnete man dort »diesen effeminierten Personen« jedoch nur selten in der Öffentlichkeit[42] – Leute wie Lorrain und de Montesquiou natürlich ausgenommen. Sogar in London, wo sogenannte sexuelle Abweichungen strenger kontrolliert wurden als auf dem Kontinent, kleideten sich viele Männer bei öffentlichen Tanzveranstaltungen wie Frauen. Außerdem hielten Homosexuelle ihre eigenen Parties ab, was sich allmählich in ganz Europa einbürgern sollte.[43] Ob in Paris, Berlin oder sogar in London, die sogenannten weibischen Männer bzw. Mannweiber versteckten sich nicht mehr.

Nach und nach rückte das Phänomen der Homosexualität ins öffentliche Bewußtsein. Zeugnis hiervon legen die ungefähr 320 einschlägigen Veröffentlichungen ab, die zwischen 1895 und 1905 allein in Deutschland erschienen[44] – ganz zu schweigen von der ständig steigenden Zahl an Karikaturen über Homosexuelle in Zeitschriften wie dem deutschen *Simplicissimus*, dem englischen *Punch* oder der französischen *L'Assiette au Beurre* (Abbildung 4.4). Die homosexuellen Skandale zur Jahrhundertwende, in die die besten Kreise der Gesellschaft verwickelt waren, wie die Eulenburg-Affäre in Deutschland oder der Cleveland-Street-Skandal in England, wurden von den neuen Massenmedien begierig aufgegriffen. Die Tatsache, daß an solchen Skandalen vor allem Angehörige der Aristokratie beteiligt waren, schürte die

Ängste des Bürgertums, seine Befürchtungen, daß die Dekadenz Regierung und Gesellschaft bereits erfolgreich infiltriert hatte.

Die Homosexuellen nutzten die Gelegenheit, die ihnen die Dekadenz zur Neudefinition der Maskulinität bot, durchaus – nicht jene, die versuchten, sich dem normativen Männlichkeitsbild anzupassen, sondern Männer und Frauen wie die bereits erwähnten Jean Lorrain und Natalie Barney, die stolz darauf waren, sich das Etikett der Dekadenz als ihr eigenes aufzudrücken und es soweit wie möglich auszureizen. Auch Oscar Wilde, der sich, wie wir gesehen haben, weigerte, sich in den respektablen Mantel der griechischen Tradition zu hüllen, zog eine eigene Philosophie zu seiner Verteidigung heran. Jemand, der ihn gut kannte, faßte sie trefflich in folgende Worte: »Er wagte es, zu leben, wie er wollte, nicht wie die Bürger wollten; er hatte den Mut, zu seinen Wünschen zu stehen, anstatt auf die Feigheit anderer Leute Rücksicht zu nehmen.«[45] Solche Gefühle wurden von den Pariser Schwulen und Lesben, die Dekadenz mit individueller Freiheit gleichsetzten, geteilt.

Die provozierende Präsenz solcher Männer und Frauen ängstigte sogar Leute wie den deutschen Sozialisten August Bebel, der ansonsten die Emanzipation der Homosexuellen unterstützte. Aber auch andere wurden aufmerksam. Einige Anhänger der politischen Rechten meinten die Handschrift einer jüdischen Verschwörung zu erkennen und brachten die beiden Außenseitertypen wieder einmal in Zusammenhang.[46] Doch hielt sich die Selbstsicherheit der Homosexuellen in Grenzen: als beispielsweise Magnus Hirschfeld 1897 eine Organisation gründete, um für die Abschaffung der rechtlichen Diskriminierung von Homosexuellen zu kämpfen, konnte er nicht einmal zu seiner besten Zeit mehr als 500 Mitglieder gewinnen,[47] und sogar dann erklärte die Organisation, daß sie keineswegs homosexuelle, sondern nur wissenschaftliche Interessen verfolge (was sich auch in ihrem Namen »Wissenschaftlich-Humanitäres Komitee« widerspiegelte). Immerhin heizten die Gesuche, die sein Komitee beim Reichstag einreichte, weiter die öffentliche Diskussion um die Homosexualität an.

In dieser Situation erwies sich die rigide Trennung der Geschlechter, die die moderne Maskulinität ja zementiert hatte, als beinahe unüberwindliches Hindernis. Zwar trafen sich Schwule und Lesben in ihrer Bewunderung des Androgynen, wo sich laut Oscar Wilde die Anmut eines Adonis mit der Schönheit der Helena vereinte.[48] Aber allmählich hatte sich das Androgyne, noch um 1850 ein Symbol der Brüderlichkeit und Solidarität, in ein Synonym von Lasterhaftigkeit und Perversion verwandelt.[49] Diese Veränderung belegt, welche Bedeutung man einer klaren Abgrenzung zwischen Männern und Frauen beimaß. Wie ein Sexualwissenschaftler 1903 schrieb, war das androgyne Ideal der vollkommenen Harmonie jedoch bei vielen Künstlern noch en vogue, insbesondere bei den homosexuellen. Ein jugendlicher, zarter, mädchenhafter, feminisierter Körper mit männlichen Genitalien, d. h. auch noch aktiv und maskulin – war das nicht eine wunderbare Kombination?[50] Anders als der »schöne« androgyne Mensch wurde der Hermaphrodit als Mißgeburt betrachtet und zum Objekt medizinischer Untersuchungen. Aber der androgyne Mensch, ein Ephebe mit den Brüsten einer Frau und dem Penis eines Jünglings, verkörperte den flüchtigen Augenblick, in dem die Schönheit noch im Übergang begriffen war.[51] Das androgyne Prinzip stand für Jugend, Anmut und Schönheit – und für eine sich ständig wandelnde sexuelle Identität.

Hin und wieder verschmolz das Bild des Androgynen mit dem des Hermaphroditen, wie in Magnus Hirschfelds *Sexualwissenschaftlichem Bilderatlas*, den er der Untersuchung sexueller Abweichungen widmete; in Übereinstimmung mit dem üblichen Bild des Hermaphroditen war der androgyne Mensch dort zutiefst disharmonisch; seine körperlichen Fehlfunktionen beruhten auf der Fehlfunktion seiner Geschlechtsdrüsen.[52] Die »décadents« jedoch waren geradezu, wie Mario Praz schrieb, besessen vom androgynen Ideal.[53] Lorrain und sogar de Montesquiou privilegierten nicht umsonst ein androgynes Erscheinungsbild, und ihr ganzes Leben lang sehnte sich Natalie Barney »nach einem vergangenen Zeitalter, in dem Apollo weiblich war und die Göttinnen männlich, in dem das Androgyne triumphierte«.[54] Die Androgynität diente nun dazu, die sogenannten sexuellen Abweichungen zu legitimieren und damit zum Sturm gegen das normative Männer- bzw. Frauenbild zu blasen.

Am Ende des 19. Jahrhunderts schien das Androgyne als Inbegriff des Schönen für kurze Zeit die Geschlechtertrennung zu überbrücken. Louis Couperus, ein bekannter niederländischer Romancier, beschrieb in *De Berg van Licht* (Der Berg aus Licht, 1905/06) den römischen Kind-Kaiser Heliogabal als ein Wesen von überragender Anmut und Schönheit, halb Mann, halb Frau. Couperus ergötzte sich an der Beschreibung schöner Dinge, aber auch an den Einzelheiten sinnlicher und grausamer Orgien, die am Ende zum Tod des feminisierten Kind-Kaisers und seines geliebten Ehemannes führen. Charles Kain-Jacksons Artikel über die »neue Ritterlichkeit« (1894) liefert ein eindrucksvolles englisches Beispiel dafür, welche Bedeutung der Schönheit allein nun beigemessen wird. »Die geistreichen Männer«, so schrieb er, »blicken als erstes auf die Schönheit.«[55] Auf das Geschlecht komme es nicht länger an; die Schönheit allein müsse die Basis aller intimen Beziehungen sein.

Freilich war dies eine andere Art von Schönheit als die, die das maskuline Stereotyp prägte; weich anstatt hart, erweckte sie nicht den Eindruck von Energie, sondern von Laszivität – diesem Zustand einer Beinahe-Erschöpfung, der für Sinnlichkeit stand. Außerdem war es keine geschlechtslose Schönheit; sie drückte sich in lebhaften Farben aus und sprach die Sinne an. Obwohl im Androgynen durchaus auch Anteile von Grausamkeit und unkontrollierten Leidenschaften zu finden sind, wie im soeben genannten Beispiel des Kind-Kaisers von Couperus, hatte es zur Jahrhundertwende auch eine befreiende Funktion. Eine Alternative zum überkommenen Ideal der Maskulinität entstand – wie wir ihr ungefähr achtzig Jahre später, in den siebziger und achtziger Jahren des 20. Jahrhunderts, erneut begegnen werden, als die moderne Maskulinität endlich Zeichen der Erosion aufwies. Wildes Zeitgenossen und sein Feind William Ernest Henley hatten das »entkräftete und romantische Sehnen nach der Asexualität des Hermaphroditen« mit gutem Grund verurteilt.[56] Nicht umsonst betrachtete die französische Schriftstellerin Colette die Verführung, die von einer Person ausging, deren geschlechtliche Identität nicht ganz klar war, als starke Kraft.[57] Was für Ängste müssen solche Ideale bei den Verfechtern einer »normalen« Männlichkeit und Sexualität ausgelöst haben.

Die Präsenz solcher Männer und Frauen zur Jahrhundertwende fiel mit dem Angriff auf die gesellschaftlichen Normen durch eine junge literarische und künstlerische Avantgarde zusammen. Sie geißelten das Spießertum der Älteren, die Restriktionen, die Männern und Frauen in emotionaler und sexueller Hinsicht auferlegt wurden. Sie waren die Vertreter der Moderne, die Degenerierten, die Max Nordau in seinem Buch *Entartung* so anprangerte: Künstler und Schriftsteller, deren Nerven er für zerrüttet und deren Perspektive er für gestört hielt. Und tatsächlich waren es die Außenseiter – die Prostituierten in Baudelaires Gedichten oder jene, die ihre vornehme Herkunft verleugneten, wie in den frühen Erzählungen Thomas Manns[58] –, die in der dekadenten Literatur und Kunst verherrlicht wurden. Dieser Generationenkonflikt manifestierte sich auch in zahlreichen Theaterstücken, in denen Jugendliche gegen ihre Eltern rebellierten und deren Moral als scheinheilig bloßlegten.

So stehen im Zentrum von Frank Wedekinds *Frühlings Erwachen* (1891) einige Schuljungen, die bestraft werden (einer von ihnen begeht Selbstmord), weil sie nur das erforscht haben, was natürlich ist, und weil sie ihre sexuelle Neugier befriedigten – die Gesellschaft bestrafte Männer eben für solche Akte. Wie ein Schüler zum anderen im ersten Aufwallen seiner Männlichkeit sagt: »Lieber wollt' ich ein Droschkengaul sein um der Schule willen! (...) Glaubst du nicht auch, Melchior, daß das Schamgefühl im Menschen nur ein Produkt seiner Erziehung ist?«[59] Und Jarrys *Ubu Roi* (1896) sieht die verzerrte und beängstigende

Welt der Erwachsenen mit den Augen eines Kindes. (Dabei hatte Jarry die Hauptfigur ursprünglich als Karikatur eines seiner Lehrer am Gymnasium angelegt.) Der Aufstand der Avantgarde gegen die bürgerliche Kultur ging tief, und Bewegungen wie der Expressionismus und ein neuer Primitivismus in der Malerei (verkörpert in Gauguins halbnackten Eingeborenen) forderten die überkommene Moral heraus.

Die normative Männlichkeit geriet auch hier unter Beschuß, genauer: ihre zentrale Vorstellung von Zurückhaltung und Selbstkontrolle und ihr Schönheitsbegriff. Dennoch sollten Entschlossenheit und Willenskraft ihr erhalten bleiben, sogar im Lager der Avantgarde, die ja die Regeln sprengen wollte. Wie die Hauptfigur von Robert Musils Erzählung *Die Verwirrungen des Zöglings Törleß* (1906) bemerkt, ist die äußere Welt dickköpfig, aber es hat Menschen gegeben, die es geschafft haben, sie sich zu unterwerfen. Die Vehemenz der deutschen Expressionisten, ihr Lobpreis auf die Kraft und sogar den Krieg, schien ein Gegenmittel gegen eine erstarrte Gesellschaft zu sein. Aber anders als die übrigen Kämpfer gegen bürgerliche Moralvorstellungen wollten die Expressionisten mehr als bloße Meinungsfreiheit; sie wollten auch die traditionellen gesellschaftlichen Gepflogenheiten über Bord werfen. Auch sie reihen sich in den Kreis der Herausforderer der Maskulinität ein: hatte ihre Aggressivität auch etwas Männliches, wollten sie doch ihren Emotionen unumschränkte Herrschaft einräumen.

Diese Herausforderung der normativen Maskulinität war jedoch nicht immer geradlinig: es war durchaus möglich, die bürgerliche Gesellschaft, die sich das maskuline Ideal zu eigen gemacht hatte, herauszufordern und trotzdem das Ideal selbst zu bekräftigen. Die deutsche Jugendbewegung ist ein hervorragendes Beispiel dafür, wie Maskulinität nicht im Einklang mit den wichtigsten gesellschaftlichen Normen idealisiert wird, sondern in Abgrenzung zu ihnen. Die Jugendbewegung setzte sich seit ihrer Gründung im Jahre 1901 aus verschiedenen Gruppen Halbwüchsiger zusammen, die ohne die Aufsicht Erwachsener durch deutsche Lande zogen und eine »natürliche« eigene Subkultur schufen. Sie sangen Lieder, kampierten im Freien, hielten Diskussionsrunden ab und spielten Spiele – viele von ihnen waren Patrioten und stolz auf ihre Männlichkeit.

Ihre Mitteilungsblätter befürworteten oft einen maskulinen Idealtypus, wie ihn Hermann Popert wirkungsvoll in *Helmut Harringa* (1910) zusammenfaßte, einem Roman über die Jugendbewegung, der damals viel gelesen wurde. Das Erscheinungsbild des Helden, sein blondes Haar, sein breiter Brustkasten, seine Energie und Entschlossenheit sollten uns nicht erstaunen, denn wieder einmal haben wir hier das bekannte normative Ideal der Männlichkeit vor uns. Es überrascht uns auch nicht, daß in besagtem Roman ein Richter – nachdem Helmut Harringa des Betrugs beschuldigt wurde – erklärt, jemand, der so gut aussehe wie der Angeklagte, könne unmöglich ein Krimineller sein.[60] Helmuts Äußeres, seine Abstinenz, Keuschheit und körperliche Ausdauer stehen im Gegensatz zu den Liebesaffären, dem Alkoholismus und dem syphilitischen Körperbau seiner Brüder – den degenerierten »Anti-Typen«[61]. Im großen und ganzen richtete sich der Protest der Jugendbewegung gegen die Bevormundung durch die Erwachsenen, und nur selten überschritt er die Grenzen des Erlaubten. Trotzdem erhielt hin und wieder das griechische Beispiel der Männlichkeit samt seinen homoerotischen Konnotationen neuen Auftrieb, wie beispielsweise 1911, als ein Teil der Bewegung durch einen homosexuellen Skandal erschüttert wurde – freilich war dies nur eine Randerscheinung. In erster Linie vermittelte die Jugendbewegung das normative Ideal der Maskulinität, auch wenn sie sich selbst für eine Protestbewegung hielt, die die bürgerliche Gesellschaft mit einem Packesel verglich, welcher sich einem rasend schnell dahinbrausenden Sportwagen gegenübersieht.[62]

Hermann Popert widmete das Titelblatt seiner Zeitschrift *Vortrupp* der Darstellung von nackten Männern mit vollkommenen Körpern (Abbildung 5.4) – wie die Jugendbewegung ohnehin den nackten männlichen Körper propagierte. Freilich bezog sich diese Nacktheit selten auf das griechische Vorbild; es stand fast immer in einem Bezug zur Natur. Die sogenannte Neuentdekkung des menschlichen Körpers, wie sie genannt wurde, war zur Jahrhundertwende Teil der Suche nach dem Ursprünglichen im Gegensatz zu der Künstlichkeit modernen Lebens: die unverdorbene Natur kampfbereit gegen die Moderne. Auch die verschiedenen Nudistenbewegungen entstanden zu jener Zeit, und Menschen, die an körperlicher Ertüchtigung interessiert waren, warfen ihre Kleider ab, um an der Sonne neue Kraft zu schöpfen. Ihr Licht und die unverdorbene Natur stählten angeblich den Körper und gaben ihm Kraft und Gesundheit. Körperliche Übungen als Königsweg zu männlicher Schönheit wurden auch nicht vernachlässigt, aber vor allem frönten diese Gruppen – hauptsächlich in Deutschland – der Verehrung der Natur: Nacktheit ohne Sinnlichkeit war das Ziel, und Nacktheit war nur dann nicht anstößig, so erklärte man, wenn man sie in unverdorbener natürlicher Umgebung antraf (Abbildung 5.5). Der nackte Körper – ob männlich oder weiblich – war angeblich ein wunderschönes Objekt unter vielen, wie Wiesen, Gärten, das Meer oder die aufgehende Sonne. Der männliche Körper stellte immer noch beispielhaft Harmonie und Virilität dar, nun umgeben von den Symbolen des Ursprünglichen und Ewigen.

Männliche Nacktheit ist bis zum heutigen Tag ein Problem für Anstand und Moral geblieben. Winckelmanns Lösung, die glatten und durchscheinenden Körper von Jugendlichen zu loben, denen jegliche Sinnlichkeit fehlte, wurde oft herangezogen, um Nacktheit zu verharmlosen, und wenn der nackte Körper überdies von Natur umgeben war, schien er noch weniger anstößig. Trotzdem hätte eine solche Nacktheit keine Provokation bedeutet, wenn sie abstrakt geblieben wäre, wie die Statuen der griechischen Jünglinge, aber nun huldigten ihr Jugendgruppen und Nudisten – Menschen aus Fleisch und Blut –, und somit wurde sie dem Bild der Maskulinität als Symbol der ehrbaren Gesellschaft gefährlich. Weder von der Jugendbewegung noch vom Nudismus ging eine solche Bedrohung aus wie von den

5.4 Die Zeitschrift *Der Vortrupp* war ein Sprachrohr der deutschen Jugendbewegung. Ihr Ziel war eine Läuterung der deutschen Jugend, indem sie den germanischen Geist beschwor sowie alkoholische und sexuelle Abstinenz predigte. (*Der Vortrupp: Deutsche Zeitschrift für das Menschentum unserer Zeit* 7, Nr. 24 [2. Dezember 1919].)

5.5 Frauen in der Natur. Eine Szene aus dem deutschen Erziehungsfilm *Wege zur Kraft und Schönheit* (1925); sein Motto waren »die alten Griechen und die Moderne«. Der Film sollte den Wert körperlicher Ertüchtigung vor Augen führen.

»Nervenkrankheiten« oder den unmännlichen, unzweideutigen Symbolen der Degeneration. Dennoch trugen sie zu dem Gefühl bei, daß die Moral unter dem Druck der Moderne in Auflösung begriffen war. Das maskuline Ideal befand sich um die Jahrhundertwende in der Krise, auch wenn seine grundlegenden Konturen unangetastet blieben. Die sogenannten Dekadenten schienen an Boden zu gewinnen, während die Gesellschaft mit allen Mitteln versuchte, sich und ihr normatives männliches Ideal zu schützen.

III

Vor diesem Hintergrund, vor den Bedrohungen durch eine reale oder vermeintliche Dekadenz, muß die Verfestigung erörtert werden, die die normative Maskulinität gleichzeitig erfuhr. Die Symptome der Dekadenz erhöhten die Angst vor der Moderne noch, von der wir bereits gesprochen haben. Es ist kein Zufall, daß Homosexualität seit den letzten Jahrzehnten des vorigen Jahrhunderts immer heftiger verfolgt wurde. In England stellte die sogenannte Strafrechtsnovelle aus dem Jahre 1885 alle privaten homosexuellen Akte als »schwere Unzucht« unter Strafe, und in den Niederlanden wurde 1911 ein entsprechendes Gesetz verabschiedet. Deutschland hatte seit 1871 ein Homosexuellen-Gesetz (den berüchtigten Paragraphen 175), und zu Beginn des 20. Jahrhunderts legte die Polizei sogenannte rosa Akten mit den Namen bekannter Homosexueller an.[63] Schließlich ist auch von Belang, daß die neue medizinische Sexualforschung, die, wie gesagt, in den neunziger Jahren des 19. Jahrhunderts entstand, sich vornehmlich damit beschäftigte, das Pathologische und Abweichende eindeutig zu definieren. Ja, gegen ihre erklärte Absicht trug die Gesellschaft selbst zu einer größeren Präsenz der Homosexuellen bei, als sie versuchte, die Trennung der Geschlechter zu verschärfen. Weil die Sexualwissenschaftler Zeitzeugen brauchten, sammelten sie homosexuelle Autobiographien, Geschichten von Leid, Lügen, unerfüllter Liebe und heimlichen Treffen, die ihnen ihre Patienten erzählt hatten. Obwohl diese Sammlungen Teil der medizinischen Fachliteratur sein sollten, fanden sie bald schon einen größeren Leserkreis.[64]

Das Christentum wurde einmal mehr seiner angestammten Rolle gerecht. Seit jeher hatte es die Moralvorstellungen entscheidend geprägt. Wenn wir Deutschland als Beispiel nehmen, so schossen dort zur Jahrhundertwende christliche Vereinigungen zum Schutze der Moral (sogenannte Sittlichkeitsvereine) aus dem Boden – was Bände sprach für die zunehmende Angst vor Dekadenz und gesellschaftlicher Instabilität. Obwohl der Kampf gegen die Prostitution das wichtigste Ziel dieser Sittlichkeitsvereine war, bekämpften sie jeglichen sexuellen und moralischen Nonkonformismus. Sie wollten, wie es einer ihrer Vertreter 1908 formulierte, mit Hilfe »wahrer deutscher Männer« die Nation wieder zu moralischer Gesundheit führen.[65] Evangelische Kirchenmänner und Schullehrer waren am häufigsten unter den Mitgliedern solcher Vereine vertreten. Nur wenige Ärzte schienen sich ihnen angeschlossen zu haben, obwohl deutsche Medizinprofessoren weiland eine eigene Proklamation herausgaben, in der sie die um sich greifende Unzucht beklagten und zur Mäßigung aufriefen.[66] Der Dachverband dieser Vereine griff 1892 Krafft-Ebings *Psychopathia sexualis* an, weil darin die Abschaffung der gesetzlichen Verfolgung für bestimmte »abnormale« sexuelle Akte gefordert wurde. Die Homosexualität beschwor so wieder einmal Visionen vom Niedergang des Römischen Reiches herauf.[67] Der Arzt A. Römer veröffentlichte 1892 einen Artikel mit dem Titel »Das Sittengesetz vor dem Richterstuhl einer ärztlichen Autorität« in einer Zeitschrift des Dachverbands der deutschen Sittlichkeitsvereine und attackierte darin Krafft-Ebing. Er forderte, daß im Zeitalter nervöser Krankheiten der Staat um seiner Selbsterhaltung willen zum Handeln gefordert sei.[68]

Die Mediziner besaßen womöglich den größten Einfluß, wenn es darum ging, Heilmethoden für »degeneriertes« oder abnormales Verhalten zu empfehlen – schließlich hatten sie die Degeneration zum Hoheitsgebiet der Medizin erklärt und sie somit in ihren eigenen Zuständigkeitsbereich integriert – freilich mit Ausnahme der erblichen Degeneration, bei der man eine Heilung nicht für möglich hielt. Krafft-Ebing folgte der Einschätzung der meisten Ärzte, als er die Masturbation an die Spitze seiner Liste der schlechten Gewohnheiten setzte, die die Nerven zerrütteten und die »vita sexualis« pervertierten. Hier hatte sich seit Tissots Arbeiten nichts geändert. Die Moderne förderte angeblich die Masturbation, die den Männern ihre Männlichkeit raubte.

Es existiert bereits eine umfangreiche Sekundärliteratur zu den damaligen Interpretationen der Masturbation und den Versuchen ihrer Heilung, und wenig muß noch hinzugefügt werden. Es genügt, wenn wir erwähnen, daß man die Masturbation mit Kontrollverlust gleichsetzte und sie als Wurzel aller »perversen« Leidenschaften betrachtete. In ihr schlug sich angeblich eine überhitzte Einbildungskraft nieder – ein krasser Gegensatz zur »goldenen Mitte«, wie sie das Ideal der Männlichkeit als Symbol der bürgerlichen Gesellschaft charakterisierte. Weil nach allgemeiner Ansicht eine Perversion zur anderen führte, hielt man die Masturbation für die Pforte zur Homosexualität. Die Masturbation, schrieb Krafft-Ebing, führe zu »gezüchteten Päderasten«.[69] Im Laufe des 19. Jahrhunderts und zu Beginn des 20. Jahrhunderts wurden die ausgeklügeltsten Apparaturen erdacht, um Knaben von dieser verderblichen Praxis abzuhalten. Letztendlich hatten jene Bestrafungsmaßnahmen eine Stärkung der Willenskraft als Ziel.

Denn diese galt als Markenzeichen der modernen Maskulinität – nicht umsonst war die Schulung des Willens ein wichtiger Faktor bei der Herausbildung des maskulinen Ideals, wie wir im zweiten Kapitel gesehen haben. Aber nun – gegen Ende des Jahrhunderts – wurde der »Wille« fast zu einem Kult erhoben. Dabei darf der Einfluß Nietzsches nicht unterschätzt werden, nicht nur in Deutschland, sondern auch in anderen europäischen Ländern. Nietzsche schien die Stimmung der Zeit in Worte zu fassen: »Was ist gut? – alles, was den Willen zur Macht, die Macht im Manne selbst stärkt.«[70]

Viele deutsche Intellektuelle glaubten, daß Nietzsche ihrer Männlichkeit Vorschub geleistet hätte, und wie Thomas Mann lobten sie die »kolossale Männlichkeit seiner Seele«.[71] Sie setzten Männlichkeit mit Entschlossenheit gleich und rückten die anderen männlichen Tugenden, die das maskuline Stereotyp sozusagen gemäßigt hatten, in den Hintergrund. Wenn der Wille versage – so steht in einer medizinischen Dissertation, bei der Oswald Bumke einer der Prüfer war, zu lesen –, falle der Mensch auseinander und bleibe ewig unvollständig. Sogenannte weibische Männer galten als antriebsschwach.[72] Ein angeschlagener Wille führte angeblich zu Lasterhaftigkeit, und 1908 rief eine Zeitschrift der Sittlichkeitsvereine zu einer regelrechten »Gymnastik des Willens« auf, bei der Mannesmut durch sexuelle Zurückhaltung und körperliche Übungen gestärkt würde.[73] Einmal mehr hängen so das Ideal der Maskulinität und die Sexualität zusammen.

Willenskraft bedeutete zugleich Mut – und die Fähigkeit, Gefahr und Schmerz zu ertragen. Die Ertüchtigung des Körpers durch Sport wurde überall als eine der besten Möglichkeiten angesehen, um dieses Ziel zu erreichen. Angelo Mosso, ein bekannter italienischer Physiologe, pries nicht nur die Gymnastik als probates Mittel zur Vervollkommnung des männlichen Körpers, sondern bewunderte auch die Art und Weise, wie englische Schulen Mannschaftssportarten förderten. Sport, so erklärte er, entwickle die individuelle Energie, lehre die richtigen Arbeitsgewohnheiten ebenso wie die Disziplin, und auf diese Weise würden wahre Männer geformt.[74] In einem deutschen Buch über die Tapferkeit, das 1900 von einem Arzt geschrieben wurde, lesen wir dagegen, daß nicht allein die körperliche Kraft über Sieg oder Niederlage entscheide, sondern Mut, Tapferkeit, Unerschrockenheit.[75]

Dazu gehörte auch, Verletzungen stoisch zu ertragen: das Bild des Laokoon hatte ja lange genug als entsprechendes Modell gedient. Der Kriegsdienst sollte sich als die Gelegenheit erweisen, diese Theorie in die Praxis umzusetzen. Schmerzen klaglos zu ertragen galt als Beweis der Männlichkeit und Charakterstärke – ob nun Tom Brown die Folter des tyrannischen Flashman in Thomas Hughes berühmten *Tom Brown's Schooldays* (1857) ertrug, oder ob der junge Spartaner, der einen Fuchs gestohlen hatte, vor seinem Richter beharrlich schwieg, obwohl der Fuchs sich durch seinen Mantel gebissen hatte und nun an seinen Eingeweiden fraß (eine Geschichte, mit der deutsche Schuljungen häufig traktiert wurden). Hin und wieder grenzen solche Tugenden, wie sie z. B. in *The Fairchild Family* beschrieben werden, an reinen Masochismus bzw. spiegeln sich in ihnen gewisse sadistische Impulse wider. In dem bereits genannten Buch wird die kleine Lady Augusta Noble verbrannt, weil sie ihren Eltern nicht gehorchte. Die Züchtigungen, die an deutschen und britischen Schulen üblich waren, boten reichlich Gelegenheit, zu lernen, wie man Schmerzen »mannhaft« erträgt, und sich gleichzeitig auf den Krieg vorzubereiten. Wie wir noch sehen werden, wurden nicht von ungefähr zu dieser Zeit Leiden und Opfer als ein Zeichen der Hingabe an die Nation verherrlicht. Solcherart »geadelte« Männer stellten sich erfolgreich der Degeneration in den Weg.

Wie schon erwähnt, lieferten die Ärzte einen Großteil der Argumente im unablässigen Kampf gegen die Degeneration. Andere Kontrollmethoden kamen hinzu: die Ehe, die als Barriere für das Laster galt. Ein deutsches Traktat über die »männliche Ehre« aus dem Jahre 1889 erinnerte die Jugendlichen daran, daß sie eines Tages Familien vorstehen würden, und stellte die Frage, wie sie über andere herrschen wollten, wenn sie sich nicht einmal selbst beherrschen konnten.[76] Die Autonomie des idealen Mannes, die im Gegensatz zur Abhängigkeit der Frau stand, war in solchen Schriften stets präsent. Persönliche Reinlichkeit sollte die wahre Männlichkeit fördern, und Versuchungen waren laut Krafft-Ebing zu meiden und insbesondere die Badeorte, wo man nackter Körper ansichtig werden konnte, genau zu überwachen.[77]

Noch einmal: Das keusche maskuline Ideal, das sich tief ins moderne Bewußtsein gesenkt hatte, wurde als Bollwerk gegen die Dekadenz betrachtet. Abenteuerromane hoben männliche Taten hervor, und Gemälde, die Götter und Helden darstellten, wurden immer beliebter.[78] Die »Außenseiter«, ob Homosexuelle oder Lesbierinnen, wurden hingegen immer als das dargestellt, was sie nicht waren, und nicht als das, was sie waren.

Die unauflösbare Verbindung zwischen »Insidern« und Außenseitern, zwischen dem wahren Mann und seinem dekadenten Gegenbild, wurde zur Jahrhundertwende in seiner Dialektik nachhaltig gestärkt. Die Maskulinität war der Felsen, auf dem die bürgerliche Gesellschaft ihr Selbstbild errichtete, aber mit dem idealisierten Männerbild war die »andere« Sexualität verknüpft, ein durch das Ideal festgelegtes Gegenbild.

IV

Die Frau als solche mußte zur selben Zeit nicht unbedingt eine Herausforderung der Männer darstellen, obwohl sie einige Züge des klassischen Außenseiters aufwies, wie zum Beispiel einen Mangel an Robustheit, eine Neigung zu Krankheit oder Hysterie. Doch nicht alle Frauen waren »femmes fatales« oder Wesen von unkontrollierbarer Leidenschaft; anders als die wahren »Außenseiter« nahmen sie im wesentlichen einen festen Platz in der Gesellschaft des Fin de siècle ein: als Mütter und Erzieherinnen, die Kinder und Diener beaufsichtigten und die Zärtlichkeit und Zuneigung spendeten. Frauen wurden in der ihnen eigenen Sphäre als dem Manne ebenbürtig betrachtet. Wenn jedoch eine Frau ihren angestammten Ort verließ, wurde sie ebenfalls zur Außenseiterin – zu einer Bedrohung der modernen Maskulinität.

Hier ist nicht der Ort, um eine Geschichte des Feminismus zu schreiben, aber in unserem Zusammenhang muß darauf hingewiesen werden, welche Ängste die Frauenbewegung auslöste, obwohl die Mehrzahl der Feministinnen weder ihre Weiblichkeit ablegen noch die Brücken zwischen den Geschlechtern abreißen wollte. Diese Frauen trachteten, obwohl einige von ihnen mit den »décadents« sympathisierten, in erster Linie danach, endlich einen Platz in der Öffentlichkeit einzunehmen; es ging ihnen weniger um eine »Revolution« oder um eine freie Entfaltung ihrer Sexualität. (Dies unterschied sie von den klassischen Außenseitern, die »am Rande« bleiben wollten.)

Die Anfänge der Frauenbewegung lagen im letzten Drittel des 19. Jahrhunderts, aber erst seit den neunziger Jahren entwickelte sie sich zu einer Kraft, mit der man rechnen mußte. Es gab gemäßigte und radikale Feministinnen – jene, die für eine rechtliche Gleichbehandlung eintraten, jene, die für das Frauenwahlrecht kämpften, und jene, die wie der »Allgemeine Frauenverein« das Wahlrecht, gleiche Bezahlung, gleiche Ausbildung, gleiche Beförderungs- und Berufschancen forderten (1907).[79] Dieses Programm machten sich am Ende die meisten Frauenbewegungen zu eigen – die Maskulinität als solche geriet weniger in den Blick, unabhängig davon, wie »radikal« der Kampf um die Gleichberechtigung sein mochte. Zum ersten Mal seit Menschengedenken forderten die Frauen Mitbestimmung in Politik und Gesellschaft. Nicht nur die unbestrittene Führungsrolle der Männer wurde damit in Frage gestellt, sondern auch ihre angestammte Funktion, die gesellschaftlichen Ideale von Ordnung und Fortschritt zu symbolisieren, eine Funktion, die die moderne Maskulinität seit Winckelmann innegehabt hatte.

Diese Krise der maskulinen Identität veranlaßte Otto Weininger, sein Buch *Geschlecht und Charakter* zu schreiben, in dem er unablässig seiner Misogynie Ausdruck verlieh. In Frankreich imitierte Paul Vogt Weininger in seinem Werk *Le sexe faible* (Das schwache Geschlecht, 1908). Außerdem fand Weininger einflußreiche Bewunderer in Italien, wie den Maler Giorgio de Chirico und den rechtsgerichteten Philosophen Julius Evola.[80] Das Bild der »femme fatale«, das in der romantischen Bewegung aufgetaucht war, erfreute sich während der Dekadenz größter Beliebtheit – und das nicht nur, weil man das Exotische suchte. Die grausame Frau spukte in den Köpfen männlicher Romanciers herum (nicht umsonst wurde der Marquis de Sade in jener Zeit wiederentdeckt),[81] zum Beispiel bei Oscar Wilde. Ihre Inkarnation war Salomé, wie sie von Gustave Moreau 1876 gemalt wurde. Joris-Karl Huysmans beschrieb sie in *A rebours* (Gegen den Strich, 1884) als »unheimlich und übermenschlich«, eine Frau, die alles vergiftete, was sich ihr näherte, alles, was sie berührte.[82] Salomé, die den Tanz der sieben Schleier tanzt, um das Haupt Johannes des Täufers zu erlangen (wie in Wildes Theaterstück), übte die vielleicht größte Anziehung auf Schriftsteller und Künstler aus: »die symbolische Inkarnation unsterblicher Lust, die Göttin ewiger Hysterie, eine verfluchte Schönheit«.[83]

Sollten also Frauen, die nach Emanzipation strebten, eine noch größere Bedrohung darstellen als die klassischen »Anti-Typen«, die man entweder bekehren konnte oder deren man sich zu entledigen suchte? Frauen griffen schließlich nicht nur die gesellschaftlichen Funktionen der Männer an, sie nahmen auch einen entscheidenden Platz in der Gesellschaft ein – sie waren unverzichtbar. So fanden sich in allen Rängen Gegner der Frauenbewegung: bei den Konservativen, bei den Liberalen, bis hin zu vielen Sozialisten, obwohl diese im großen und ganzen der Emanzipation der Frauen viel positiver gegenüberstanden als andere Bevölkerungsgruppen. Tatsächlich sollten sich die Sozialdemokraten als die getreuesten Befürworter der politischen Gleichberechtigung der Frauen erweisen.

Dabei war die relative Stärke der Frauenbewegung nicht von Belang für die Heftigkeit der Reaktionen. In Frankreich, wo im Jahre 1901 nur 20000 Frauen Mitglieder im Nationalrat der französischen Frauen waren,[84] beschworen die Männer geradezu verzweifelt ihre Überlegenheit. In einem katholischen Land, in dem die Kontrolle der Männer über die Frauen gesetzlich verankert war, konnte das vielleicht keine Überraschung sein. Doch auch in England und Deutschland reagierten viele Männer panisch auf die neuen Forderungen der Frauen – was wiederum verschleierte, daß sich viele Frauen und Männer im Ziel einer moralischen Reform einig waren (Stichwort Sittlichkeitsvereine), ja, daß die überwältigende Mehrheit der Feministinnen eher konservativ gesonnen war und die Familie stärken, nicht zerstören wollte. Daß sich ein kleiner, radikaler Zweig der Frauenbewegung seit Beginn des neuen Jahrhunderts für Geburtenkontrolle, legale Abtreibung und bisweilen sogar für die freie Liebe aussprach, sollte indes die ganze Bewegung in den Augen der meisten Männer diskreditieren.

So verglich Paul Vogt (*Le sexe faible*) die Frauen in ihrer vermeintlichen Anpassungsfähigkeit, Dreistigkeit und Irrationalität mit den Juden. Marcel Prévost wiederum hatte Angst, daß »les vièrges fortes« die Welt neu erschaffen könnten.[85] Weitere Beispiele ließen sich zuhauf anführen, darunter sogar das von Émile Zola, der zwar für die Emanzipation plädierte, dann jedoch eilends hinzufügte (womit er sich selbst widersprach), daß es für Frauen nicht natürlich sei, die Rolle der Männer einzunehmen.[86]

Paradoxerweise stärkte so die feministische Bewegung zur Jahrhundertwende das männliche Selbstbewußtsein.

Auch wenn es bisweilen so aussah, als ob die Maskulinität in die Defensive ginge, war sie von einer Krise doch weit entfernt. Die Fähigkeit der modernen Gesellschaft, sich ihre Herausforderer einzuverleiben, kam auch ihr zugute. Viele Beispiele einer solchen Integration ließen sich anführen; so wurden nicht alle Schriftsteller und Künstler, die die normative Maskulinität kritisierten, totgeschwiegen, sondern einfach nur als Künstler oder Träumer eingestuft, deren Werke man sich zu Gemüte führen konnte, ohne Schaden zu nehmen. So sehr die deutsche Jugendbewegung die Gesellschaft der Erwachsenen auch provozierte, behielt sie das maskuline Ideal doch bei, und von einem Neubeginn war spätestens dann nichts mehr zu spüren, wenn die abenteuerlustigen Jungen zu patriotischen Männern herangewachsen waren – sowenig wie die meisten der »virilen Frauen« die ehrbare Gesellschaft je verlassen wollten. Solange Anstand und Sitte gewahrt blieben, konnte man dem männlichen Ideal im Grunde nichts anhaben.

Trotz aller neuen Einsichten in bezug auf Sexualität, trotz der Heerscharen unmännlicher Männer und widerspenstiger Frauen behauptete sich das Bild der Männlichkeit. Dabei hatten die meisten Sexualwissenschaftler die Vorstellung modifiziert, daß sich die Maskulinität größtenteils gegen die Weiblichkeit und Homosexualität definieren müsse, konnte doch auch die Sexualität normaler Männer Elemente der sogenannten minderen Sexualität aufweisen. Sigmund Freud war keineswegs der einzige Befürworter dieser These. Und auch männliche Männer, die keusch und rein blieben, weil ihre »Selbstkontrolle« jedwede Versuchung überwand, waren durchaus verborgenen Ängsten über ihr Geschlecht ausgesetzt.[87] Obwohl man sämtliche Diskussionen über Sexualität auf den Kreis der Ärzte zu beschränken trachtete, erwies sich das als unmöglich; zunehmend wurden entsprechende Probleme in der Öffentlichkeit verhandelt. Solche Themen wären früher undenkbar gewesen. Dabei trugen gerade die Sittlichkeitsvereine, die doch Zucht und Ordnung anstrebten, ohne es zu wollen, zu dieser neuen Offenheit bei.

Das Ideal der Maskulinität und seine gesellschaftliche Funktion wurden somit nicht angetastet. Wie wir noch sehen werden, wurde dieses Ideal durch den Ersten Weltkrieg und dessen Folgen sogar noch weiter zementiert. Das Europa der Diktatoren bejubelte aufs neue die Maskulinität als Schutzwall des Staates. Josef Weinheber, ein führender Lyriker im nationalsozialistischen Deutschland, faßte dies bündig in seinem Gedicht »Jugend« zusammen, das 1940 Eingang in das beliebteste Lesebuch fand: Wieder einmal zählte der Mythos, nicht die Wirklichkeit:

Sei hart gegen dich selbst,
Keusch im Glühen deiner Stärke und der Leidenschaft deiner Geschlechtlichkeit,
Liebe und Lust müssen zweierlei sein,
Wie auch Leben und Tod Gegensätze sind;
Doch Leben und Ehre sind eins.[88]

6 Krieger und Sozialisten

I

Der Krieger und der Sozialist scheinen Gegner zu sein, die man eigentlich nicht Seite an Seite ins selbe Buchkapitel zwingen sollte. Der Krieger galt als Inbegriff von Maskulinität – nicht umsonst kamen durch den Ersten Weltkrieg zum Männlichkeitsstereotyp weitere wichtige Elemente hinzu. Auf der anderen Seite versuchten einige Sozialisten, einen neuen Mann zu entwerfen, der das bekannte Stereotyp hinter sich ließ. Und doch wirft gerade das Schicksal dieses neuen Mannes ein grelles Licht auf das Ideal der modernen Männlichkeit, seine Stärken und seine Schwächen. Wenn man sich vom tapferen Krieger dem sozialistischen Mann zuwendet, glaubt man für einen Moment Licht im Dunkel zu sehen. Doch wird dieses Licht schnell von einer Gesellschaft gelöscht werden, die auch in Friedenszeiten aggressives Konkurrenzverhalten und den Kampf für die vorgeblich gute Sache fördert.

Die Krise der Maskulinität zur Jahrhundertwende hatte das Ideal der normativen Männlichkeit paradoxerweise nicht verändert, sondern gestärkt. Welche Gegenstimmen auch zu vernehmen waren, sie wurden in den Augusttagen des Jahres 1914 vom Kriegsgetöse übertönt. Der Große Krieg war ein maskulines Ereignis par excellence, obwohl er den Frauen den Weg zu größerer Unabhängigkeit geebnet haben mag. Erlebten doch die Männer an der Front die Frauen weitgehend in der »passiven« Rolle von Krankenschwestern oder Prostituierten. Die Marianne, die während des Krieges auftauchte, marschierte oder kämpfte nicht unter den *poilus*, sondern schwebte über ihnen und mahnte sie zum

Kampf.[1] Die Art und Weise, wie der Krieg an der Westfront geführt wurde, förderte die Ansicht, es komme allein auf eine funktionierende Kameradschaft unter Männern an, bei der die Soldaten zusammen lebten, kämpften und in den Schützengräben starben.

Dennoch gab es nach wie vor die Alternativen zur traditionellen Männlichkeit, die wir zuvor genannt haben, ja, sie gewannen in der Nachkriegszeit sogar an Bedeutung. Das Bild des Krieges löschte das Ideal einer anderen, sanfteren Männlichkeit nicht aus. Tatsächlich trat während der zwanziger Jahre ein alternatives Ideal der Männlichkeit für einen kurzen Augenblick den ungleichen Kampf gegen die traditionelle Männlichkeit an. Die Sozialisten hatten während des Ersten Weltkriegs versucht, eine friedlichere Form von Maskulinität zu propagieren, die auf Solidarität gründete, aber jene, die aus dem Krieg zurückkehrten, waren doch, so sehr sie das Gemetzel auf den Schlachtfeldern erschüttert haben mochte, der lebende Beweis für die Stärke des normativen Stereotyps. Vielzitierte Antikriegsdichter wie Siegfried Sassoon und Wilfred Owen in England oder Ludwig Renn in Deutschland hatten ein ebenso starkes Bewußtsein ihrer Maskulinität wie die Kriegsbefürworter. Sie neigten dazu, die Beweggründe für den Kampf zu kritisieren, nicht aber den Kampf selbst.[2] Renn läßt zum Beispiel in seinem Antikriegsroman *Krieg* (1929) einen seiner Protagonisten zu einem vorbildlichen Soldaten werden, mutig, ausdauernd und stolz auf seinen Dienst an der Front, obwohl er ein erklärter Kriegsgegner ist. Er ist zwar kein wahrer Patriot, steht aber nichtsdestoweniger seinen Mann. Der berühmteste aller pazifistischen Romane, *Im Westen nichts Neues* (1929) von Erich Maria Remarque, schreibt Paul Bäumer, einer der Hauptfiguren, männliche Eigenschaften wie Durchhaltevermögen und Gelassenheit in der Schlacht zu, obwohl er sich selbst als verloren betrachtet.[3] Hier durchsetzt das Ideal der Maskulinität, das so eng mit dem Krieg verbunden ist, selbst die Einstellungen all jener, die doch militärischen Auseinandersetzungen zutiefst abhold sind.

Ideale wie Mut, Opferbereitschaft und Kameradschaft – ja, das Bild des Kriegers selbst – waren von der Kritik an diesem einen Krieg nicht betroffen, um so weniger, als die meisten Freiwilligen den Krieg als Prüfstein für ihre Männlichkeit betrachteten. Dazu gehörte, wie man ihnen in der Schule beigebracht hatte, stets die Pflicht zu erfüllen, sich situationsadäquat zu verhalten und den Feind richtig einzuschätzen. Wie schon in den vorhergegangenen Kriegen, zum Beispiel den Befreiungskriegen, schien die naheliegende Tatsache, daß die Frontkämpfer Männer waren, ihre körperlichen und geistigen Eigenschaften, diejenigen der wahren Maskulinität, zu verbürgen.

Der Erste Weltkrieg vertiefte allenfalls bestimmte Aspekte des Männlichkeitsstereotyps, auf die wir schon in früheren Kapiteln eingegangen sind. Die Verbindung von Militarismus und Maskulinität war stets gegenwärtig – schließlich hatte die Geburtsstunde der modernen Maskulinität in den Napoleonischen Kriegen geschlagen. Mit Beginn der allgemeinen Wehrpflicht hatte sich das Militär das neoklassizistische Ideal des männlichen Körpers zu eigen gemacht und ihn durch sportliche Übungen gestählt. Tatsächlich schien dieses Ideal einer »stillen Größe« wie maßgeschneidert für die Art von Disziplin, die das Militär brauchte. Maskulinität und Militarismus mußten jedoch nicht zwangsläufig so eng miteinander zusammenhängen. Die Männlichkeit symbolisierte die Gesellschaft als Ganzes und nicht nur einen Teil davon: die Erziehung zur Männlichkeit zielte darauf ab, junge Burschen hart zu machen, ihre Körper zu formen und ihnen eine richtige moralische Einstellung zu vermitteln. Dabei sollten ihnen alle »weiblichen« Eigenschaften ausgetrieben und bestimmte körperliche und geistige Leistungsstandards erreicht werden.[4] Die entsprechenden Tugenden – Selbstkontrolle, Keuschheit und Willenskraft – konnten sich in Kriegs- wie in Friedenszeiten entfalten. Der »glattrasierte Engländer« zog zwar hinaus in die Welt, um für das Empire zu kämpfen, aber ansonsten schloß er sich selten den Streitkräften an; und obwohl der »wahre deutsche Mann« im wilhelminischen Deutschland Offizier der Reserve wurde, führte er auch ein durchaus friedliches Zivilistendasein.

Doch der Drang, einer höheren, überindividuellen Sache zu dienen, die Männlichkeit in den Dienst eines Ideals zu stellen, war von Anfang an integraler Bestandteil ihrer Definition gewesen. Welche Idee konnte sich besser hierfür anbieten als die der Nation? Doch war der Nationalismus eine flexible Ideologie, er mußte nicht unbedingt aggressiv sein und territoriale Ansprüche erheben. Die Suche nach einem »Nationalcharakter«, die die Völker seit der Romantik Anfang des 19. Jahrhunderts beschäftigt hatte, beförderte eine virile Männlichkeit, zu deren Zielen es unter anderem gehörte, die Nation zu verteidigen, auch wenn sie gleichzeitig sinnliche und feminine Frauen verherrlichen konnte. Hin und wieder durften die Frauen sogar »männlichen Mut« aufweisen, wie die sehr weibliche Rebecca in Sir Walter Scotts *Ivanhoe*, die wir schon angeführt haben.[5] War die Aggressivität im Nationalismus vorher latent gewesen, trat sie im Ersten Weltkrieg indes offen zutage: der Krieger schien hinfort den »Nationalcharakter« zu verkörpern.

Der Erste Weltkrieg verknüpfte Nationalismus und Maskulinität enger miteinander, als dies zuvor der Fall gewesen war, und dabei sollten sich vor allem bestimmte häßliche Seiten der Maskulinität zeigen. In Stellungskriegen traten die Männer zum Sturmangriff an, um die Gräben des Feindes einzunehmen, und schlachteten sich gegenseitig ab. Eine berühmte Passage aus Ernst Jüngers Kriegstagebuch *In Stahlgewittern* (1920) ist ganz diesem Geist verpflichtet: Stellungskriege, so schreibt er, sind die blutigsten, wildesten und brutalsten aller Kriege, »doch auch sie haben ihre Befürworter, Männer, die über sich herausgewachsen sind, anonyme, tollkühne Kämpfer«. Diese deutschen Soldaten waren die »Prinzen der Schützengräben«, die sich niemals zurückzogen und keine Gnade kannten.[6] Jüngers Lobpreis dieser Art von Krieg mag etwas Extremes haben, erlangte indes höchste Popularität. Aber gleichlautende Aussagen finden sich auch anderswo.

Der Krieg war für Jünger ein Existenzkampf, bei dem die

animalischen Instinkte des Mannes und auch seine Willenskraft freigesetzt wurden, weil sein Mut sich erweisen mußte. Sein Buch *Der Kampf als inneres Erlebnis* (1922) pries die ungeheure Energie, die eine Kriegsschlacht zu entfesseln vermochte. Doch hatte der Haß auf den Feind keinen Anteil an dieser Energie; letztlich ist Jünger kein Chauvinist. In seiner Perspektive entledigt sich der Mann durch den Krieg des zivilisatorischen Firnisses, bis nur noch seine Urinstinkte bleiben und er seine wahre Natur – die eines Kriegers – entdeckt. Seine hochgelobten Kriegsbücher heben besonders hervor, was es bedeutet, ein reifer Mann zu sein: Freude am Kampf zu haben, keine Gnade zu kennen. Natürlich sah die überwältigende Mehrheit der Soldaten das ganz anders: sie taten einfach nur ihre Pflicht, erfüllten ihr Soll. Eine englische Studie über Frontsoldaten hebt hervor, daß das Leben an der Front Männer zu einem gewissen Stoizismus gezwungen habe. Und doch war unverkennbar eine neue Dimension der Brutalität in das Bild der Männlichkeit eingezogen. Robert Brasillach, der französische Faschist, schrieb nicht von ungefähr in der Rückschau auf den Krieg, daß Freude nur der Kraft entspringe, die um einer reinen Rasse und Nation willen zum Einsatz komme.[7]

Nicht nur in der konkreten Wirklichkeit des Krieges wurde diese neue Aggressivität freigesetzt, auch in der individuellen Suche nach Freiheit, einer Freiheit, die – wie wir gesehen haben – lange mit der modernen Kriegsführung in Verbindung gebracht wurde. So stand in Friedrich Schillers bereits zitiertem *Reiterlied*, daß nur der Soldat frei sei, weil er dem Tod ins Angesicht sehe, im Gegensatz zum feigen und hinterlistigen Menschengeschlecht, das nur Herren und Knechte und keine Freiheit kenne.[8] Der Gegensatz ist bezeichnend – nicht viel anders als Jüngers Lob der wahren Männer, der tollkühnen Kämpfer, die sich der Schlacht stellten, während die Feiglinge zu Hause blieben. Solche Männer waren frei, weil sie laut Jünger auf sich selbst geworfen waren und auf diese Weise ihre Individualität wiedergewonnen hatten.

Sogar jene Frontsoldaten, die weithin als Kriegsgegner bekannt wurden, kosteten die Freiheit, die der Krieg ihnen offensichtlich brachte. Als Siegfried Sassoon in England 1915 sein erstes Kriegsgedicht schrieb, *War is our scourge; yet war has made us wise* (Der Krieg ist unsere Geißel, doch macht uns der Krieg weise) und *Fighting for our freedom we are free* (Im Kampf für unsere Freiheit sind wir frei), war er noch in der Rekrutenausbildung und hatte noch keine einzige Schlacht miterlebt. Das Entsetzen und der Zorn auf den Feind werden vorübergehen, fährt er fort, aber das glückliche Heer aus Kameraden und Brüdern bleibt bestehen.[9] Nach seinem ersten Einsatz sind ganz andere Töne von ihm zu vernehmen, und er verurteilt den Stellungskrieg. Aber sowohl er als auch sein Kollege, Wilfred Owen, sahen, wie Adrien Caesar zu Recht festhält, im Krieg weiterhin ein Instrument ihrer persönlichen Freiheit, nicht nur wegen der wunderbaren Kameradschaft in den Schützengräben, sondern auch weil sich in ihm bestätige, daß Dichter keine Schwächlinge seien, wie man gemeinhin behauptete, sondern »es wie ein Mann ertragen konnten«.[10]

Das Gefühl, erst durch den Krieg frei zu werden, »ein richtiger Mann«, war weit verbreitet. Die Ängste von Sassoon und Owen zeigen, wie fest das Stereotyp der normativen Männlichkeit in den Köpfen verankert war; für künstlerische Empfindsamkeit blieb wenig Spielraum, denn – wie wir an anderer Stelle gesehen haben – die Ästhetik der Maskulinität war hart, stoisch und entschlossen. Leidenschaften mußten unter Kontrolle gehalten werden; ein wahrer Mann schrie nicht vor Schmerz auf, und er vergoß auch keine Tränen für einen gefallenen Kameraden. Tatsächlich verdächtigten sogenannte wahre Männer Künstler oft der Homosexualität, und weil sowohl Sassoon als auch Owen Dichter *und* Homosexuelle waren, wollten sie zweifelsohne noch männlicher wirken als viele andere.

Auch sie erhoben den Krieg zum Prüfstein ihrer Maskulinität und betonten die Läuterung durch Schmerz und Leiden, freilich eine passive Art von Heldentum, die sich von Jüngers Verherrlichung der Schlacht unterschied. Einmal mehr »veredelt« das Leid; die Tatsache, daß die Soldaten einander umbrachten, wird sinnigerweise vergessen.[11] Kameradschaft ist das Höchste, es scheint fast, als sollte sie das Gemetzel vergessen machen. (Es ist unbestreitbar, daß hier eine gewisse Idealisierung stattfand, in Deutschland wie in England.) Die Frontkämpfer in den Schützengräben, schrieb Richard Aldington in der Rückschau, hätten sich ohne weiteres zu Rohlingen entwickeln können, aber ebenjene Kameradschaft hielt sie davon ab.[12] Tatsächlich stand im Mittelpunkt der meisten Kriegserinnerungen und Kriegstagebücher die Einheit, in der der jeweilige Autor gedient hatte, die »kleine Schar von Kameraden«, die zusammen kämpften und zusammen starben.

Nicht von ungefähr schrieb ein deutscher Offizier, der später im Krieg den Tod finden sollte, daß er am glücklichsten sei, wenn ihm die Kugeln um die Ohren flögen und die Kanonen donnerten; er erlebe »Wollust sogar im Schmerz«.[13] Ein solches Gefühl war dem von Jünger beschriebenen verwandt, ebenso die Suche nach Läuterung durch Leiden, das erst zur wahren Männlichkeit führte. Wie schon erwähnt, war die Ansicht, daß wahre Männlichkeit sich in den Dienst einer höheren Sache stellen müsse, allgegenwärtig. Der Opfergedanke kam zu den mittlerweile klar umrissenen männlichen Tugenden hinzu.

Menschen mit christlicher Prägung – wie Owen und Sassoon – mögen Opfer und Läuterung durch den Krieg als Analogie zum Opfertod Christi empfunden haben; diese Vorstellung manifestierte sich vor allem in der Art und Weise, wie man die Gefallenen ehrte.[14] Dabei glaubte Owen weniger an das Opfer für die Nation denn an das reine »christliche« Opfer. Die Kreuze und Kapellen auf den Militärfriedhöfen symbolisierten den christlichen Glauben an eine Auferstehung der Toten, und die dicht an dicht stehenden Gräber gemahnten an die Kameradschaft im Krieg. »Der Tod hat seine Bedeutung verloren, und der Wille zum Leben liegt nunmehr in der Obhut unserer Nation.«[15]

Dieses Männlichkeitsbild war nur die alte Maskulinität in anderem Gewand, und tatsächlich betrachteten nicht wenige, die zu Hause geblieben waren, den Krieg als probates Instrument in ihrem fortgesetzten Kampf gegen die körperliche und moralische Degeneration, einem Kampf, der, wie wir gesehen haben, im Fin de siècle begonnen hatte. So waren einige Ärzte der Ansicht, daß erst der Krieg hier den Sieg verheißen könne. Über den sogenannten medizinischen Optimismus in Deutschland während der Mobilmachung hat Paul Weindling eine Studie vorgelegt. Man hielt den Militärdienst für gesünder als das städtische Leben, und man unterzog auch den Konsum von Alkohol und Tabak (traditionelle Ursachen von Degeneration) strengen Kontrollen, weil diese Gifte angeblich die militärische Effizienz bedrohten.[16] Den Krieg empfand man als therapeutisch, obwohl auch die Besten und Durchtrainiertesten zuhauf getötet wurden. Die dadurch entstandene Lücke konnte, so glaubte man, leicht geschlossen werden, wenn die Überlebenden, gestärkt und gereinigt durch die Schlacht, mehr Kinder zeugten. In der Zwischenzeit hätte die siegreiche Nation zusätzliches Territorium gewonnen, um dem Volk dort Raum und Arbeit zu bieten.[17]

Die Rassenhygieniker in Deutschland gaben sich diesen Träumen hin, aber nicht nur dort. In Frankreich versicherte Henry de Montherlant, daß Krieg und Sport, mit ihrer Kameradschaft unter Männern, das Gegenmittel zur Degeneration darstellten.[18] Drieu La Rochelle, Kriegsveteran, Schriftsteller und Essayist (später wurde er Faschist und Kollaborateur), vertrat die Ansicht, wenn man allen Formen des Krieges ein Ende setze, schwäche man den »élan vital« des Mannes und verdamme ihn zur Dekadenz.[19] Die europäische Rechte kämpfte nach dem Krieg weiter gegen die Degeneration an und hielt den Krieg als Purgatorium in Ehren. Diese Sicht der Dinge, die schließlich vom europäischen Faschismus systematisiert wurde, war mehr oder minder in allen Bevölkerungsschichten verbreitet.

Schon schwieriger ist es, den Abenteurergeist, der auch bei einigen Soldaten während des Krieges geherrscht hatte, einzufangen. Er hatte sich, seit es die moderne Maskulinität gab, in mancherlei Form geäußert, ob das nun die Erforschung neuer Länder war oder die Erschaffung und Erhaltung von Imperien. Dieser

Abenteurergeist war oft nur unterschwellig da, nicht immer deutlich ausgeprägt. Die Literatur über tollkühne Abenteurer war stets kompromißlos maskulin gewesen und sollte das auch bleiben, trotz der Leistungen von Forscherinnen oder gar Pionierinnen des Britischen Empire – wie beispielsweise Gertrude Bell in Arabien. Vor und nach dem Krieg wuchsen viele Jungen, nicht Mädchen, mit Abenteuergeschichten aus dem 19. Jahrhundert auf, die wie jene von G. A. Henty in England oder Karl May in Deutschland nicht unbedingt kriegerisch waren. Häufiger herrschte in ihnen das Ideal der Ritterlichkeit vor.[20] Abenteuergeist und Männlichkeit hielt man für so gut wie identisch.

Bemerkenswerterweise ist der Abenteuergeist eine Eigenschaft, die alle wahren Männer besitzen mußten, die indes selten zu den sogenannten maskulinen Tugenden gezählt wurde. Dabei hielt Jünger den Ersten Weltkrieg zweifelsohne für eine Männlichkeitsprüfung – und für ein Abenteuer. Ein weiterer rechtsgerichteter deutscher Autor schrieb über den Krieg: »Größe entsteht aus der Gefahr, während das Alltagsleben etwas Erstickendes hat.«[21] Der beliebte Schriftsteller Saki (Hector Hugh Munro), um ein britisches Beispiel zu nennen, benutzte für gewöhnlich Wörter wie »Erregung« und »Romantik«, wenn er über den Krieg schrieb. Er schloß sich voller Begeisterung den Streitkräften an, und obwohl von dieser Begeisterung am Ende seines Lebens nicht mehr viel übrig war, fanden seine Kriegserzählungen nach seinem Tod ein größeres Publikum als zu seinen Lebzeiten.[22]

»Erregung« und »Abenteuer« – sie verschmelzen in nicht wenigen Werken miteinander. Sogar Erich Maria Remarques *Im Westen nichts Neues* weist, trotz seiner drastischen Beschreibungen der Kriegsschrecken, Elemente einer guten Abenteuergeschichte auf, was zu seiner Beliebtheit durchaus beigetragen haben mag. Die beiden jungen Soldaten, die zentralen Charaktere des Romans, sind einerseits betäubt vom Entsetzen, das sie umgibt, andererseits schlagen sie ständig über die Stränge und beteiligen sich auch an etwas, was man als Schulbubenstreiche bezeichnen könnte. Die fesselnde Art und Weise, in der diese »Abenteuer« –

bei allem Realismus – erzählt werden, führte sogar eine linksgerichtete Zeitung (*Die Weltbühne*) dazu, das Buch als »pazifistische Kriegspropaganda« zu bezeichnen.[23]

Der männliche Abenteuergeist kommt auch in dem Buch *The Seven Pillars of Wisdom* (Die sieben Säulen der Weisheit, 1926) von T. E. Lawrence deutlich zum Ausdruck, das nicht in den Schützengräben spielt, sondern in der Weite Arabiens, als England während des Ersten Weltkriegs mit den Türken aneinandergeriet. Die Protagonisten, ob Araber oder Engländer, sind wahre Männer – tapfer, unerschrocken und mitten in einem großen Abenteuer. Nicht zuletzt deshalb war das Buch in der Zwischenkriegszeit unter englischen Schuljungen Pflichtlektüre. Die krude Wirklichkeit des Krieges hatte die Verbindung von Krieg und Abenteuer größtenteils gelockert, aber nach 1918 wurde sie wieder gefestigt. Viele, die für den Krieg zu jung gewesen waren, empfanden beim Lesen entsprechender Geschichten, beim Betrachten von Bilderbüchern, die aller Kriegsschrecken entledigt waren, großes Bedauern darüber, daß sie dieses gewaltige Abenteuer, in dem sie ihre Männlichkeit hätten erproben können, verpaßt hatten.

Gleichwohl hing dieser Abenteuergeist allein von der Willenskraft – der maskulinen Tugend par excellence – ab. Viele der Kriegserzählungen handeln in erster Linie vom Mut, von eiserner Hingabe an die Pflicht – mit einem gewissen »abenteuerlichen« Einschlag. Die »klassische« Maskulinität machte sich den Abenteuergeist zunutze: Sobald der Krieg begonnen hatte, appellierten die Regierungen in Rekrutierungsplakaten an ihn – und die Freiwilligen, die begierig waren, ihrem Land zu dienen, saßen dieser Propaganda auf.

Obwohl Maskulinität seit der Französischen Revolution und den Napoleonischen Kriegen mit Soldatentum assoziiert wurde, sollte der Erste Weltkrieg einige ihrer an sich nicht kriegerischen Aspekte noch akzentuieren, bei denen es sich aber – wie bei Willenskraft, Härte oder Ausdauer – um Eigenschaften handelte, die die Gesellschaft auch in Friedenszeiten zu schätzen wußte.

Man darf dabei die realistische Seite des Ganzen nicht vergessen: Frontsoldaten mußten zäh sein, sie mußten über Willenskraft und eine gewisse Aggressivität verfügen, um den Schützengrabenkampf zu überleben.

Der Krieg war eine ungleich härtere Schule als der Sport oder das Duell, und wer glaubte, daß der Krieg aus Knaben Männer gemacht hatte, saß nicht unbedingt einem Irrtum auf. Siegfried Kracauer machte sich über die unverhohlene Begeisterung der Soldaten lustig, auf die er stieß, als er sich freiwillig zum Kriegsdienst meldete: »Ich halte soviel Gesundheit für anstrengend.« Und doch glaubte auch er an die erzieherische Wirkung des Krieges.[24] Etwas anders verhielt es sich mit Adolf Hitler, der sich in *Mein Kampf* an Siebzehnjährige erinnerte, die in der Schlacht von Langemarck (1914) gekämpft hatten und die – als sie vom Schlachtfeld gingen – nicht mehr jung aussahen, sondern wie wahre Männer.[25] Tatsächlich hatte die Kriegserfahrung Hitler sozusagen »gestählt«. Doch im Gegensatz zu Kracauer, dem Linksliberalen, erhob Hitler diese Erfahrung sofort zu einem politischen Prinzip: zu einem Schlachtruf gegen alle Feinde, einer Berufung zur Eroberung.

Wie auch immer die Realität jenseits des Kriegsmythos ausgesehen haben mochte, es herrschte allgemein das Gefühl vor, daß eine neue Art Mann aus den Schützengräben auferstanden sei. Jünger gab den Ton an mit seiner neuen Männerrasse, die der Krieg hervorgebracht habe: Männer aus Stahl, voller Energie, bereit zur Schlacht. Bezeichnend schon ihr äußeres Erscheinungsbild: geschmeidige, magere, muskulöse Körper, eindrucksvolle Gesichter mit Augen, die Tausende von Toten gesehen hatten.[26] Der Maler Fritz Erler bannte 1917 einen solchen Mann auf ein Kriegsanleihenplakat (Abbildung 6.1). Wir sehen einen Soldaten im Kampfanzug, hinter ihm Stacheldraht; eine Gasmaske hängt vor seiner Brust, und zwei Granaten stecken in seiner Munitionstasche; er macht sich bereit für den Sturmangriff. Der Fokus des Bildes liegt auf seinem Gesicht. Dieses Gesicht ist geschwärzt vom Dreck der Schlacht, aber die Augen leuchten: sie

6.1 *»Helft uns siegen!«* 1917 von Fritz Erler entworfenes Plakat für die deutsche Kriegsanleihe.

sprechen von Erfahrungen, die hart gemacht haben. So sah – für Erler – ein »wahrhaft deutsches Gesicht aus«.[27] Der sogenannte neue Soldatentyp sollte von den Nazis nach Kräften verbreitet werden. Werner Pichts *Der soldatische Mensch* zeichnete 1940, während des Zweiten Weltkriegs, den speziell deutschen Typus, der weit über den angeblich niedrigeren Formen der Männlichkeit stand, wie dem englischen Gentleman oder dem französischen Ideal, das noch aus der Revolution stammen sollte. Natürlich verlegte Picht die Ursprünge dieses »neuen deutschen Typus« in das Zeitalter Friedrichs des Großen, tatsächlich aber beschrieb er einen Kämpfer aus dem Ersten Weltkrieg.[28]

Die vielleicht eindrücklichste Inkarnation jenes »neuen Mannes« fand sich nicht auf dem Boden, sondern am Himmel: es war der Jagdflieger, den man vor dem Ersten Weltkrieg noch nicht gekannt hatte. Er wurde zum Objekt romantischer Sehnsucht, in ihm bündelte sich der Abenteuergeist, und gleichzeitig beschwor er Erinnerungen an ritterliche Schlachten herauf, an eine zivilisierte Art der Kriegsführung, die in den Schützengräben bedauerlicherweise fehlte. Jagdflugzeuge flogen im Einzelkampf gegen den Gegner an, und wenn ein Feind abgeschossen wurde, begegnete man ihm mit Respekt: gefangene Piloten wurden in der Offiziersmesse bewirtet, und bisweilen wurde ein Kranz hinter den feindlichen Linien abgeworfen, um einen Gefallenen zu ehren. Die »Ritter des Himmels« in ihren fliegenden Maschinen gehörten einer neuen Rasse von Männern an, und gleichzeitig verkörperten sie die Traditionen männlicher Ehre und Ritterlichkeit.[29]

Daß sie am Himmel kämpften, »in der Zeitlosigkeit«, verlieh ihnen eine ganz besondere Aura; sie waren die »Raummenschen«, wie es in einer Erzählung heißt, und sogar noch nach dem Zweiten Weltkrieg bekommen wir zu hören, die Jagdflieger seien wie die Götter und Helden der germanischen Sagen, die den Krieg im Himmel ausgetragen hätten, die modernen Kampfpiloten seien Götter aus Fleisch und Blut.[30] Diese »himmlischen« Kriegshelden wurden als Inbegriff wahrer, augenfälliger Männlichkeit und ihrer Tugenden dargestellt. Oswald Boelcke, Deutschlands berühmtestes Flieger-As während des Ersten Weltkriegs, der im Kampf starb, sei, so hieß es, von »harmonischer Schönheit« gewesen, dazu einfach und bescheiden und habe dabei seine eigene Stärke stets zu zügeln vermocht – ein interessantes Echo der »stillen Größe« à la Winckelmann. Solch ein Held mußte natürlich auch ein Ausbund von Ritterlichkeit sein: »Oswald Boelcke schießt nicht auf Wehrlose.«[31]

Daß die Maschinen der Piloten auf dem neuesten Stand der Technik waren, trug zur Mythenbildung noch bei, obwohl das Männlichkeitsbild umgehend spiritualisiert wurde: ein 1936 veröffentlichtes Buch listete auf, was erforderlich sei, um ein guter Pilot zu werden, und verlieh der Überzeugung Ausdruck, daß das Flugzeug nicht nur ein technologisches Produkt darstelle, sondern Teil der Seele des Fliegers sei, ebenso wie ein Reiter eins sei mit seinem Pferd.[32] In diesem neuen Helden waren die Eigenschaften des soldatischen Ideals noch überhöht – es schien, als könne er die Gefahren der Moderne bannen.

Die meisten in diesem Kapitel zitierten Beispiele stammen aus Deutschland, wo der neue Soldatentypus die stärkste politische Wirkung ausübte – die politische Rechte sollte ihn sich bald einverleiben. Auch in Italien wurde der »soldatische Mann« nicht lange nach dem Krieg ein faschistisches Ideal.[33] Aber sogar in England sind die »soldatischen Männer« auf einigen Kriegsdenkmälern verewigt, ohne daß sich ein vergleichbarer »Soldatentypus« herausgebildet hätte. Tait McKenzie, dem Bildhauer mehrerer solcher Denkmäler, kam es einfach darauf an, die »Kraft, Schönheit und Virilität« jener Jünglinge zu vermitteln. Wieder einmal ist das Äußere die Entsprechung eines idealen »männlichen« Inneren.[34] Diese Jünglinge, von denen doch die Zukunft Englands abhing, blickten wach, heiter und leicht spöttisch ins Leben, wie auf dem Cambridge War Monument.[35] Der deutsche »soldatische Mann« als wahrer Erbe der Kriegserfahrung kam dagegen Jüngers Beschreibung nahe: todernst, einsatzfreudig, kraftvoll und diszipliniert.

Wie er so in den Frieden marschierte, hatte der deutsche Soldatentypus etwas ganz und gar Unbarmherziges und Unerschrockenes an sich. Im Felde unbesiegt, hatte er, so sah es jedenfalls aus, einen ungerechten Frieden hinnehmen müssen. Genau dies aber sollte den Nationalsozialisten den Weg zur Macht ebnen. Wie wir noch sehen werden, wurde nicht von ungefähr der aggressive und zugleich disziplinierte idealisierte männliche Körper zu einem der wichtigsten Symbole des Nationalsozialismus. Der Faschismus in Italien setzte seine Hoffnungen ebenfalls auf eine solche »Erwekkung« der Maskulinität. Auf der einen Seite eine »gemäßigte Maskulinität«, die eine Gesellschaft symbolisierte, welche Mäßigung, Harmonie und stille Größe schätzte. Auf der anderen Seite eine übersteigerte Maskulinität, in der sich die Sehnsucht nach der Erneuerung einer depravierten Gesellschaft und Nation niederschlug.

II

Vor dem Krieg und sogar im Laufe des Krieges war jedoch ein anderes und recht unterschiedliches Ideal der Männlichkeit zum Vorschein gekommen, welches das Bild des Kriegers und auch das bürgerlich-maskuline Ideal kurzfristig ins Wanken zu bringen schien. Zu denen, die das überkommene männliche Stereotyp vehement ablehnten, gehörte zum Beispiel Leonhard Frank. Der Held seines Romans *Der Mensch ist gut* (1918) ist ein Pazifist, der Gewalt ablehnt, eine friedliche Revolte gegen den Krieg führt und die Solidarität aller Menschen beschwört. Wie Frank, der sich vom Glauben an die individuelle Freiheit und von philanthropischen Tendenzen leiten ließ, schlossen sich die vom Krieg Desillusionierten linksgerichteten Bewegungen an, und als Sozialisten lehnten sie nicht nur den Krieg ab, sondern stellten auch die Männlichkeit in Frage, die ihm den Boden bereitet hatte. Der Schriftsteller Ernst Toller, der sich einst begeistert als Freiwilliger gemeldet hatte, weil er an die deutsche Sache glaubte, mußte die

Sinnlosigkeit des Todes an der Front erkennen. Ihm dämmerte, daß jeder Mensch einen Wert an sich besaß. Freilich war die Voraussetzung für die erhoffte Einheit der Menschen ein radikaler Wechsel des gesellschaftlichen Systems.[36] Toller wurde zum Sozialisten, propagierte das Ideal einer »neuen Menschheit« und gehörte zu den Begründern der Münchner Räterepublik, in der er, wiewohl Pazifist, der Oberkommandierende der Armee war. So bildete die sozialistische Vorstellung von einem »neuen Mann« einen Gegenpol zur Maskulinität, wie wir sie kennen: sie gründete auf Solidarität, auf Gewaltverzicht und auf Ablehnung des Nationalismus als Ideal, das den modernen Mann läuterte. Dieser neue Mann konnte indes erst jenseits der bürgerlichen Gesellschaft Wirklichkeit werden; ein sozialistisches Gemeinwesen würde eine neue, radikal veränderte Männlichkeit hervorbringen. »Männlichkeit« würde der »Menschheit« untergeordnet sein, einer Gemeinschaft, die die Maskulinität ihrer angestammten Eigenschaften beraubt hätte.

Max Adler, der österreichische Sozialist, liefert eine treffende Beschreibung jener neuen Maskulinität. Sein Buch *Neue Menschen. Gedanken über eine sozialistische Erziehung* (1923) zielt auf eine Verwandlung der Menschen ab, und hier hat die »Renaissance« der Jugendbewegung nichts mehr mit körperlicher oder soldatischer Erneuerung zu tun. Adlers neue Menschheit zeichnet sich durch Vernunft aus – Einsicht in die Dinge zieht Veränderung nach sich.[37] Ein rein pädagogisch-rationales Unterfangen, bei dem von Sport oder Krieg keine Rede war: ein Grund dafür, daß dem neuen sozialistischen Mann die Härte traditioneller Männer fehlte. Er wurde mit dem Geist der Aufklärung, z. B. der Kantischen Philosophie, vertraut gemacht, und gleichzeitig blieben ihm die Theorien von Marx zur klassenlosen Gesellschaft nicht unbekannt.

Solcherart baute der Marxismus auf Kant auf; der moralische Imperativ war stets gegenwärtig. Zwar stellte sich der neue Mann immer noch in den Dienst einer höheren Sache, jedoch war diese nicht mehr der Nationalismus, sondern eine menschlichere Gesellschaft.[38] Freilich war die unabdingbare Voraussetzung hierfür, daß er zuerst seinen eigenen Geist und Charakter als freies moralisches Wesen schulte. Der Bildungsbegriff, der hierauf abzielt und der uns schon bei Winckelmann begegnet ist, fand somit einen neuen Wirkungskreis; einst hatte er zum Aufstieg des Bürgertums beigetragen, nun wurde er auf dieselbe Weise auf die Arbeiter angewandt, deren Erziehung nicht dem Nützlichkeitsprinzip unterliegen, sondern dazu dienen sollte, eine künftige Gesellschaft zu begründen. Adler war nicht der einzige, der solche Pläne hatte. Max Koref, der Führer der oberösterreichischen Sozialisten, schrieb, daß der neue Mann als Vorbote einer neuen Menschheit von humanistischen Gedanken durchdrungen sein müsse – ein guter Mann, aufrecht und frei.[39]

Dieses Ideal der Maskulinität war ein radikal anderes als das Bild des Kriegers, das so lange Konjunktur gehabt hatte. Es sprach dem Mann seine Überlegenheit ab und ging von einer Gleichheit zwischen den Geschlechtern aus. Adler machte keinen Unterschied zwischen typisch männlichen und weiblichen Eigenschaften. Männer und Frauen sollten die sozialistische Gesellschaft der Zukunft aufbauen; beide hatten zu ebendiesem Zwecke dieselbe Erziehung zu erhalten. Kluge Frauen waren genauso gefragt wie kluge Männer. Tatsächlich glaubten diese österreichischen Sozialisten, daß die kurzgeschnittenen Haare einer Frau – der sogenannte Bubikopf, den man andernorts als Anzeichen einer pervertierten Weiblichkeit wertete – für ihre Unabhängigkeit sprach.[40] Frauen galten weder als minderbemittelt, noch glaubte man, daß ihr »hysterisches« Temperament sie davon abhalte, im öffentlichen Leben eine Rolle zu spielen – diese Vorurteile waren, wie wir gesehen haben, ansonsten unter Männern weit verbreitet. Hingegen machte die sozialistische Vision vom neuen Mann keine strikte Geschlechtertrennung erforderlich, nur damit sich die Männer ihrer Maskulinität gewiß sein konnten.

Endlich also eine Alternative zu der Männlichkeit, die wir schon lang und breit erörtert haben? Freilich teilten die Sozialisten mit jenen, die der überlieferten Form von Maskulinität anhingen, das Ideal moralischer Einheit; beide glaubten, daß allgemeingültige Verhaltensnormen entscheidende Attribute der Maskulinität seien. Der signifikante Unterschied lag in der Einstellung zur politischen Moral, in der Wertung von Aggression und Gewalt. Dabei maßen die zitierten österreichischen Sozialisten der äußeren Erscheinung in aller Regel keinen Wert bei: die Ästhetik der Maskulinität, die für die Konstruktion des männlichen Stereotyps so wichtig war, beschäftigte sie kaum, weder in der Theorie noch in der Praxis.

Max Adler und seine Gesinnungsgenossen blendeten erfolgreich die Probleme aus, denen die meisten anderen Sozialisten gegenüberstanden bei ihren Versuchen, einen neuen Mann zu schaffen, der die Gesellschaft ihrer Träume, einen Zusammenschluß von Gleichgesinnten, aus der Taufe heben konnte. Sahen diese sich doch als Gruppe mit einer sozialen und politischen Realität konfrontiert, die direkte Auswirkungen auf ihre Vorstellung von einer neuen Maskulinität hatte. Revolutionen und Gegenrevolutionen begleiteten nach dem Ersten Weltkrieg den Übergang vom Krieg zum Frieden, und die neugegründete Sowjetunion erklärte sich selbst zum Repräsentanten einer neuen Zivilisation: als sozialistische Gesellschaft der Tat. Konnte der Einsatz von Gewalt in dieser zerrissenen Welt wirklich abgelehnt werden? Rief der fortdauernde Klassenkampf nicht dieselben männlichen Eigenschaften auf den Plan, die den Nationen während des Ersten Weltkriegs zustatten gekommen waren? Und was vielleicht noch wichtiger war, weil es so viele der Parteimitglieder betraf: konnten die Kriegserfahrungen, die ihr Leben doch weithin geprägt hatten, im Namen des Antimilitarismus, im Namen eines moralischen Imperativs ignoriert oder verurteilt werden? Angesichts der düsteren Realität stand Adler mit seiner Botschaft allein auf weiter Flur, und seine sozialistischen Kollegen machten sich immer mehr die normative Maskulinität zu eigen.

Die deutschen Sozialdemokraten hatten an der Gründung der Weimarer Republik entscheidend mitgewirkt und mußten sich nun gegen die Kommunisten und die politische Rechte verteidigen. In der Organisation, die sie 1924 zu diesem Zweck gegründet hatten, dem »Reichsbanner Schwarz-Rot-Gold«, das die Farben der Republik auf seine Fahne setzte, spiegelt sich der Konflikt zwischen pazifistischen Idealen, humanistischen Neigungen und politischer Notwendigkeit wider.[41] Das Reichsbanner war militärisch organisiert; es sollte die Kriegserfahrungen zum Nutzen der geplagten Republik umsetzen. Paul Löbe, der sozialdemokratische Präsident des Reichstags, rechtfertigte sich: daß die Partei sich militaristisch gab, sei eine politische Notwendigkeit, nicht nur um die Republik zu verteidigen, sondern auch um die Jugend der sozialdemokratischen Sache näher zu bringen.[42] Damit räumt er überraschenderweise ein, wie sehr die Jugend noch vom Krieg fasziniert sein mochte. Dennoch war es Mitgliedern des Reichsbanners verboten, wie Soldaten zu marschieren, und wenn sie schon Soldatenlieder singen mußten, dann doch zumindest keine offen aggressiven. Außerdem war das Zurschaustellen militärischer Auszeichnungen aus dem Ersten Weltkrieg zwar nicht explizit verboten, wurde aber mißbilligt. Als jedoch 1930 das Reichsbanner besondere, militärisch organisierte Stoßtrupps einrichtete, um der Republik unter den damaligen bürgerkriegsähnlichen Bedingungen beizuspringen, ersetzte die Bezeichnung »Truppenführer« bald den »Truppenleiter«. Vor allem letzteres zeigt die Ambivalenz der Sozialdemokratie in bezug auf Militarismus und den Kriegertypus.

1923 gründeten die österreichischen Sozialisten den republikanischen Schutzbund, um die Republik Österreich vor dem Ansturm der politischen Rechten zu schützen, aber auch um die Arbeiter vor ihren Feinden abzuschirmen. Im Schutzbund tobten anfangs ähnliche Debatten wie im Reichsbanner, wenn auch unter anderen, unmittelbareren Vorzeichen. Schien doch die Republik hier auf einen Bürgerkrieg hinzutreiben. Sollte der Schutzbund sich selbst als Guerilla konstituieren, bei der persönliche Initiative und individuelles Urteil zählten, oder lieber als militärisch straff organisierte Miliz? Die Befürworter einer Militarisierung sollten die Oberhand gewinnen: der Schutzbund wurde zu einer paramilitärischen Formation, in der Gehorsam demokratische Diskussionen ersetzte und in der die Befehlskette klar vorgezeichnet war.[43]

Dieser Schutzbund war bisweilen stärker als die österreichische Armee selbst; er zählte zu seinen besten Zeiten ungefähr 8000 Mitglieder.[44] Doch als der Bürgerkrieg im Februar 1934 ausbrach, dauerte sein Widerstand nur wenige Tage an, und er wurde von der österreichischen Armee und den rechtsgerichteten Milizen (der Heimwehr) mühelos besiegt. Hatte der Schutzbund doch einen rein defensiven Kampf geführt und nicht selbst die Initiative ergriffen; auch löste sich seine Befehlsstruktur auf.[45] Vielleicht zeigt diese Niederlage auch die innere Gespaltenheit, was militärische Strukturen betraf, nicht umsonst hatte man in der Partei gefürchtet, Schutzbundsoldaten könnten in militärische Arroganz und eine Prätorianermentalität verfallen.[46] So war die einzige sozialistische Miliz, die zwischen den Weltkriegen tatsächlich in eine militärische Auseinandersetzung geriet, aufgrund derselben Ideale benachteiligt, die es den deutschen Sozialdemokraten so schwermachten, sich ihren rechtsgerichteten Gegnern mutig in den Weg zu stellen.

Die Ansicht österreichischer Sozialisten wie Max Adler, daß sich der Wille zur Macht – im Sinne der Tradition von Schiller und Kant – mit Wissen und Ethik vereinen müsse, erfreute sich auch bei den deutschen Sozialdemokraten einer gewissen Beliebtheit. Auch hier ging zumindest theoretisch die Emanzipation des einzelnen der Emanzipation des Volkes voraus.[47] Doch solche Ideale wurden ausgehöhlt, nicht nur von der Notwendigkeit, Organisationen wie das Reichsbanner oder den Schutzbund zu bilden und die Parteidisziplin aufrechtzuerhalten, sondern auch von der Übernahme einer maskulinen Ästhetik. Und die sozialistische Einstellung gegenüber Frauen blieb im wesentlichen eine konservative, auch wenn deren Emanzipation proklamiert wurde. Natürlich war es durchaus zweckmäßig, auf bürgerliche Standpunkte zurückzugreifen, um gesellschaftliche Probleme zu lösen, die die Arbeiterklasse betrafen: so ging die Ästhetik der Maskulinität mit der Sorge um die Gesundheit der Arbeiter Hand in Hand, und – was vielleicht noch wichtiger war – sie diente als Gegenbild zu klassischen Darstellungen des Arbeiters, der in Dunkelheit, Schmutz und Chaos sein Dasein fristete. Sahen doch die Sozialisten selbst ihre Zukunftshoffnungen wie einen Weg von der Dunkelheit ins Sonnenlicht.[48] Diese Lichtmetaphorik wurde häufig auf sozialistischen Plakaten oder auf Postkarten eingesetzt, die die idealisierte Figur eines Arbeiters zeigten (siehe Abbildung 6.2). Er strahlte eine männliche Stärke aus, die zwar offensichtlich auf seiner Arbeitskraft gründete, aber auch der Ästhetik der modernen Maskulinität Tribut zollte.

Die Sportbewegung der Arbeiter schenkte, was nicht weiter überrascht, dem männlichen Körper fast dieselbe Aufmerksamkeit wie die bürgerlichen Turnbewegungen. Die Gymnastik, so lesen wir vor dem Ersten Weltkrieg in einem Aufruf an junge deutsche Arbeiter, schafft einen gesunden Körper und weckt die Sehnsucht nach dem Edlen und Schönen.[49] Nach dem Krieg hören wir ähnliche Töne über den sportgestählten maskulinen Körper, über die Bedeutung einer guten Konstitution.[50] Der Regisseur des Films, der im Rahmen der ersten deutschen Arbeiterolympiade 1925 entstand, drehte im selben Jahr *Wege zu Kraft und Schönheit*, der die Stärke und Schönheit des männlichen Körpers auf einem römischen Sportfeld in Szene setzt.[51] Und nicht wenige Postkarten und Plakate zeigten wunderschöne Arbeiter, obwohl der männliche Körper in der Arbeiterbewegung niemals die wichtige symbolische Rolle spielte, die er ansonsten in der Gesellschaft innehatte. So stellt ein Wahlplakat der Sozialdemokraten in der Weimarer Republik einen halbnackten Arbeiter dar, der Nazis und Kommunisten zur Seite schiebt, jedoch wird seine Stärke, nicht seine Schönheit betont (Abbildung 6.2).

Trotzdem wurden junge Sozialisten aufgerufen, den Körper neu zu entdecken und zu schulen. Die Zeitschrift *Arbeiter-Jugend*, die zum rechten Flügel der sozialistischen Bewegung gehörte, räumte der körperlichen Ertüchtigung sogar oberste Priorität ein; sie ließ ihre Leser 1925 wissen, wie wundervoll es sei, daß

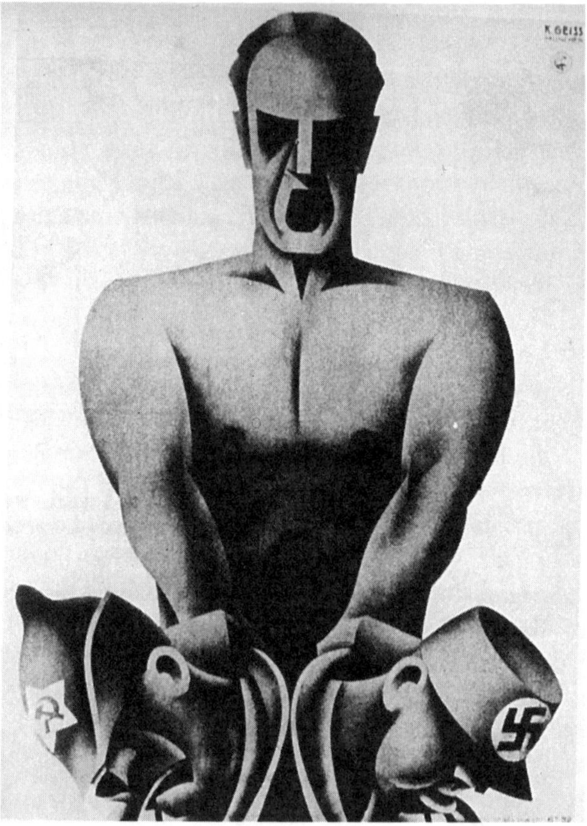

6.2 SPD-Plakat zur Parlamentswahl am 6. November 1932, das gegen Nazis und Kommunisten zu Felde zog: »Diese beiden tragen die Verantwortung für den Altherrenclub, der unsere Regierung bildet.« (Beth Lewis und Peter Paret: *Persuasive Images* [Princeton: Princeton University Press, 1992]. Mit freundlicher Genehmigung. Original in den Hoover Institution Archives, Poster Collection, GEXXX.)

die Menschheit, die verzärtelt und zügellos geworden sei ... wieder einmal beginne, den Wert von Schönheit und körperlicher Stärke zu entdecken.[52] Der Gegensatz von Schwäche und Zügellosigkeit einerseits und dem starken und schönen Körper andererseits ist uns schon seit langem als Gemeinplatz vertraut. Wenn die traditionelle Maskulinität von der sozialistischen Bewegung auch nicht bekräftigt wurde, so existierte sie doch unter deren Oberfläche.

Auch die sozialistische Jugend sollte Körper und Geist trainieren und wissen, was männliche Schönheit ausmache. Turnübungen als Zweig der Arbeitersportbewegung schienen auch hier ihre angestammten Zwecke zu erfüllen, nur sollten die Mannschaftssportarten sie bald weit an Beliebtheit übertreffen. Hatte Ernst Fischer, Kulturredakteur der österreichischen *Arbeiter-Zeitung*, recht, als er 1931 alle Elemente der kapitalistischen Ideologie im Arbeitersport vertreten sah: Heldentum, Disziplin und Einordnung in die Gruppe? Wo war dann Raum für einen »neuen Mann« in dieser mit Abstand beliebtesten Organisation der Arbeiterklasse?[53]

Dennoch war bei den Arbeitern zwischen den Weltkriegen Konkurrenzgebaren im Sport als Relikt des Kapitalismus – im Gegensatz zur sozialistischen Solidarität – verpönt. So ist in einem Programm für ein Arbeitersportfest zu lesen, daß der Sport zu einem Gemeinschaftsgefühl und zum Respekt für alle Menschen verhelfen könne.[54] Die Arbeiterbewegung versuchte, der Erziehung genügend Raum zu lassen, die den neuen Mann à la Adler erschaffen würde, so wie das Reichsbanner den Militarismus im Namen eines solidarischen Geistes entschärfen wollte.

Freilich führte diese Einstellung, die sich deutlich von der des Bürgers abhob, nicht unbedingt zu einer neuen Moral. Auch bei den Sozialisten wurde die Familie hochgehalten, sexuelle Freizügigkeit mißbilligt, selbst wenn Scheidungen erlaubt waren. Zu einem anständigen Verhalten gehörten hier wie dort Fleiß, Nüchternheit, Ordnungssinn – und das alles mit dem Ziel eines geregelten Familienlebens.[55] Ein gut geführter, friedlicher und sauberer Haushalt war ein Zeichen von Ehrbarkeit, nicht nur bei der Wiener »Arbeiteraristokratie«, sondern auch bei der gesamten Arbeiterklasse, und ähnliches läßt sich auch für England sagen.[56] Ob man damit nur das Bürgertum nachzuahmen suchte, nicht in eine primitive Existenz abrutschen wollte oder sich einfach nach Sicherheit sehnte, ist hier nicht weiter von Belang. Doch können wir vermuten, daß dieser Lebensstil auch gewisse normative Vorstellungen von Männlichkeit beinhaltete.

Die Trennung der Geschlechter wurde nach wie vor aufrechterhalten, trotz Frauenemanzipation oder Bubikopf. Nicht wenige sozialistische Parteimitglieder vertraten die Ansicht, daß Mädchen vor allem lernen müßten, zu stricken und Socken zu stopfen, und die Arbeitereltern hielten es auch so. Ungeachtet aller Gleichberechtigung oder Ausbildungsbestrebungen nahm das Patriarchat keinen nennenswerten Schaden. Wie Otto Bauer, ein Kollege von Adler in der Führungsriege der österreichischen Sozialisten, es formulierte, sollte die Ehefrau den Frieden, die Privatsphäre und das Wohlbefinden ihres Ehemannes im gemeinsamen Heim sicherstellen.[57] Auch wenn die Konturen der traditionellen Maskulinität bei den Sozialisten vielleicht gemildert wurden, blieb der neue Mann à la Adler noch in weiter Ferne.

Die Kommunisten, die den Klassenkampf hochhielten – er wurde nicht wie bei den Sozialdemokraten durch die Verpflichtung gegenüber der parlamentarischen Demokratie »verwässert« –, traten für eine aggressive, kraftvolle Maskulinität ein. (Dies hätte anders sein können, wenn die Sowjetunion ihre moralischen Experimente fortgeführt hätte, wie wir noch sehen werden.) Der kommunistische Schriftsteller und Filmemacher Béla Balázs, ein ehemaliges Mitglied des ungarischen Arbeiterrates, der nun im deutschen Exil lebte, läßt uns 1929 wissen, daß ein wahrer Mann genau weiß, was er will, dafür im Kampf eintritt und seinen Standpunkt vertritt, ohne mit der Wimper zu zukken.[58] Der pseudomilitärische kommunistische Rote Frontkämpferbund, der 1924 in Deutschland gegründet wurde, wählte als Symbol eine geballte Faust. Hier wurde Adlers neuer sozialistischer Mann zugunsten einer entschieden militanten Maskulinität aufgegeben, die mit dem Bürgertum abrechnen würde, einer Klasse, von der die Kommunisten glaubten, sie sei bereits im Abstieg begriffen.

Im Roten Frontkämpferbund war nichts von der Ambivalenz, die das sozialdemokratische Reichsbanner quälte, zu spüren. Diese Stoßtruppe bedauerte zwar die Notwendigkeit, den Feind töten zu müssen, erklärte dies jedoch für unumgänglich; Blut müsse vergossen werden, einschließlich des eigenen, damit das Proletariat schließlich den Sieg davontrage. Hermann Remmle, eines der am längsten amtierenden Mitglieder des Zentralkomitees der deutschen kommunistischen Partei, ließ verlauten, der Unterschied zwischen dem gerade zu Ende gegangenen Weltkrieg und dem fortwährenden Klassenkampf sei der, daß letzterer ein revolutionärer und kein gegenrevolutionärer Krieg sei.[59] Gleichwohl war es ein Krieg – einer, in dem ein militanter Krieger den sanften sozialistischen Mann ersetzte. Nicht nur der deutsche, auch der französische Kommunist sollte aggressive Virilität ausstrahlen.[60]

Der neue kommunistische Mann – nicht so sehr ein Produkt seiner Bildung als vielmehr des Klassenkampfes – war vor allem ein disziplinierter Kämpfer, obwohl auch gelegentlich sein Humanismus erwähnt wird.[61] Den Mann der Zukunft, der in einer sozialistischen Gesellschaft lebte, das heißt den wirklich »neuen Mann«, versuchte Trotzki in der neugegründeten Sowjetunion zu definieren. Er sei unermeßlich stark, weise und feinsinnig; sein Körper harmonisch, seine Bewegungen rhythmisch, seine Stimme melodiös.[62] Tatsächlich sah es am Anfang, das heißt während der ersten zehn Jahre des bolschewistischen Staates, so aus, als ob tatsächlich ein neuer Mann, der sich von traditionellen Vorstellungen unterschied, auftauchen würde. Die Fesseln der Moral wurden gelockert, und unverbrüchliche moralische Wahrheiten schienen nicht länger zu existieren: sie mußten aus der sozialistischen Praxis neu erwachsen.[63] Und die sozialistische Praxis, wie sie die jungen Revolutionäre 1918 – durchdrungen von neuen Werten – formulierten, mußte laut der marxistischen Theorie die gewandelte Bedeutung von Familie und Staat widerspiegeln.[64] Das bürgerliche Individuum als solches hatte aufgehört zu existieren. Die Vorstellung moralischer Reinheit, einst ein wichtiges Element des maskulinen Ideals, schien nun einiges an Strahlkraft zu verlieren, als die Religion abgeschafft, die Homosexualität nicht länger unter Strafe gestellt, wilde Ehen anerkannt, Abtreibungen legalisiert und die völlige Gleichheit der Geschlechter garantiert wurden. Kurze Zeit durfte sogar eine »Nieder-mit-der-Scham«-Bewegung existieren.[65] – Vom Ideal des keuschen Mannes war keine Rede mehr. Außerdem schien es einen Augenblick lang, als ob ein Stück der Mauer, die, wie wir gesehen haben, zwischen »Insidern« und Außenseitern bestand, eingerissen worden wäre.

Der neue Mann, der hätte auftauchen können – nicht zuletzt von Avantgarde-Dichtern inspiriert –, war auf jeden Fall nur ein Großstadtphänomen. Des weiteren war der Bruch mit der Vergangenheit bei weitem nicht so radikal, wie es den Anschein hatte;[66] die Führer der Bolschewisten waren eher konventionelle Gesellen und äußerten – wie Lenin – ihre Mißbilligung gegenüber einer freizügigen Gesellschaft sehr deutlich. Bucharin, der 1924 behauptet hatte, die kommunistische Gesellschaft würde das Verschwinden von Prostitution und Familie miterleben,[67] verurteilte ein Jahr später »dekadente« Gruppen wie »Nieder-mit-der-Scham«. Und ein alter Bolschewik schrieb über die freie Liebe, die vielerorts als Inbegriff einer neuen sozialistischen Moral galt: »Was kann dieser Theorie entgegengestellt werden? Elterliche Autorität? Es gibt keine mehr. Moralisches Empfinden? Aber die alten Moralvorstellungen sind zertrümmert und neue noch nicht in Sicht. Die alte Form der Familie wurde radikal zerstört, aber eine neue gibt es noch nicht.«[68]

Doch selbst in dieser Phase gelockerter Moralvorstellungen hatte sich der sogenannte sozialistische Mann fundamentalen Veränderungen widersetzt; er war immer noch eisern in seiner Hingabe an die gute Sache, einfach in seinen Gewohnheiten, stark, und er machte keine überflüssigen Worte.[69] Richard Stites schreibt, daß der ideale Arbeiter der zwanziger Jahre im Produktionsprozeß eine aktive, kreative Rolle spielte und sich wie ein erfahrener, wachsamer, gut ausgebildeter Krieger verhielt. Die Fabrik war sein Schlachtfeld.[70] Die sozialistische Maskulinität widmete sich ihren Belangen diszipliniert und entschlossen – selbst wenn es die Arbeit war und nicht der Krieg –, und sie näherte sich immer mehr dem Bild der normativen Männlichkeit an, anstatt eine wirkliche Alternative zu bieten. Mehr noch, letztendlich sollte just jene althergebrachte Maskulinität in der Sowjetunion den Sieg davontragen, denn mit Stalins Aufstieg zur Macht wurden moralische Reinheit und Keuschheit als Eigenschaften des wahren Arbeiters neu bekräftigt. Als Sidney und Beatrice Webb 1935 die Sowjetunion als Vorbild für England anpriesen, konnten sie guten Gewissens den dortigen »guten moralischen Grundton« als Beweis für die sozialistische Überlegenheit hervorheben. Jedwede Zügellosigkeit, schrieben sie prüde, sei der kommunistischen Ethik zuwider.[71] Einerseits galt der neue kommunistische Mann der Sowjetpropaganda nun als ruheloser Kämpfer; andererseits hatte er die Regeln des Alltagslebens verinnerlicht, die doch seit jeher »moralisch reine und schöne Männer und Frauen« hervorgebracht hatten. Die Frau wurde 1936 wieder an ihren alten Platz zurückverwiesen, als man die Abtreibung erneut unter Strafe stellte und damit stillschweigend das Scheitern der revolutionären Reformen einräumte.[72] Das große Experiment, mit dem man eine neue Moral und einen neuen Mann zu schaffen versucht hatte, schien gescheitert.

Trotzdem unterschied sich der bolschewistische Mann noch in gewisser Weise von seinem bürgerlichen Pendant. Vordergründig herrschte zwischen Mann und Frau Gleichberechtigung, die Frauen wurden anerkannt, sie waren Kameradinnen am Arbeitsplatz statt nur Helferinnen, deren Betätigungsfeld auf den Haushalt beschränkt blieb. Doch in dem Maße, wie der Staat die Zügel anzog, wurden die traditionelle Mutterrolle und die Bedeutung von Heim und Familie hervorgehoben. Lenin hatte die freie

Liebe immer schon mißbilligt (wenngleich zwischenzeitlich selber praktiziert); und es mag die traditionelle Reinheitsideologie gewesen sein, die die Kampagne gegen die Prostitution anschürte – gleich nach der Revolution wurden einige Prostituierte in Arbeitslager geschickt. So behielt man ungeachtet der Führungsrolle einiger weniger Frauen unter den Kommunisten im großen und ganzen das traditionelle Bild der Frau bei. Die folgenden Beispiele sind aus dem deutschen Raum, obwohl vermutlich auf andere Länder übertragbar. Frauen schlossen sich anfangs als Kämpferinnen dem »Roten Frontkämpferbund« an, aber bald schon hielt man ihre Anwesenheit für unangemessen. Hans Marchwitza, ein beliebter »roter« Romancier, befürchtete, Frauen würden nur vom guten Kampf ablenken, der ausgefochten werden mußte; für Willi Bredel, einen hochgelobten kommunistischen Schriftsteller, neigten Parteiaktivisten dazu, unzuverlässig zu werden, sobald sie sich mit Frauen zusammentaten.[73] Beide Männer waren überaus orthodoxe Kommunisten. Dieser Trend sollte sich trotz aller gegenteiligen Erklärungen fortsetzen – obwohl in der bolschewistischen Ikonographie die Frauen für gewöhnlich als dem Manne gleichrangig dargestellt wurden.

Diese Ambivalenz hinsichtlich der Rolle der Frau zeigt sich auch in Karl Grünbergs Buch *Brennende Ruhr* (1929), einem Roman, der von der kommunistischen Partei sehr gelobt wurde, nicht zuletzt deshalb, weil Grünberg im wirklichen Leben ein einfacher Fabrikarbeiter war. In diesem Roman spielen zwei Frauen die Hauptrollen: die Verführerin Gisela, eine »dämonische Frau«,[74] die versucht, den Helden, den Anführer eines Generalstreiks, in ihren Bann zu ziehen; die andere Frau, Mary, schließt sich dem Kampf an und weigert sich, die Niederlage hinzunehmen und zu fliehen, hat also das Zeug dazu, eine wahre Kampfgefährtin zu werden. Eine »femme fatale« wie Gisela tauchte überall in der sogenannten proletarischen Literatur auf, während Frauen à la Mary ihrer Weiblichkeit nie verlustig gehen: als Krankenschwester pflegten sie Verwundete, und als Mary einen sterbenden Gegner zum Kommunismus bekehrt, drängt sich die Analogie zur Jungfrau Maria auf. Beispielhaft sieht man hier, daß Frauen zwar am Klassenkampf teilnehmen dürfen, daß letztlich aber stets die traditionelle Weiblichkeit siegt.

Der scharfäugige, sehnige und muskulöse Mann, der – wie Frank Trommler überzeugend dargelegt hat – mit der russischen Revolution an die vorderste Front der kommunistischen Ikonographie rückte,[75] duldete keinen Rivalen neben sich. Nicht umsonst wies auch Grünbergs Held breite Schultern auf. Doch unterscheidet sich der Arbeiter, wie ihn der sowjetische Realismus darstellt, von einem Männerbild à la Winckelmann: zwar groß und stark, aber stets voll bekleidet, um die Scham nicht zu verletzen. Der nackte männliche Körper, der an die alten Griechen gemahnt, wurde zwar für den Nationalsozialismus zu einem wichtigen politischen Symbol, die Sowjets verhielten sich dagegen in dieser Hinsicht – wie wir noch sehen werden – eher zurückhaltend.[76] Das abstrakte Bild »des Arbeiters«, ob Mann oder Frau, stand im Vordergrund der bolschewistischen Ikonographie. Wie bereits angedeutet, hatten sich die kommunistischen Parteien Europas die – kurzfristige – größere Freizügigkeit der neuen Sowjetunion nie wirklich zu eigen gemacht, und sie unterstützten Stalins Rückkehr zu Kampfgeist und Strenge.

Trotz aller graduellen Unterschiede zwischen dem bolschewistischen und dem bürgerlichen Mann: Maskulinität war nach wie vor ein vorherrschendes Symbol für die Stärke, Disziplin und Vitalität der modernen Gesellschaft. Dieses Ideal, das wir schon mehrfach angesprochen haben, zeigt sich in den meisten offiziellen Darstellungen der Maskulinität, und es scheint, als ob es hierbei nur wenig Raum für Varianten gegeben hätte. Der sowjetische Realismus und die offizielle nationalsozialistische Kunst hatten auch viele herausragende Merkmale gemein: begeisterte Gebärden, hocherhobene Köpfe, offene und ehrliche Blicke. Auch in ihren Versinnbildlichungen von Willenskraft, Massivität und Stärke unterschieden sie sich nicht, und hier wie dort gehörte die Kameradschaft zu den beliebtesten Themen.[77] Daher überrascht es nicht, daß die Deutsche Demokratische Republik freudig zugriff, als sie nach dem Zweiten Weltkrieg einige Skulpturen von Arno Breker, Hitlers Lieblingsbildhauer, erbte. Breker schuf vorzugsweise nackte Jugendliche in der Tradition der alten Griechen und hatte die Nazis, wie wir noch sehen werden, mit einigen ihrer wichtigsten Symbole versorgt. Nun nutzten die Sowjets diese Figuren, um ihre Sportstadien zu schmücken,[78] auch wenn deren Nacktheit und Sinnlichkeit mit dem sozialistischen Realismus eigentlich nicht in Einklang standen. Einmal mehr erwies sich so die Multifunktionalität des maskulinen Ideals.

Die Chance, eine Alternative zur normativen Maskulinität zu schaffen, war verpaßt. Der erste sozialistische Staat hatte nicht den sozialistischen Mann à la Adler hervorgebracht, statt dessen hielt er sich mit wenigen Ausnahmen streng an eine disziplinierte Männlichkeit, die ihre wichtigsten Attribute mit dem Feind im Klassenkampf teilte. Die proletarische Literatur, die von den Massen gelesen werden sollte, spiegelte mit erstaunlicher Beständigkeit eine normative Maskulinität wider; das spricht für die Breitenwirkung des maskulinen Stereotyps, dem alternative Bilder nichts anhaben konnten.

Der »Rote Eine-Mark Roman«, der während der Weimarer Republik auf den Markt kam, war ein Versuch der kommunistischen Partei, eine dezidiert politische Literatur als Massenunterhaltung zu schaffen und die Vormachtstellung der bürgerlichen Verlage zu brechen. Johannes R. Becher, der spätere langjährige Kulturminister der Deutschen Demokratischen Republik, rief all jene, die sowohl Geist als auch breite Schultern hatten, auf, dieses Unterfangen zu unterstützen.[79] (Grünbergs Buch gehört zum Beispiel in diese Reihe.) In diesen billigen Romanen herrschte ein aggressives maskulines Vokabular vor, das körperliche Stärke, Dominanz und Sieg feierte. Natürlich war damit kein Sieg im militärischen Sinne gemeint, sondern der Sieg der Streikenden nach dem Motto: »Alle Räder stehen still, wenn dein starker Arm es will.« Hier, in diesen beliebten Druckerzeugnissen, waren Frauen wieder einmal den Männern nicht wirklich ebenbürtig; vielmehr hielten die breitschultrigen Proletarier sie in Schach.[80]

Die Feinde der kommunistischen Partei, zum Beispiel die Sozialdemokraten, galten als verweichlicht, und in der Tat glich das Feindbild in diesen Romanen dem traditionellen maskulinen Anti-Typus: schwach, bleich, alt, weibisch – mit einem Wort: »unmännlich«.[81]

Letztendlich konnte eine neue Form von Männlichkeit bei den Kommunisten oder Sozialdemokraten nie wirklich Fuß fassen, entsprechende Versuche sozialistischer Intellektueller liefen ins Leere. Die sozialistische Maskulinität war die bekannte normative Maskulinität unter einem anderen Mäntelchen. Krieger und Sozialist: sie gehören in ein und dasselbe Kapitel, weil sie allenfalls unterschiedliche Kämpfe ausfochten, aber demselben männlichen Ideal verpflichtet blieben.

Das sozialistische Ziel einer neuen humaneren Form von Maskulinität à la Adler scheint in der Praxis gescheitert zu sein – wie in der Theorie. Aber auch der Krieger, der seine Spuren in den kommunistischen und faschistischen Parteien hinterließ, sollte am Ende nicht triumphieren. Sowohl dem einen als auch dem anderen Männlichkeitsbild haftete in den Augen der meisten etwas Extremes an. So trug wieder einmal das bürgerliche Stereotyp der Maskulinität den Sieg davon – es bestimmte das Männerbild fast aller Zeitgenossen, egal welcher politischen Couleur.

7 Die »normale« Männergesellschaft

I

Dem maskulinen Ideal vermochten Kriege und Revolution nichts anzuhaben, und alle Versuche, es grundlegenden Veränderungen zu unterziehen, waren zum Scheitern verurteilt. Die moderne Maskulinität als Inbegriff dessen, was als »Anstand« galt, war ein zu wichtiges Mittel, um die moderne Gesellschaft, ob nun »bürgerlich« oder »sozialistisch«, zusammenzuhalten: seit Winckelmann symbolisierte wahre Männlichkeit einen im wesentlichen gesunden Volkskörper, und dieser Volkskörper wiederum erhob die Männlichkeit zum Ideal, mehr noch, zu seinem Garanten. An dieser Stelle, bevor wir zu der Zeit zwischen den beiden Weltkriegen kommen, in der die Maskulinität sich zu ihren höchsten Höhen aufschwang, wollen wir uns der Frage zuwenden, wie die Gesellschaft dieses Konzept von der Theorie in die Praxis umsetzte. Wir haben bislang dem Problem, wie das maskuline Stereotyp institutionalisiert wurde, relativ wenig Aufmerksamkeit geschenkt – anders gesagt, wie die Funktionsweise der Gesellschaft mit dem maskulinen Ideal verknüpft wurde. Die westliche Gesellschaft wurde immer schon von Männern dominiert, aber erst die Moderne sollte das Stereotyp der Maskulinität fest im Herzen des modernen Staates verankern.

Das maskuline Ideal hatte zwar allerlei Angriffen im Fin de siècle erfolgreich getrotzt, doch formierten sich nach dem Ersten Weltkrieg neue, als jene, die von der Gesellschaft an den Rand gedrängt wurden, ein neues Selbstbewußtsein erlangten und auf ihre Rechte zu pochen begannen, zumindest bis zum Siegeszug des Faschismus in Europa. Aber selbst in den Jahren relativer

Freiheit, das heißt vor allem den zwanziger Jahren, zeigte sich die ungebrochene Stärke des maskulinen Stereotyps unter anderem darin, daß die meisten Außenseiter danach trachteten, ihre eigene Identität mit dem überlieferten Bild von Männlichkeit in Einklang zu bringen.

Bei der Institutionalisierung des Stereotyps spielte die Erziehung eine wichtige Rolle, gleichzeitig aber wird der Einfluß vieler anderer gesellschaftlicher und politischer Faktoren deutlich. Im einzelnen zu beschreiben, wie das männliche Ideal sich in der Bevölkerung festsetzte – ob Bürgertum oder Arbeiterklasse –, würde bedeuten, eine Sozial- und Kulturgeschichte der europäischen Nationen zu verfassen. Deshalb wollen wir uns auf ein Beispiel beschränken. Wir haben bereits einige Institutionen wie das Militär und die englischen Public Schools genannt, die entscheidend dazu beitrugen, Maskulinität in der modernen Gesellschaft zu verankern. Seit dem frühen 19. Jahrhundert war eine Erziehung zur Männlichkeit Bestandteil einer weiterführenden Ausbildung in fast allen westlichen Nationen. Als das Bürgertum allmählich die Zügel der Macht an sich riß, mußte es eine nichtaristokratische Elite vorweisen, die Gesellschaft und Staat führen konnte – just jene »wahren Männer«. Wie wir gesehen haben, hing das Aufkommen des männlichen Stereotyps nicht von ungefähr mit dem Aufstieg des Bürgertums zusammen.

England war das höchstentwickelte Industrieland in Europa, und hier war auch die Erziehung zur Männlichkeit – als Herausbildung einer neuen Elite – im 19. Jahrhundert am weitesten fortgeschritten. So unterstrich eine englische Zeitschrift 1864 in einem Artikel mit dem Titel »Mens sana in corpore sano« die Bedeutung des Sports für die Schule: »Der Lebensnerv eines Landes wie England darf nicht allein von seiner (alten) Aristokratie abhängen. Eine umfassende Einheit von Körper und Geist, Ausdauer, Disziplin, Gehorsam, Zurückhaltung und ein Bewußtsein für die gestrengen Pflichten der Ritterlichkeit sollten unsere Jugend auszeichnen.«[1] Die in den dreißiger Jahren des 19. Jahrhunderts reformierten Public Schools in England boten just eine solche Ausbildung. Kapelle und Sportfeld waren jetzt Zentren des schulischen Lebens: zum einen, um die richtige Moral einzupflanzen, zum anderen, um gestählten Knabenkörpern das »Fair play« nahezubringen. Aber auch andere Organisationen verbreiteten diese Botschaft in alle Schichten der Bevölkerung. Die Pfadfinderbewegung von Robert S. S. Baden-Powell, die 1908 gegründet wurde, ist hierfür ein schlagendes Beispiel. Die militärische Erfahrung Baden-Powells aus dem Burenkrieg floß in die Lektionen ein, mit denen er aus Knaben Männer machte. (Michael Rosenthal hat seinem Buch zur Geschichte der Pfadfinderbewegung nicht zu Unrecht den Titel *The Character Factory* [Die Charakterschmiede] gegeben.) Als solche war ihr Einfluß groß und keineswegs nur auf irgendeine nationale Elite beschränkt, da entsprechende Organisationen sich in vielen Ländern etablierten.

Der militärische Aspekt – zum Beispiel Kundschafterqualitäten zu entwickeln – war bei den Pfadfindern einem ordentlichen Lebenswandel, zu dem auch eine gute Haltung und tadellose Gewohnheiten gehörten, nachgeordnet: Ein Junge, der Männer nachäffe, indem er rauche, werde, so heißt es, nie viel taugen; ein starker und gesunder Junge habe stets einen Ball zu seinen Füßen.[2] Tatsächlich stellt *Scouting for Boys* (1908), das Handbuch der Bewegung, bezeichnenderweise dem ordentlichen Jungen seinen Anti-Typus gegenüber: den Jungen, der raucht, sich krumm hält und ungepflegt aussieht, die Hände tief in den Hosentaschen vergraben hat; der Junge, der Ball spielt, steht dagegen kerzengerade da. Baden-Powell ließ seine Pfadfinder wissen, daß »ein sauberer junger Mann auf der Höhe seiner Gesundheit und Stärke die herrlichste Kreatur ist, die Gott auf dieser Erde schuf«.[3] Kein Wunder, daß Baden-Powell dachte, aus der Form eines Gesichts könne man trefflich auf den Charakter eines Mannes schließen; damit führte er eine Tradition fort, die ihre Wurzeln in Johann Kaspar Lavaters Physiognomie hatte. Der Pfadfinder war in Erscheinungsbild und moralischem Empfinden eng mit dem Jungen von der Public School verwandt, beide erhielten im wesentlichen dieselben Anleitungen zu männlicher Tugend.

Der Pfadfinder wurde auch darauf getrimmt, im Kriegsfall Befehlen blind zu gehorchen – Teil seiner Erziehung zu Gehorsam, Pflichterfüllung und Ausdauer. Aber auch Ritterlichkeit war gefragt; nicht umsonst sollte gerade sie den englischen Gentleman auszeichnen. Der Abschnitt »Männlichkeit« in *Rovering to Success* (Wanderwege zum Erfolg, 1922) beginnt mit einem Exkurs über Ritterlichkeit, der in den Satz mündet: »Sei Meister deiner selbst.« »Herzensbildung« wurde als ebenso wichtig erachtet wie Disziplin, und bisweilen sah man die Pfadfinder als Ritter an, die füreinander einstanden und sich dem Patriotismus verschrieben hatten.[4]

Bei der Gründung der Pfadfinder wurde Powell von der Idee einer spezifischen gesellschaftlichen Funktion der Maskulinität geleitet. Es hieß, er habe durch das Pfadfindertum entdeckt, wieviel Gutes es doch in Männern und Knaben gebe. Männer opferten ihre Zeit und ihr Vergnügen, schrieb er, und unterwarfen sich der Disziplin, bis sie durch »beharrlichen Schneid« die ihnen vorliegende Aufgabe einer erfolgreichen Lösung zugeführt hätten.[5] Eine bündige Zusammenfassung des maskulinen Ideals. Organisationen wie die Pfadfinder mit ihren vielen Mitgliedern sollten sich aber auch in anderen Schichten der Bevölkerung etablieren. Das lag zum einen an der Botschaft von Arbeit und Gebet, die von der christlichen Lehre inspiriert war. Zum anderen tat die »Boys Brigade«, 1883 gegründet und der Anglikanischen Kirche angegliedert, ein übriges. Sie organisierte die Freizeit der Arbeiterjungen, die für den Kindergottesdienst und für die staatlichen Schulen zu alt waren. Solche Jungen sollten »tapfere, treue christliche Männer« werden, und man übermittelte ihnen auf diese Weise sowohl eine militante Form des Christentums als auch den Sportkult der Public Schools.[6] Die einzelnen Brigaden, die sich in ganz Großbritannien verbreiteten, blieben überschaubar und verkörperten beispielhaft den christlichen Impetus. Organisationen wie die Heilsarmee und der YMCA machten ebenfalls die »Männlichkeit des Glaubens« in der Bevölkerung populär. Erst nach dem Zweiten Weltkrieg sollte sich das Band zwischen Maskulinität und Religion lockern.

»Nationaler Fortschritt ist die Summe des Fleißes, der Energie und der Aufrichtigkeit einzelner, so wie der Niedergang einer Nation aus der Faulheit, Selbstsucht und Lasterhaftigkeit des einzelnen entsteht.«[7] – Diese Worte schrieb Samuel Smiles in seinem Buch mit dem vielsagenden Titel *Self-Help* (Selbsthilfe, 1859), und sie umreißen das männliche Ideal des 20. wie des 19. Jahrhunderts. *Self-Help*, das wir an anderer Stelle schon genannt haben, war als praktisches Handbuch gedacht, wie man durch eigene Anstrengung in allen Unternehmungen erfolgreich sein kann. Der wahre Gentleman hielt seine Ehre hoch und benahm sich niemals schäbig[8] – dies fand sich in einem Buch, das nicht für eine Elite, sondern für alle bestimmt war. Mit seinen schlagenden Beispielen von Staatsmännern, Generälen, Ärzten und Künstlern, die sich um die Gesellschaft verdient gemacht hatten, war es in aller Welt erfolgreich.

Die Maskulinität als Voraussetzung für das Funktionieren der Gesellschaft war, wie mehrmals gesagt, nicht nur von einer richtigen inneren Einstellung abhängig, sondern auch von einem gesunden Körper. Gegen Ende des 19. Jahrhunderts wurde sich der bürgerliche Mann immer mehr seines eigenen Körpers bewußt, wie wir im fünften Kapitel gesehen haben, und auch dem englischen Arbeiter sollte dazu verholfen werden, seinen Körper zu modellieren und zu disziplinieren.[9] Dies würde, so hoffte man, die Arbeiterklasse stärker an die normative Männlichkeit angliedern und sie letztlich zu größerer Produktivität führen. Die Mitgliederzahl der »Health and Strength League«, einer Organisation vornehmlich der Arbeiterklasse und des Bürgertums, deren Motto lautete »Dein Körper sei dir heilig wie deine Seele«, stieg von 13000 im Jahre 1911 – fünf Jahre nach ihrer Gründung – auf 125000 im Jahre 1935 an. 1910 wurde das *Annual*, das Jahrbuch der Organisation, an ungefähr 90000 junge Männer verteilt.[10] Das *Annual* selbst schätzte 1908, daß es rund 100000 Anhänger der Körperkultur in England gab, viel weniger als auf dem Kontinent.[11] Es verknüpfte Patriotismus – galt es doch, das Niveau der englischen Rasse zu heben (die Engländer schnitten in internationalen Sportwettkämpfen schlecht ab) – mit einer Verherrlichung des männlichen Körpers, auf daß der Mann »schön, stark, edel« werde.[12] Körperliche Ertüchtigung schien Männlichkeit zu garantieren. Schönheit scheint hier mehr mit Stärke und Muskelkraft zu tun zu haben als mit harmonischen Proportionen.

Schwieriger ist es, für andere Länder zu zeigen, wie die Arbeiterklasse dort das maskuline Ideal übernahm. Doch begannen auch deutsche Arbeiter um die Jahrhundertwende, sich der immanenten Schönheit und Kraft des männlichen Körpers bewußt zu werden – wie wir im sechsten Kapitel gesehen haben –, und eine große Anzahl von Arbeitersportorganisationen verschrieb sich entsprechenden Zielen. Siegfried Kracauer schreibt in seinem Buch *Die Angestellten* (1930), publiziert zur Zeit der Weltwirtschaftskrise, daß ein gutes, weil anständiges Aussehen bessere Chancen auf einen Arbeitsplatz eröffne. Angestellte definierte er weder als Proletarier noch als Bürger, was wieder einmal die Ausbreitung des männlichen Ideals belegt. Zeitungsanzeigen, die sich an Männer, beileibe nicht nur an weibliche Angestellte richteten, warfen die Frage auf: »Wie kann ich schön werden?« Die neue Begeisterung für den Sport, die Beliebtheit der Schönheitssalons bei den Frauen hatten womöglich auch damit zu tun, daß man fürchtete, seinen Arbeitsplatz zu verlieren.[13] Ein gutes Aussehen war sicherlich immer schon von Belang gewesen, wenn es galt, eine Anstellung zu finden, insbesondere wenn man es mit der Öffentlichkeit zu tun hatte (die von uns zitierten Bemerkungen Kracauers zielten weitgehend auf den Einzelhandel ab), aber wir sehen hier, wie »wahre Männlichkeit« zum entscheidenden Faktor für den Lebensunterhalt wurde.

Die Ärzte in Deutschland, die das Stereotyp der Männlichkeit stets befördert hatten, sorgten ebenfalls dafür, bürgerliche Männlichkeitsmodelle nach »unten« zu tragen. Das Versicherungssystem, das Bismarck in Deutschland eingeführt hatte, zwang die

Arbeiter dazu, Amtsärzte zu konsultieren, wo sie aller Wahrscheinlichkeit nach nicht nur untersucht wurden, sondern auch Ratschläge zur persönlichen Hygiene erhielten einschließlich einem genauen Verhaltenskodex. »Moralische Erkrankungen« und körperliche Krankheit gingen in England und in Deutschland Hand in Hand,[14] wie sie sich schon in der »Krankheit« der Degeneration verbündet hatten, die den Anti-Typus des Fin de siècle charakterisierte.

Die deutsche Erziehung zur Männlichkeit war in vielerlei Hinsicht, trotz aller Unterschiede im Schulsystem, der englischen ähnlich. Das zeigt sich in den Lektüren. Sie handelten stets vom guten Kampf, von noblen Abenteuern, gleichzeitig sollten sie aber auch einen gesunden Gemeinschaftsgeist einflößen: Maskulinität mußte im Rahmen bürgerlichen Handelns nicht notgedrungen aggressiv oder militärisch sein. Die Bücher Karl Mays, von denen viele in Amerika spielen, waren die mit Abstand beliebteste Jugendlektüre – und das vom Ende des 19. Jahrhunderts bis weit nach dem Zweiten Weltkrieg. Einer ihrer bekanntesten Helden, ein Trapper namens Old Shatterhand, ist zwar stark und männlich, vermeidet aber den Kampf, wo es nur geht – er zeichnet sich durch seine Friedfertigkeit aus. Old Shatterhand erobert die Prärie nicht durch Feuer und Schwert, sondern im Vertrauen auf Recht und Ordnung. Wenn er einen Bösewicht zur Strecke gebracht hat, tötet er ihn nicht, sondern überantwortet ihn einem Richter. Karl May hielt den Sieg der Starken über die Schwachen für gerechtfertigt, aber sein Sozialdarwinismus war eingebettet in Mitgefühl und bürgerliche Werte, die am Ende triumphierten. Das Leben seiner Helden in der nordamerikanischen Prärie ähnelte dem in der bürgerlichen Gesellschaft, das er von zu Hause kannte. Die pietistische Tradition, die seine Romane durchzieht, mildert stets die Grausamkeit seiner triumphierenden Helden.[15] Die Moral, die seine Geschichten durchzieht, unterscheidet sich gar nicht so sehr von der G. A. Hentys, des beliebtesten englischen Jugendbuchautors. Dessen Helden sind christliche junge Männer, die mehr an andere denken als an sich selbst, für die die

Pflicht immer an erster Stelle kommt, die Frauen schützen und Kinder glücklich machen, kurz, die es zu etwas zu bringen – und die es auch verdienen.[16]

Die tatendurstigen Männer, die englische Wochenhefte und Abenteuerromane, die von fast allen Schichten gelesen wurden, bevölkerten, konnten aber auch grausam sein. Ausländer wurden schlecht behandelt, und die Helden »fragten sich nie, ob sie wirklich das Recht hatten, einen spaghettifressenden Barkeeper in Valparaiso zu foltern oder einen jüdischen Juwelendieb zu hängen, weil er ein englisches Mädchen betatscht hatte«.[17] Hin und wieder herrschte ein durchaus ruppiger Ton vor, der gerade gegenüber den Anti-Typen angeschlagen wurde. Dazu gibt es auch deutsche Gegenstücke – freilich in abgemilderter Form. Die ritterliche Tradition als solche spielte in Deutschland indes kaum eine Rolle; statt dessen sind deutsche Helden – wie jene in den Romanen Ludwig Ganghofers – ungeschliffene Diamanten, die ein weiches Herz besitzen und die Schwachen schützen. Karl Mays Helden mögen furchterregend aussehen, wie Bären, aber selbst für ihre schlimmsten Feinde hegen sie Mitgefühl. Die harte männliche Erobererhaltung wird gewahrt, aber sie hat einen christlichen, bürgerlichen Kern, der sie im Zaum hält.

Freilich durfte dies nicht zu weit getrieben werden; »Fair play« kannte der deutsche Held für gewöhnlich nicht. Leslie Susser hat zweifelsohne recht, wenn er schreibt, daß der Faschismus in Großbritannien gescheitert sei, weil seine Schlägermethoden alle gesellschaftlichen Spielregeln verletzt hätten – solche Regeln gab es in Deutschland so gut wie nicht.[18] Die Sozialstrukturen und politischen Traditionen Deutschlands unterschieden sich von jenen in England, verliehen der deutschen Maskulinität eine ungeahnte Schärfe. Letzten Endes gab es die Verbindung von Patriotismus und Militarismus in England nicht, in Deutschland dagegen trugen das Militär und die Kriegsveteranen dazu bei, das Ideal der Maskulinität zu institutionalisieren und überall zu verbreiten.

Die sogenannten Kriegervereine wurden nach den Befreiungskriegen Preußens gegen Österreich und Frankreich gegründet und nahmen nach den Kriegen schnell an Einfluß zu. Am Vorabend des Ersten Weltkriegs zählten sie fast drei Millionen Mitglieder,[19] nicht eingerechnet die Sympathisanten, die sie durch öffentliche Kundgebungen gewannen. Der Kern der Mitglieder entstammte dem Kleinbürgertum und der Arbeiterschaft (Handwerker und Landarbeiter waren stark vertreten). Ihre Ideologie war nationalistisch, militaristisch, man pflegte eine männliche und soldatische Haltung. Die Mitglieder wurden dazu aufgerufen, Kaiser und Vaterland treu zu sein bis in den Tod und Tapferkeit, Mut, Entschlossenheit, Stärke und Willenskraft an den Tag zu legen.[20]

Die Veteranen des Ersten Weltkriegs setzten diese Tradition fort und fügten der Mischung aus Patriotismus und Männlichkeit noch den Rassismus hinzu. Lange bevor die paramilitärischen Bewegungen der politischen Rechten in der Weimarer Republik auf den Plan traten, zeigten sich die Unterschiede in der Art und Weise, wie das männliche Stereotyp in Deutschland bzw. England vermittelt wurde – wobei es wohlgemerkt auch Ähnlichkeiten gab (schließlich mußte selbst in Deutschland die Männlichkeit nicht immer aggressiv oder militärisch sein). Werfen wir noch einmal einen Blick auf die Erziehung, die man in England und Deutschland der regierenden Elite angedeihen ließ.

Die weiterführenden Schulen in Deutschland – die Gymnasien – hatten mit den englischen Public Schools wenig gemein. In England lernten die Schüler erst einmal zu gehorchen, nämlich einem Präfekten – immer Schüler der oberen Klassen –, dann Befehle zu erteilen, indem sie selbst zu Präfekten wurden. So brachten die Präfekten ihren Schutzbefohlenen Disziplin bei und lernten Selbstverantwortung, ganz anders als im Gymnasium, wo die Schüler auf Gedeih und Verderb den Lehrern ausgeliefert waren.

Es gab zu viele Lehrer an deutschen Gymnasien, die – obwohl höchst gewöhnliche Zeitgenossen – »vor den Schülern Gott spielten«.[21] Daß solche Schulen keine guten Erinnerungen wachriefen, erstaunt nicht, und die Revolte der Jugend um die Jahrhundertwende richtete sich vor allem gegen die Schulen, die als Spiegel einer repressiven Gesellschaft galten. Militärischer Drill und Kasernensprache herrschten im Klassenzimmer, und der Titel »Professor«, den Lehrer am Gymnasium tragen durften, vertiefte nur den Graben zwischen ihnen und den Schülern. Nicht von ungefähr gibt es so viele deutsche Romane oder Theaterstücke, die von traumatischen Schulerfahrungen berichten; Autoren wie Hermann Hesse und Thomas Mann kritisierten scharf die erdrückende Atmosphäre und den Sadismus in der Schule. Im Gymnasium zählten allein blinder Gehorsam und Disziplin – als eine Art Charakterschulung –, nur hin und wieder gab es auch so etwas wie Kameradschaft unter den Schülern. Sogar rechte politische Bewegungen, von denen man eigentlich erwartet hätte, daß sie eine solche Erziehung begrüßten, übten schließlich Kritik. Die Nazis waren beispielsweise sehr von den englischen Public Schools angetan und gründeten ihre eigenen, rein männlichen Internate, die die künftigen Führer der Nation hervorbringen sollten. Diese Nationalpolitischen Erziehungsanstalten sollten »neue Männer« schaffen, die dem Reich dienten, und den Zöglingen soldatische Tugenden einflößen wie Selbstkontrolle, Ordnungsliebe, Tatkraft und Opferbereitschaft.[22] Zu diesem Zweck übernahmen die Nazis ganz bewußt einige der Methoden der englischen Public Schools. So sollten die jungen Angehörigen der Nazi-Elite lernen, sowohl zu gehorchen als auch zu befehlen, indem sie beides innerhalb ihrer Gruppe ausübten.[23] Wie beim englischen Vorbild war jeder Junge – und nicht nur der Lehrer – für den reibungslosen Ablauf innerhalb der Schule verantwortlich. Deshalb war jener Lehrer, der die Ansicht vertrat, die Nazi-Internate würden dieselben Lektionen wie die englischen Internate erteilen, obgleich sie andere Methoden anwendeten, im Irrtum; im Gegenteil wurden gewisse Methoden des englischen Schulwesens einfach in den Dienst einer rassistischen Partei und des Volkes gestellt.[24] Vielleicht spielte Hitlers Bewunderung für England eine Rolle bei dieser proenglischen Ausrichtung, vielleicht auch die Erfahrung vieler Nazi-Führer, die sich einst selbst als Rebellen gegen das Establishment in Gestalt des traditionellen Gymnasiums verstanden hatten, von dem sie sich ausgeschlossen glaubten.

Die Burschenschaften an den Universitäten mit ihren Duellen, ihren Zechgelagen, ihren gesellschaftlichen Reglements und ihren Ritualen sorgten für eine weitaus umfassendere »männliche Erziehung« als das Gymnasium. Es herrschte ein viel rauherer Umgangston als an den Colleges in Oxford oder Cambridge, wo die englische Elite ausbildet wurde. Außerdem mußten bis 1918 alle Studenten einen einjährigen Militärdienst ableisten, obwohl sie von der Einberufung befreit waren. Dieser einjährige Dienst wurde schließlich eine Art Statussymbol; diejenigen, die ihn abgeleistet hatten, wurden automatisch zu Offizieren der Reserve ernannt, und viele Lehrer, aber auch Vertreter anderer Berufe, druckten ihren militärischen Rang voller Stolz auf ihre Visitenkarten. Anders als in England setzte sich also in Deutschland ein militaristischer Geist in den Studentenköpfen fest.

Eine offizielle Rede, gehalten an der Universität München zu Beginn des Wintersemesters 1928, lange nach dem Ersten Weltkrieg, zeigt, wie sehr man weiterhin auf Gehorsam setzte. »Deutschland erlegt Ihnen eine große Verantwortung auf«, sagte man den Studenten, »stählen Sie Ihren Willen und Ihr Herz, um zu Männern zu werden, die aufrecht und unabhängig sind.« Bis zu diesem Punkt wäre die Rede auf England übertragbar gewesen, aber dann geht es weiter: »Freiheit, die wahre Freiheit, ist im Inneren, Leidenschaft und Egoismus sind ihr fremd.«[25] Einer solchen Freiheit bedeutete Meinungsfreiheit nichts, und in diesem Zusammenhang war die »Verachtung egoistischer Impulse« gleichbedeutend mit Selbstdisziplin im Dienste der Nation. Diese ausgesprochen männlichen Ideale (nur sehr wenige Frauen hatten Zugang zu den Universitäten) begegnen hier den Erziehungsmaximen des Gymnasiums. Die bürgerliche Elite Deutschlands teilte mit ihrem englischen Pendant durchaus gewisse Werte, aber sie verlieh ihnen eine militärische Note, bei der Gehorsam und

Disziplin den Platz der individuellen Verantwortung des einzelnen einnahmen. Die deutschen Erzieher waren weit abgekommen von dem Bildungsideal, das ein Jahrhundert zuvor das humanistische Gymnasium aus der Taufe gehoben hatte.

Doch folgten andere Gruppen – Chöre, Turn-, Kultur- und Wohltätigkeitsvereine – nicht unbedingt diesem Beispiel. Bei ihnen handelte es sich um freiwillige Zusammenschlüsse, wo man nach Belieben ein- oder austreten konnte, und die meisten von ihnen verwalteten sich selbst. Bei ihnen wurde das Prinzip des Individualismus großgeschrieben.[26] Aber solche Männerbünde, wie man sie nannte, hatten in aller Regel kein erzieherisches Ziel, wollten nicht etwa aus Jungen Männer machen.[27] Deutschland war von einem ganzen Netz von Männerbünden überzogen, deren Mitglieder zumeist aus dem Bürgertum oder Kleinbürgertum stammten. In England hingegen gab es die Clubs, in denen über Politik, Literatur oder Kunst diskutiert wurde. Ein Engländer der Oberschicht verbrachte seine Jugend und einen Großteil seines erwachsenen Lebens ausschließlich in männlicher Gesellschaft. Dies galt auch für die meisten westlichen Länder, in denen Frauen keine ordentliche Erziehung erfuhren, geschweige denn Führungsrollen innehaben durften – nur daß die Männerbünde in England und Deutschland zur festen Einrichtung wurden.

Der Männlichkeit als integralem Bestandteil der bürgerlichen Gesellschaft wohnte schon immer ein dynamisches Element inne, wie die Kontroverse von 1929 über die sogenannte männliche Literatur zwischen dem einstigen Expressionisten Kurt Pinthus und dem kommunistischen Kritiker Béla Balász, dessen Männlichkeitsdefinition wir im sechsten Kapitel zitiert haben, zeigt. Männlichkeit bedeutete für Pinthus eine nüchterne, illusionslose Einstellung gegenüber dem Leben und gleichzeitig eine »derbe und rauhe« Stimmung.[28] Dem stellt er den »schwachen und weibischen« Schrei der expressionistischen Jugend gegenüber und die bloße Kraftmeierei der Nationalisten.[29] Diese Maskulinität paßt recht gut zur bürgerlichen Gesellschaft mit ihrer Nüchternheit, wo jedes Anzeichen von »weiblicher« Schwäche einen Mann vernichten konnte.

Balász attackierte Pinthus' Definition und hob dagegen die moralische Verpflichtung, die kompromißlose, ethische Haltung wahrer Männlichkeit hervor.[30] Er argumentierte aus einer kommunistischen Position heraus, aber auch ein Nationalist hätte ähnliches sagen können – während sich für Pinthus im Gegensatz dazu ein Mann nicht unbedingt einer höheren Sache mit Haut und Haaren verschreiben mußte. Extreme waren allerdings in der bürgerlichen Gesellschaft nicht gefragt, außer vielleicht in Krisenzeiten. In der Regel schien es angezeigt, sich keine Illusionen zu machen und die Dinge so zu nehmen, wie sie waren. Wo Maskulinität ein Teil des Alltags wurde, dem normalen Leben angegliedert, war kein Platz mehr für die leidenschaftliche Hingabe an eine Sache. Helden wurden hier nicht mehr gebraucht.

Solcherart war Männlichkeit als anzustrebendes Ideal innerhalb der Prosa der Verhältnisse gar nicht so leicht umzusetzen, um so weniger, wenn sich diese Gesellschaft einmal nicht im Kriegszustand befand. Was blieb, war ein bestimmtes Erscheinungsbild, das den tugendhaften Mann sofort als solchen kenntlich machte – sein Körper stand für die richtige Moral. Diesem Stereotyp nachzueifern, ein »glattrasierter Engländer« oder ein gutaussehender, nationalbewußter Deutscher zu werden, war dank der entsprechenden Erziehung gar nicht so schwer. So bekräftigte das männliche Stereotyp, dessen Ursprung und Entwicklung wir hinreichend analysiert haben, sich selbst. Manchmal, zum Beispiel im Ersten Weltkrieg, traten latente Aspekte dieses Stereotyps zutage; zu anderen Zeiten schienen Alternativen zur traditionellen Maskulinität aufzutauchen, wie wir im sechsten Kapitel gesehen haben. Gleichwohl blieb das Stereotyp als Ausdruck der modernen bürgerlichen Gesellschaft weiterhin bestehen – wenn auch zuweilen in abgeschwächter Form.

War doch ein solches Ideal der Männlichkeit für die Selbstvergewisserung der bürgerlichen Gesellschaft vonnöten, Seite an Seite mit dem Familienleben, das angeblich das Herz der modernen Zivilisation war. Doch wie wir gesehen haben, neigte die Maskulinität dazu, sich der Fesseln zu entledigen, die ihr die Familie auferlegte. Schillers *Reiterlied* bejubelte die Freiheit des Mannes, der die Last die Alltagslebens von sich wirft, und 1924 bekräftigte Hans Blüher in seinem Lobpreis der deutschen Jugendbewegung, daß männliche Kreativität nur im Rahmen von männlicher Kameradschaft erblühen könne, während die Familie den Geist des Mannes zerstöre. Er fand viel Beifall, aber auch Kritik, die ihn beschuldigte, einen Bund von Affen zu unterstützen und die Volksgesundheit zu vergiften.[31] Eine solche Kontroverse trug natürlich nicht zur Aufhebung der Spannung zwischen Maskulinität und Familie bei. Ihre schwierige Beziehung erreichte, wie wir noch sehen werden, ihren Höhepunkt im Dritten Reich, dem ersten modernen Staat, der sich selbst in hohem Maße als Männerbund sah und dennoch die Familie fördern und erhalten wollte.

Trotz alledem wußte sich der wahre Mann ins Alltagsleben zu integrieren. Seiner schärfsten Kanten beraubt, galt er größtenteils als guter Familienvater. Tatsächlich mußten der »glattrasierte Engländer« und sein deutscher Cousin von einer Familie umgeben sein, und sei es auch nur, um nicht der Homosexualität oder noch schlimmerer Vergehen bezichtigt zu werden, womit man in einer derart männlich ausgerichteten Gesellschaft schnell bei der Hand war. Blüher war in Deutschland eine Ausnahme: in der Regel war wahre Maskulinität durchaus mit einem Familienleben vereinbar, eine Grundvoraussetzung für die Ordnung der Gesellschaft. Diese Vereinbarkeit hing indes von den Frauen ab. Solange diese den Männern untergeordnet waren und die Unterschiede zwischen den Geschlechtern in jeder Hinsicht deutlich herausstachen, erfreuten sich die Männer einer gewissen Freiheit, selbst wenn diese mit Verantwortung gepaart war. Sobald jedoch die Frauen größere Unabhängigkeit anstrebten, zum Beispiel im Rahmen der Frauenrechtsbewegung des Fin de siècle, war der Mann in seiner sogenannten angeborenen Überlegenheit bedroht, und seine individuelle Freiheit schien ebenso ungebührlich eingeschränkt. Er war nicht länger der alleinige Befehlshaber in der Familie, nur sich selbst verantwortlich.

Am Status der Frauen hatte sich im Zuge der Frauenrechtsbewegung zu Beginn des 20. Jahrhunderts genug verändert, um den Männern Angst einzujagen. Während des Ersten Weltkriegs hatten viele Frauen ihre Familie durch Erwerbsarbeit ernährt, die meisten von ihnen wurden aber nach Kriegsende wieder entlassen. Außerdem schien ein neuer Typ Frau aufgetaucht zu sein, die sogenannte neue Frau, die einigen Anlaß zu Hohn und Spott bot, wie wir in einem früheren Kapitel erwähnt haben.[32] Doch stand die Überlegenheit der Männer noch nicht ernsthaft auf dem Spiel, und die Spannung zwischen der Familie und den Ansprüchen wahrer Männlichkeit brach kaum einmal auf. Die moderne Geschichtsschreibung hat sich, wie wir schon angemerkt haben, auf den Kampf der Frauen um Gleichberechtigung konzentriert und darüber nicht die kulturellen Strömungen berücksichtigt, die sogar unter den Frauen selbst ein traditionelles Frauenbild weiterhin beförderten. Dieses Frauenbild läßt sich besonders gut in der Trivialliteratur – die im Gegensatz zur höheren Literatur zutiefst konservativ war – nachweisen.

Agnes Günthers *Die Heilige und ihr Narr* (1913) gehört zu den erfolgreichsten deutschen Büchern aller Zeiten, ein Buch, das Hunderttausende zwischen den Kriegen lasen und das die Klassiker an Beliebtheit weit hinter sich ließ. Es war eine Art Märchen, dessen Protagonistin, eine Prinzessin, für eine überirdische Atmosphäre sorgt, in der die Menschen empfindsam sind, ihre Gefühle rein und alle Niedertracht ihnen fremd ist. Sie verehrt ihren geliebten künftigen Ehemann, einen hochgewachsenen Mann, der stolz und festen männlichen Schrittes einhergeht. Die Prinzessin wird liebevoll »Seelchen« genannt, ein Name, der sich nicht nur auf ihre Gabe des zweiten Gesichts bezieht, sondern auf ihre ganze Persönlichkeit. Tatsächlich spricht dieser liebevolle Spitzname Bände für ihre Ergebenheit, ihre Empfindsamkeit und Reinheit.

Agnes Günthers Frauen ähneln – wenngleich sie weniger bombastisch daherkommen – denen von Hedwig Courths-Mahler, ohne Zweifel eine der meistgelesenen deutschen Schrifterstellerinnen zwischen den Weltkriegen. Letztendlich wagten die Nazis es dann doch nicht, ihre Bücher zu verbieten (sie weigerte sich, dem offiziellen Schriftstellerverband beizutreten) – ein seltener Fall, in dem eine Autorin die Zensur ob ihrer Popularität in die Knie zwang.[33] Ihre Romane sind Liebesgeschichten, in denen die Frauen stets herzensgut und anmutig sind und sich mit einer Nebenrolle bescheiden. Für Courths-Mahler bildeten feste Familienbande ein Bollwerk gegen Charakterlosigkeit, Unbeständigkeit und Zügellosigkeit. Sie zeichnete eine glückliche und gesunde bürgerliche Welt, in der Männer und Frauen an ihren angestammten Plätzen blieben.

Auch in England und den meisten europäischen Ländern gab es solche Romane. Ihre Schauplätze und Plots mögen variieren, aber die Tendenz ist überall dieselbe. In den sogenannten englischen Wüstenromanen, zwischen den Weltkriegen sehr beliebt, gebietet vorzugsweise ein Scheich, ein viriler, sinnlicher Mann, über die Frauen aufgrund seiner schieren körperlichen Kraft.[34] Doch wehren diese sich nicht, sondern bleiben ihren Herren treu ergeben, auch wenn er ihnen einst seinen Willen aufgezwungen hat. Hier wird dem Exotismus eine Portion Grausamkeit beigemischt, undenkbar in den Liebesgeschichten von Courths-Mahler. Aber genau diese Mischung sollte für die große Verbreitung dieser Romane sorgen, denn sie waren wie geschaffen für das neue Medium Film, und Mitte bis Ende der zwanziger Jahre erlebte man den Aufstieg des männlichen Filmstars als Sexsymbol. Rudolph Valentino galt als Inkarnation dieser exotischen Romantik: ein Held, der die heftigsten Phantasien in den Frauen auslöste.[35] Obwohl er auch ein männliches Raubtier war, signalisierten sein ephebenhafter Körper und seine laszive Haltung weniger wahre Maskulinität als Androgynität, die maskuline Brutalität mit einer fast femininen Zärtlichkeit kombinierte. Valentino und seine vielen Nachahmer wurden von anderen Männern als unmännliche »Salonlöwen« angegriffen.[36] Diese androgyne Maskulinität weist jedoch schon in die Zukunft, in die Zeit nach dem Zweiten Weltkrieg, als die Verwirrung der Geschlechter immer weniger Anstoß erregte, wie wir im letzten Kapitel dieses Buches sehen werden. Noch aber waren Männer Männer, wie es so schön hieß, und angeblich war es weniger schlimm, von maskulinen Frauen beherrscht zu werden als von verweichlichten Männern,[37] doch war die Gefahr, daß dieser Fall eintrat, nicht besonders groß, solange noch genügend wahre Männer die Leinwand bevölkerten.

Die Literatur, die wir soeben angesprochen haben, wurde für gewöhnlich von und für Frauen geschrieben, die auch die überwältigende Mehrzahl der Leserschaft stellten. Nicht zuletzt deshalb hatten viele Frauen ihre traditionelle Rolle verinnerlicht, genauso wie sie die virilen Taten von Valentino oder Ramon Navarro begrüßten, die etwas weniger gewalttätig und grausam waren als ihre literarischen Pendants.[38] Gesellschaftliche Gepflogenheiten taten ein übriges, um traditionelle Männer- bzw. Frauenbilder zu zementieren. Die französische Schriftstellerin Rachilde erzählt uns, möglicherweise leicht übertrieben, daß es in ihrer Jugend in den siebziger Jahren des 19. Jahrhunderts Mädchen nicht gestattet war, Wein zu trinken oder rotes Fleisch zu essen (offensichtlich das Privileg von Männern), daß sie aufrecht sitzen mußten und erst sprechen durften, wenn sie gefragt wurden. Natürlich lockerten sich diese Vorschriften nach und nach – so schrieb Remy de Gourmont, eine herausragende Figur im Paris des Fin de siècle, voller Bewunderung, Rachildes Bücher zeugten davon, daß sogar eine Frau männlich-kräftige Prosa schreiben könne[39] –, die Stoßrichtung blieb aber dieselbe. Frauen-Stereotype waren Teil des bürgerlichen Systems, in dem sich der Mann trotz seiner familiären Fesseln eine gewisse Handlungsfreiheit vorbehalten konnte. Nach und nach wurde diese Freiheit aber von bürgerlichen Verhaltensmustern eingeschränkt, die wie bei Günther oder Courths-Mahler die potentiell wilde Männlichkeit in ihre ehrbaren Schranken verwiesen.

II

Trotz der erfolgreichen Institutionalisierung der modernen Maskulinität traten, wie wir gesehen haben, immer wieder ihre Anti-Typen auf den Plan, verstärkt nach dem Ersten Weltkrieg. Aber einmal mehr schaffte es die »normale« Gesellschaft, sich das Neue einzuverleiben und ihm den Stachel zu ziehen. Nicht zuletzt deshalb, weil, wie zuvor gezeigt, ein allgemeiner Konsens über das Wesen wahrer Männlichkeit – bei den Rechten wie bei den Linken – herrschte.

Die Frauenrechtsbewegung hatte seit dem Ende des 19. Jahrhunderts die Stellung des Mannes in der bürgerlichen Gesellschaft angezweifelt, obwohl viele Frauen ihre Weiblichkeit betonten und sich über die Mutterschaft definierten. Seit den neunziger Jahren des 19. Jahrhunderts jedoch tauchte in England und etwas später in Deutschland und Frankreich ein anderer Frauentyp auf, der eine noch unmittelbarere Bedrohung darzustellen schien. Die »neue Frau« schien geschlechtslos, heimatlos, unmütterlich und wurde von der englischen Regenbogenpresse gnadenlos aufs Korn genommen. Aber erst nach dem Ersten Weltkrieg trat die »neue Frau« so richtig in Erscheinung und provozierte die Männer durch ihr Auftreten. Mit ihren kurzen Haaren, ihrer betont männlichen Kleidung und der Zigarette zwischen den Lippen schien sie ihr Geschlecht gleichsam auszulöschen. Diese jungenhafte »neue Frau« – die Briten nannten sie »Flapper« – verleugnete angeblich das Wesens ihres Geschlechts und, wie man hinzufügen sollte, auch das Wesen des männlichen Geschlechts. Frankreich hatte seine eigene »neue Frau«, »la garçonne«, so getauft nach einem Roman von Victor Margueritte, der 1922 veröffentlicht wurde. *La Garçonne* tat es den Männern nach, schnitt ihre Haare kurz und trug maßgeschneiderte Kleidung.[40] Wie emanzipiert sie jedoch auch war, letztendlich konnte sie allein die Heldentat eines Mannes vor dem sicheren Tode bewahren. All die Verzweiflung und Einsamkeit, die Marguerittes »neue Frau«, da die Männer sie nicht mehr unaufhörlich beschützten, erfahren mußte, konnte den neuen weiblichen Stil, den sie verkörperte, freilich nicht aufhalten. Kündigte sich hier etwa ein drittes Geschlecht an, weder Mann noch Frau? Standen Zeiten bevor, in denen die traditionellen Geschlechterschranken sich auflösten?

Diese »neue Frau« stellte die französischen wie auch die englischen und deutschen Männer vor dieselben Probleme. Sie schien keinerlei sexuelle Gefühle zu haben, schien die Männer nicht zu brauchen. Die vielgelesene *Berliner Illustrierte* sah in ihr zu Beginn des Jahrhunderts die Frau der Zukunft: nichts, so steht geschrieben, könne ihren Siegeszug verlangsamen oder aufhalten; heute könne sie Parlamentsmitglied sein, Anwältin oder Richterin, die ihre Urteile ohne Gnade fällt (ein Schatten der »femme fatale«). Sie sei eine Frau, der Flirt oder gar Liebe unbekannt seien, und als Rache für ihre frühere Sklaverei habe sie den Beweis erbracht, daß der Mann überflüssig sei.[41] Nach dem Krieg zog die »neue Frau« in Deutschland die Aufmerksamkeit sowohl der politischen Linken als auch der Rechten auf sich. Nicht alle, die dem Sozialismus zuneigten, sahen im Bubikopf ein Zeichen von Fortschritt, wie wir im sechsten Kapitel gesehen haben; so ist Otto Dix' Bild der Journalistin Sylvia von Harden, wie sie in einem Berliner Café sitzt und eine Zigarette raucht, alles andere als ein schönes. Er betont ihr aggressives Kinn, ihre Versuche, alles zu verstecken, was an ihrer Erscheinung feminin wirken könnte, zum Beispiel bedeckt sie mit der Hand ihren Schoß (siehe Abbildung 1.2).

Die Verteidiger von Dix argumentierten etwas gequält, das Gemälde sei in Wirklichkeit ein Angriff auf die Intelligenzija, weil das Berliner Café, in dem die Harden saß und rauchte, deren bevorzugter Treffpunkt war. Sylvia von Harden selbst erinnerte sich, daß Dix sie eines Tages auf der Straße ansprach und sagte: »Ich muß Sie malen! Ich muß einfach! Sie sind die Verkörperung einer ganzen Epoche.« Natürlich wollte Dix, wie er selbst sagte, mit seinem Gemälde ein psychologisches Porträt liefern.[42] Dieses Porträt war nicht gerade schmeichelhaft. Welche Motive man Dix auch immer unterschieben will, diese Karikatur der »neuen Frau« wurde nicht von einem konservativen Maler gezeichnet, sondern von einem linken Künstler mit anarchistischen Neigungen. Sei es, wie es sei: Die »neue Frau« war eine Vorbotin der Dinge, die da kommen würden – nicht unverzüglich, sondern erst in den sechziger Jahren, als das traditionelle Bild der Maskulinität erstmals wirklich in Gefahr war und die radikalfeministische Bewegung auf Erfolgskurs zu schwimmen schien. (Doch selbst zu dieser Zeit sprach der anhaltende Erfolg trivialer Romane à la Courths-Mahler oder Barbara Cartland Bände für die Zählebigkeit traditioneller Rollenmuster.) Obwohl sie also erst die Zukunft ankündigte und nur begrenzt für ihre Zeit stand, hielten die Männer damals die »neue Frau« für eine ernsthafte Herausforderung.

Gleichzeitig stellten die Scharen unmännlicher – sogenannter weibischer – Männer eine zunehmende Bedrohung für die Maskulinität dar. Das Schreckgespenst der »unmännlichen Männer« hatte sie von Anfang an begleitet, man denke nur an den Dandy des 19. Jahrhunderts und der Dekadenz. Gerade letzterer weigerte sich beharrlich, von der Bildfläche zu verschwinden: mochte Oscar Wilde in England auch im Gefängnis gelandet sein, so fand er doch viele Nachfolger, nicht nur in England, sondern auch auf dem Kontinent. Der Bruder der »neuen Frau« – der verfeinerte Künstler, der in lasziver Haltung, eine Zigarette zwischen den Lippen, in Cafés herumhing – wurde im 20. Jahrhundert als »décadent« betrachtet. (Wie bei der »neuen Frau« wurde die Zigarette zum Symbol der Verderbtheit, als Gegensatz zu den »männlichen« Pfeifen und Zigarren.)

Doch nun versuchten einige der unmännlichen Männer selbst, die Nachfahren des Baron de Montesquiou, sich – zum Beispiel in ihren Publikationsorganen – als wahrhaft maskulin darzustellen, und zwar aus ideellen wie aus ganz praktischen Gründen. Die Vorstellungen einiger ihrer Verteidiger, Homosexuelle besäßen eine weibliche Seele in einem männlichen Körper oder seien gar ein »drittes Geschlecht«, wiesen sie weit von sich.

So sprach sich die erste und langlebigste Homosexuellenzeitschrift in Deutschland, *Der Eigene* (1898–1933), für eine militante Form von Maskulinität aus. Der Verleger und Herausgeber Adolf Brand beklagte die unmännlichen Zeiten, in denen er lebe, in denen starke Männer und Monarchen nicht länger respektiert würden. Die Illustrationen zu den Texten glichen denen unverdächtiger Journale fast aufs Haar, außer daß vielleicht einige der schönen Jünglinge nackt waren oder sich einander liebevoll zuwandten – Posen, die ansonsten nicht statthaft waren. Aber die Körper an sich standen völlig im Einklang mit dem maskulinen Ideal. Bezeichnenderweise betrachteten viele der Autoren, die Beiträge zu *Der Eigene* verfaßten, die Emanzipation der Frau als eine überaus unerwünschte Konsequenz des demokratischeren Zeitalters.[43]

So findet sich in den Liebesgeschichten, die zwischen 1929 und 1979 in deutschen Schwulenzeitschriften zu lesen sind, ein unveränderliches männliches Stereotyp. Die Seiten werden von »schönen jungen Männern«, blond, groß und schlank, mit scharf geschnittenen Gesichtern, die Winckelmanns Ideal genau entsprechen, bevölkert. Die normative Maskulinität wird nicht etwa herausgefordert, sondern bekräftigt.[44] Die Verehrung der klassischen Schönheit und die regelmäßigen Hinweise auf die alten Griechen, sozusagen als Legitimation, führten in Deutschland wie in England und Frankreich zu einer Festschreibung des männlichen Stereotyps. Weibische Männer, behauptet André Raffalovich, selbst ein Homosexueller, in *Uranisme et unisexualité* (Homosexualität und Einheitsgeschlecht, 1896) – um ein ganz anderes Beispiel anzuführen –, seien kranke Lügner und Kriminelle, unfähig, ihre Leidenschaften im Zaum zu halten.[45] Unglücklicherweise war es unter Homosexuellen nicht eben unüblich, die gegen sie gerichteten Beschuldigungen ihrerseits gegen andere Homosexuelle zu richten, die dem Ideal der schönen und virilen Maskulinität nicht entsprachen.

Havelock Ellis, der englische Sexualwissenschaftler, war der Ansicht, daß sich die Homosexuellen nach Schönheit, Stärke und

Jugend sehnten,[46] und ob das nun stimmt oder nicht, knieten viele Heterosexuelle vor demselben Schrein. Die Mehrzahl der Männer, so scheint es, klammerte sich hartnäckig an das maskuline Stereotyp und führte so das Erbe Winckelmanns in Reinform bis in die heutige Zeit fort. Die haarlosen Körper und griechischen Profile wie in *Der Eigene* sprechen für sich. Selbst wenn es für sie mit sexueller Bedeutung aufgeladen war, strebten die meisten Homosexuellen dem maskulinen Stereotyp nach, stand es doch für eine ideale menschliche Schönheit. Natürlich wollten sie, wie damals fast jede Minderheit, sich auch in die Gesellschaft integrieren, ohne Sand in deren Mühlen zu streuen, und deshalb mußten sie um jeden Preis beweisen, daß sie wahre Männer waren. Daß es auch hier eine ungebrochene Kontinuität gibt, zeigte sich, als nicht wenige der Homosexuellen, die von der amerikanischen Armee im Rahmen einer Studie während des Vietnamkriegs interviewt wurden, ihrer Hoffnung Ausdruck verliehen, die Armee würde aufgrund ihrer Disziplin und ihrer Förderung virilen Verhaltens eine heilsame Erfahrung für sie sein.[47]

Solche Männer hatten nicht nur zweifelsfrei das normative maskuline Stereotyp verinnerlicht, sondern auch ihr eigenes häßliches Stereotyp. Der Zutritt zur Gesellschaft und ihren Ämtern wurde als Heilmittel für Homosexuelle betrachtet. Solche Minderwertigkeitsgefühle und die entsprechende Sehnsucht nach Normalität sind in praktisch allen Minderheiten weit verbreitet; nicht nur bei den Homosexuellen, sondern – wie wir noch sehen werden – auch bei den Juden. Dieses Bedürfnis, von der Gesellschaft akzeptiert zu werden, konnte, gerade weil es das Selbstvertrauen der Außenseiter so erschütterte, etwas Tragisches an sich haben – um so mehr, wenn sie ihr Ziel nicht erreichten, so sehr sie die Ideale der Gesellschaft auch zu unterstützen vorgaben. Das Schicksal, das der Zeitschrift *Der Eigene* widerfuhr, ist ein hervorragendes Beispiel für die Fruchtlosigkeit dieses Unterfangens: kaum waren die Nazis, Verehrer der Maskulinität, an die Macht gekommen, verboten sie sie.

Wie schon zuvor angedeutet, unterstützten indes keineswegs

alle Homosexuellen das maskuline Ideal. Karl Heinrich Ulrichs, der erste Schriftsteller, der unverblümt die Homosexualität verteidigte, hatte Mitte des 19. Jahrhunderts geschrieben, daß »wir im Geiste Frauen sind«.[48] Und Magnus Hirschfeld – der Begründer der Sexualwissenschaft, der das »Wissenschaftlich-Humanitäre Komitee« ins Leben gerufen hatte – vertrat die Ansicht, daß es sich bei den Schwulen tatsächlich um ein drittes Geschlecht handle. Er klassifizierte Männer und Frauen gemäß ihren männlichen bzw. weiblichen Eigenschaften, und obwohl er glaubte, daß alle Männer und Frauen einige Merkmale beider Geschlechter in sich vereinten, waren für ihn Maskulinität und Femininität dennoch eindeutig getrennte Kategorien. Homosexuelle besaßen viel mehr weibliche Eigenschaften, als ein wahrer Mann besitzen sollte, und daher stellten sie ein Zwischengeschlecht dar, das zwischen dem männlichen und dem weiblichen angesiedelt war.[49] Nicht umsonst waren Männer wie Robert de Montesquiou oder Jean Lorrain (siehe Kapitel 5) stolz darauf gewesen, anders zu sein, »effeminiert«, aber deshalb nicht schon wie Frauen. Auch Oscar Wilde hatte nicht auf die alten Griechen zurückgreifen wollen, sondern seine Homosexualität provokativ zur Schau gestellt.

Wie stark das maskuline Stereotyp jedoch war, zeigte sich etwa daran, daß es sich »das andere« einzuverleiben vermochte: die Mehrheit in einer Gruppe, die von jeher als das Gegenteil von maskulin betrachtet wurde, schrieb sich die reine Maskulinität auf die Fahnen. Vermutlich gab es für die Juden noch mehr Gründe, sich das maskuline Ideal zu eigen zu machen. Als Minderheit, die erst vor kurzem das Ghetto verlassen hatte, nahmen sie ein solches Ideal als Zeichen ihrer Assimilierung, als Signal ihres Bruchs mit der eigenen Vergangenheit an. Daß man in den Ghettos ein Dasein in Armut zu führen gezwungen war – jedenfalls sahen es die meisten westeuropäischen Juden so –, wurde ihnen doch in den Dörfern und Städten Polens und an Deutschlands Ostgrenze ständig vor Augen gehalten, aber auch in den Städten selbst, wo jüdische Einwanderer aus Osteuropa in ghettoähnlichen überfüllten Vierteln hausten. Diese »Ghettojuden«, wie sie oft genannt wurden, hatten sich ihre Tracht und ihre Sprache (Jiddisch) bewahrt, ebenso wie ihre religiöse Strenge, und hoben sich somit deutlich von der sie umgebenden Gesellschaft ab. Mußte also nicht ein »neuer Jude« geschaffen werden, der diesem Zerrbild entgegentrat, das die Juden im Laufe ihrer Assimilation wie ein böser Traum verfolgt hatte? Dieses Bild war auf dieselbe Weise Teil ihrer Vergangenheit, wie das Bild des weibischen Mannes die Homosexuellen verfolgt hatte.

Juden wie Homosexuelle hatten ihr eigenes, von der Gesellschaft geschaffenes Stereotyp verinnerlicht und trachteten danach, durch Integration und Assimilation seinem Schatten zu entkommen, und sie wollten beim Aufbau der modernen Gesellschaft durchaus mithelfen. Die Juden waren hauptsächlich in den Städten angesiedelt und trieben vornehmlich Handel, was einen ganz entscheidenden Einfluß auf die Vorstellung vom sogenannten neuen Juden hatte, mußten sie doch, um »wahre Männer« zu werden, erst einmal wieder mit der Natur vertraut gemacht werden. In den zwanziger Jahren erzählte man jungen Juden, sie sollten am besten eine deutsche Bäuerin heiraten, um ihr müdes, altes Blut aufzufrischen. Einmal mehr übernahmen sie hier ein gesellschaftliches Vorurteil und wurden ihrem eigenen Stereotyp gerecht: als »bleiche, häßliche, kümmerliche und durch Inzucht hervorgebrachte« Männer, die zusammengedrängt in den Städten hausten. Wie die Homosexuellen wurden sie von ihren Feinden als entartet gebrandmarkt, galten als degeneriert, kurz – wie wir zuvor gesehen haben – als das genaue Gegenteil von Maskulinität. Eine jüdische (!) Schrift führt dementsprechend den vermeintlichen Mangel an Interesse, den junge Juden für den Sport aufwiesen, auf ihre nächtlichen Sitzungen in Kaffeehäusern zurück, von denen sie in der Morgendämmerung als bleiche Gestalten nach Hause schlichen.[50]

Der neue Jude sollte »das Märchen vom gebeugten und krummen Juden als Lüge bloßstellen, denn unsere Jugend reift in guter Gesundheit und mit kerzengeraden Knochen heran«.[51] Max

Nordaus Gegenüberstellung von »Kaffeehausjuden« und »Muskeljuden« besagt schon alles. Nordaus Einfluß reichte bis weit über seine eigene Zeit hinaus, und wie wir zuvor gesehen haben, definierte er den »neuen Juden«, wie er die normalen Männer im Gegensatz zu den sogenannten Entarteten definierte: es seien »Männer, die früh aufstehen und nicht vor der Dämmerung müde werden, die einen klaren Kopf haben, einen unempfindlichen Magen und harte Muskeln«.[52] Solche Juden waren im Besitz der wahren Maskulinität, und im Gegensatz zu den »Ghettojuden« konnten sie dank ihrer Haltung, ihrer Körpergröße und ihrer Arbeitsfähigkeit am gesellschaftlichen Fortschritt teilhaben (Abbildung 7.1). Seit der Jahrhundertwende wollten viele jüdische Organisationen den »neuen Juden« erschaffen – an vorderster Front Nordaus Zionisten –, und auch die jüdischen Sport- und Turnvereine, die in ganz Mitteleuropa wie Pilze aus dem Boden schossen, machten sich dieses Ideal zu eigen.

Als die Nazis schon ihre braunen Schatten über das Land warfen, schrieb kein anderer als der linksliberale pazifistische Schriftsteller Arnold Zweig, der selbstbewußt zu seinem Judentum stand, bewundernd über diesen neuen Typ, der sich an seinem wohlgeformten Körper und an seinen gutentwickelten Muskeln freue und gemäß dem angelsächsischen Beispiel Sport und intellektuelle Beschäftigung für gleichrangig hielt. Damit beschrieb Zweig letztlich den »neuen Deutschen«, den er im Jahre 1931 vor sich sah, aber seiner Meinung nach sollte dieser Deutsche ein Vorbild für den »neuen Juden« sein.[53] Dieser neue Jude repräsentierte eine markige Maskulinität, und wie sein homosexuelles Pendant leistete er letztlich dem männlichen Stereotyp im 20. Jahrhundert Vorschub. Obwohl die meisten Juden keine Nationalisten waren, sondern Liberale, konnte diese Männlichkeit sich sogar auf »höhere« Ideale gründen, wie das der Nation. Selbstkontrolle, Willenskraft und »stille Größe« waren ihre altbekannten Ingredienzien – und so nimmt es nicht wunder, daß männliches Auftreten von Juden (und Homosexuellen, wie wir gesehen haben) als gesellschaftliche Eintrittskarte betrachtet wurde.

7.1 Der »neue Jude« bei der Arbeit. Eine Postkarte, die in den dreißiger Jahren von der Kibbuz-Bewegung ausgegeben wurde.

Das maskuline Ideal hatte die Phase seiner größten Anfeindungen am Ende des 19. Jahrhunderts überstanden, war aus dem Krieg gestärkt hervorgegangen und hatte seine Vorherrschaft in den Jahren zwischen den Kriegen beibehalten – schien es doch den reibungslosen Ablauf des gesellschaftlichen Räderwerks zu garantieren. Die Außenseiter selbst hatten dieses Ideal verinnerlicht, das für eine bestimmte moralische Haltung stand und für die Ausübung gesellschaftlich relevanter Tugenden. Nach dem Ersten Weltkrieg erreichte die Maskulinität als nationales und politisches Symbol ihren Höhepunkt, stand doch dem Herzen des Faschismus, der im Verein mit dem Kommunismus zu einer schicksalsträchtigen politischen Bewegung werden sollte, das maskuline Ideal sehr nahe. In dieser Zeit schwang sich die Männlichkeit als öffentliches Symbol zu ungeahnten Höhen auf, während sie sich als gesellschaftlicher Imperativ weiterhin ihre Herausforderer einverleibte.

8 Der neue faschistische Mann

I

Die Geschichte der modernen Männlichkeit erreicht nun einen entscheidenden Punkt. Niemals zuvor und niemals danach wurde die Maskulinität in solche Höhen gehoben wie im Faschismus: jedes faschistische Regime setzte große Hoffnungen auf sie, wertete sie zum nationalen Symbol auf und nutzte sie als schlagkräftiges Exempel. Maskulinität als Prinzip tranzendierte nun das Alltagsleben. Natürlich vertiefte und verschönerte der Faschismus nur gewisse Aspekte der Männlichkeit, die immer schon gegenwärtig waren und auf die wir in den vorangegangenen Kapiteln zu sprechen gekommen sind. Das faschistische Ideal der Männlichkeit war unmittelbar nach dem Ersten Weltkrieg entstanden – meinte doch die Bewegung, die Kriegserfahrung für sich gepachtet zu haben –, aber es schloß auch andere Bilder der Maskulinität ein, wie jene, die beispielsweise von der deutschen Jugendbewegung oder von den italienischen Futuristen errichtet wurden. Wo immer das männliche Ideal sich über das gewöhnliche Leben erhob, machte der Faschismus es sich zunutze. Er bediente sich der Männlichkeit in durchaus eigennütziger Absicht, um seine politischen Strukturen auszuweiten, betonte zugleich aber, daß sie sich eigentlich stets in den Dienst einer höheren Sache stellen müsse.

Die Rede eines faschistischen Parteifunktionärs, die er um 1930 vor der Balilla – der faschistischen Jugendorganisation – hielt, zeigt klar und deutlich, welche Prioritäten gesetzt wurden: »Mens sana in corpore sano« sei nicht genug (obwohl ansonsten genau dies den Mann auszeichnete), auch Sport und eine gute

Erziehung reichten nicht aus. »Wir brauchen einen Funken, der Begeisterung entfacht – den Willen, dem Vaterland zu dienen.«[1] Der Auftrag, sich für eine höhere Sache aufzuopfern, war dem »wahren Mann« von jeher erteilt worden, aber nun wurde er in die Rhetorik des Ersten Weltkriegs gekleidet. Dieser Krieg trug entscheidend zur Definition des faschistischen Mannes bei: der neue italienische Faschist, so schrieb Emilio Gentile, sei ein Kreuzzugskrieger um des Glaubens willen.[2] Dieser neue Glaube war der Nationalismus – aber schon vor dem Krieg hatten glühende Nationalisten ihre Träume, ein neues Italien betreffend, mit Hilfe des »neuen Mannes« verwirklichen wollen. Als der Faschismus sich in seiner definitiven Form herauszubilden begann, war Mussolini solchen Bewegungen eng verbunden, die – so wie der Krieg – das Bild des faschistischen Mannes prägten.

Die italienischen Nationalisten verkündeten seit der Jahrhundertwende einen revolutionären Nationalismus, der mit der Tradition brach. Wie die literarische und künstlerische Avantgarde des Fin de siècle, deren Teil sie waren, glaubten sie an die Moderne und huldigten vor allem dem Prinzip der Beschleunigung, das durch die Technik ermöglicht wurde und nicht wenige ihrer Zeitgenossen in den Bann schlug. Der Nationalismus sollte hier einmal nicht als bewahrende Kraft wirken, sondern als revolutionäre – im Sinne einer geistigen Revolution gedacht, die zu der Erschaffung einer neuen Elite führen sollte.

Von Beginn des 20. Jahrhunderts an waren die Futuristen eine künstlerische und politische Avantgarde, die großen Einfluß u. a. auf das Bild des Mannes ausübte. Dabei waren sie keine Nationalisten alter Schule, denn sie glaubten nicht an unveränderliche Ideale, sondern huldigten freudig ihrer Zeit, der Gegenwart – und dem »neuen Mann«, der nicht von dem Gewicht der Vergangenheit niedergedrückt wurde, sondern sich auf zu neuen Ufern schwang, Italiens Ruhm überall verkündete und dabei keine Konfrontation scheute. Daß er sich mit Gleichgesinnten zusammenschloß, die die Welt auf ähnliche Art und Weise wahrnahmen, sollte auch zu seiner Disziplinierung beitragen. Der Futurismus bediente sich traditioneller Vorstellungen wie Männlichkeit, Energie und Gewalt, versuchte aber gleichzeitig, sie aus ihren historischen Verankerungen (z. B. den nationalistischen Bewegungen) zu reißen. Das heißt, wieder einmal war der neue Mann bereit, zu kämpfen und sein Leben dem Vaterland zu opfern ... Filippo Marinetti, der führende Futurist, beschrieb einen solchen Mann als Jünger der Maschine, Feind der Bücher, als Individualisten und glühenden Anhänger der italienischen Sache.[3] Ganz offensichtlich widersprechen sich diese Eigenschaften: wiewohl ein autonomes Individuum, soll der Futurist auch diszipliniert sein – und in seiner Handlungsfreiheit ist er ohnehin durch seinen Dienst am Vaterland stark eingeschränkt. (Hierbei darf man nicht vergessen, daß die Futuristen keine systematischen Denker, sondern in erster Linie Künstler waren, die sich der Spontaneität verschrieben.)

Gleichzeitig spielten auch andere italienische Nationalisten mit der Idee eines neuen Mannes. Giovanni Papini, eine ihre wichtigsten Stimmen, wies auf die Bedeutung dieses Ideals in einem Essayband hin, der den simplen Titel *Maschilità* (1915) trug: »Männlichkeit«. Hier wird Nietzsche ebenso gepriesen wie Otto Weiningers *Geschlecht und Charakter*, auf das wir bereits ausführlich eingegangen sind, und zwar, weil Weininger eine scharfe Trennung zwischen Männern und Frauen vollziehe, von denen die einen kraftvoll, energiegeladen, hart und stolz, die anderen schwach, unkonturiert, geistlos und tränenreich seien.[4] Männer müßten sich von den bürgerlichen Ikonen wie Familie, Beruf und der Liebe befreien, denn die Frauen zu lieben bedeute, sich zu ihren Sklaven zu machen.[5] *Maschilità*, so erklärte Papini, sei »eine rein männliche Abhandlung«, womit er meinte, daß das Buch im Stile Nietzsches geschrieben sei, das heißt, seine Leser aufrufe, mit Herkömmlichem zu brechen, um das wahre Italien zu entdecken: sie sollten sich hinfort dem Leben auf nüchterne und unromantische Weise nähern, und sie sollten den Mut fassen, brutaler, bestialischer, barbarischer zu werden.[6] Papini und Enrico Corradini, ein weiterer einflußreicher Nationalist, der Artikel in nationalistischen Zeitschriften publizierte, waren der Überzeugung, daß erst ein Krieg und eine geistige Revolution den Prozeß der italienischen Vereinigung besiegeln würden. Die Generation, die dem Risorgimento folgte, hätte sich dieser Aufgabe nicht gewachsen gezeigt.[7] Wir sehen, wie sehr sich dieser Nationalismus an Nietzsche orientierte, wie agil und aggressiv er war: »Honig und Stein«, so umschrieb Papini bezeichnenderweise Frauen und Männer.[8]

Dieser italienische »neue Mann« war indes ein »nietzscheanischer Nationalist«, eine Kombination, die Nietzsche selbst zutiefst mißfallen hätte. Zwar war ein Nationalist à la Nietzsche auch in Deutschland nicht ganz unbekannt,[9] doch gab es dort keinen einflußreichen Papini, der Nietzsche zum Kronzeugen eines ahistorischen Nationalismus aufgerufen hätte. Dieser von Papini beschriebene neue Mann prägte das Männerbild des italienischen Faschismus erheblich, und auch Mussolini konnte seine revolutionären Wurzeln nicht verleugnen: während des Krieges war er voll des Lobes für Papini und seine Zeitschrift *L'acerba.* Daß die Nationalisten (Papinis Vorstellungen wurden durchaus von anderen geteilt) den Futuristen eng verbunden waren, sollte einen bleibenden Einfluß auf den italienischen Faschismus und sein Konzept der Maskulinität ausüben, während dem nationalsozialistischen Nationalismus genau dieses dynamische Element fehlte.

Der Glaube an Italiens Größe und besonderes Schicksal verband sich mit revolutionärer Inbrunst. Und der Gedanke, daß Italien sich aus sich selbst heraus erneuern könne, kam, wie Renzo de Felice meint, Mussolinis Temperament entgegen.[10] Seite an Seite mit Mussolini traten die Nationalisten für Italiens Eintritt in den Ersten Weltkrieg ein, weil ihrer Meinung nach erst der Krieg die ersehnte Revolution herbeiführen würde. Der neue Mann des Faschismus besaß die Dynamik der Nationalisten und auch ihren Patriotismus. Disziplin und Selbstkontrolle, die bei Papini und Konsorten weitgehend gefehlt hatten, waren ihm aber auch nicht unbekannt.

Der Erste Weltkrieg und seine Folgen waren für die Konstruktion des neuen faschistischen Mannes letztlich von größerer Bedeutung als die futuristischen bzw. nationalistischen Impulse. Der Faschismus selbst war als politische Bewegung ein Produkt dieses Krieges, hielt sich doch die faschistische Bewegung – ob italienischer oder deutscher Prägung – für die legitime Erbin der Kriegserfahrung. Aus diesem Grunde waren in den Augen der Faschisten die Veteranen geradezu prädestiniert, die Männer der Zukunft anzuführen. Jene, die dem Tod ins Angesicht geblickt hatten, galten als die eigentlichen Helden, die um die Bedeutung des Opfers wußten, auch wenn sie das Leben bis zur Neige ausgeschöpft hatten. Soldaten, die die Prüfung des Krieges bestanden hatten, wußten eben dem Tod zu trotzen.[11] Die Verherrlichung des Ersten Weltkriegs spielte eine wichtige Rolle in der faschistischen Ideologie: erst die Kriegserfahrung führte zu wahrer Maskulinität – während die Bürger weder wußten, wie man lebte, noch, wie man anständig starb. Wohlgemerkt war dieser idealisierte Veteran kein Individualist, er wußte sich mit seiner Truppe und seinem Volk eins.

Die Kameradschaft der Kriegszeit, wie prekär sie realiter auch gewesen sein mochte, wurde für den gesamten Faschismus zum Paradigma von Gesellschaft und Staat. Wie wir andernorts erwähnt haben, war diese Kameradschaft natürlich eine rein männliche Angelegenheit: ein Männerbündnis war das Fundament, auf dem der neue Staat ruhte. Das deutsche Ideal des Männerbundes (Abbildung 8.1) wurde von den Nazis häufig beschworen, aber auch dem italienischen Staat der Faschisten lag diese Vorstellung zugrunde, selbst wenn Mussolini in den zwanziger Jahren für kurze Zeit mit den Frauenrechten geliebäugelt hatte.[12] Obwohl man propagierte, daß jene Kameradschaft die ganze Nation umfaßte, konzentrierte sich die Aufmerksamkeit in Wirklichkeit auf die faschistische Partei und ihre Formationen. Kameradschaft galt in ihren Reihen als eine freiwillige Angelegenheit, nicht als eine erzwungene wie in den Schützengräben: um Teil einer solchen Elite zu werden, war Willenskraft vonnöten – wir sehen, wie

8.1 »Die Partei, von athletischen Männern getragen«. Postkarte des »Männerstaates«, ausgegeben aus Anlaß des NSDAP-Reichsparteitages in Nürnberg vom 6. bis 13. September 1937.

unabdingbar diese Eigenschaft doch für wahre Männer war. Der ehemalige Frontkämpfer mit der richtigen Gesinnung, der den Krieg am eigenen Leibe erfahren hatte, wurde Mitglied der faschistischen Squadrista, der Stoßtrupps, die den Prototyp des neuen Mannes verkörperten.[13]

Sich ohne mit der Wimper zu zucken dem Tod zu stellen, hatte auch – wir erinnern uns – Ernst Jüngers neue Männerrasse ausgezeichnet. Nach dem Krieg wurde diese »Tugend« zum bestimmenden Merkmal des faschistischen oder nationalsozialistischen Mannes. Der Kult um die Kriegstoten, die »Märtyrer«, war das Herzstück der faschistischen und nationalsozialistischen Polit-Liturgie. Diese Verherrlichung von Tod und Opfer war ein Resultat des Krieges selbst, des apokalyptischen Rufes nach Zerstörung und Erneuerung: der Zerstörung der alten Welt und der Erneuerung der Nation.

Mussolinis neuer Mann war also von der Kriegserfahrung geprägt, und in der Tat lebte er in einem ständigen Kriegszustand. Dauernd trug er seine Uniform, nahm an Aufmärschen teil, ertüchtigte sich körperlich – all das war Teil einer unausgesetzten Schlacht gegen den Feind. Dieser Feind war vor dem Abessinienkrieg von 1935 und den Rassengesetzen von 1938 kein fremdes Land bzw. keine Minderheit wie die Juden, sondern dieser Feind hieß Degeneration, eine Degeneration, die die Nation von innen her aushöhlte. Entsprechende moralische Untertöne waren unüberhörbar. Achille Starace, Generalsekretär der faschistischen Partei von 1931 bis 1938, führte sogenannte Reinheitskreuzzüge durch und rief zu größerer Enthaltsamkeit auf. Auch hier sollte der faschistische Mann ein Vorbild sein und Reinheit exemplarisch verkörpern, eine Reinheit, wie sie die moderne Maskulinität von Anfang an begleitet hatte. Lando Ferretti, ein überzeugter Aktivist der faschistischen Jugend- und Sportbewegung, rief sogar zum Verbot von Tanzveranstaltungen auf, »die nichts gemeinsam haben mit hellenistischer Schönheit«.[14]

An dieser Stelle muß noch einmal besonders auf die faschistische Akzentuierung des Körpers eingegangen werden. Die moderne Maskulinität hatte – im Gegensatz zu früheren Zeiten – den Körper und seine (idealen) Proportionen immer schon besonders hervorgehoben, und dieser Kult erreichte im Faschismus seinen Höhepunkt. Der Körper des neuen Mannes spiegelte auch seinen Geist wider, entsprach dem klassischen Schönheitsideal und wurde, wie wir noch sehen werden, zu einem wichtigen nationalsozialistischen Symbol (von dem auch der italienische Faschismus Gebrauch machen sollte, wenn auch in geringerem Umfang). Bezeichnend ist in diesem Zusammenhang, daß das zwischen 1932 und 1937 in Rom errichtete riesige Sportstadion von den Statuen nackter Athleten, Männer- und Frauenfiguren, gesäumt wird. Jede italienische Provinz hatte je eine Skulptur gestiftet. Wieder einmal zeigte das klassische Ideal, wie wirkungsmächtig es war – wenngleich hier die Frauen miteingeschlossen waren. Schließlich hatten auch sie stark und kräftig zu sein, um bessere Ehefrauen und Mütter abzugeben.[15] An ihrer Abhängigkeit von den Männern änderte das allerdings wenig. So galt Sport auch als Mittel, um weibliche Anmut zu erhöhen, und 1931 befahl Mussolinis Pressestelle den Zeitschriften und Zeitungen, alle Abbildungen »exzessiv dünner und maskulinisierter weiblicher Figuren« zu unterlassen.[16] Männerkörper in ihrer nackten Schönheit wurden zu faschistischen Symbolen; der weibliche Körper hatte – mit wenigen Ausnahmen, wie der eben erwähnten – stets zumindest teilweise bekleidet zu bleiben.

Eine deutsche Beobachterin, die italienische Jugendliche im Forum Mussolini in dichtgeschlossenen Reihen marschieren sah, fühlte sich zu der Bemerkung veranlaßt, der innigste Wunsch dieser Jugendlichen sei es, sich den Statuen der griechischen Athleten anzugleichen, die das Stadion umgaben.[17] Eine typisch nationalsozialistische Perspektive, denn die faschistischen Autoren Italiens, die sich über die Rolle des Sports äußerten, hoben, anders als ihre deutschen Kollegen, nicht ständig die männliche Schönheit hervor. Gleichwohl beklagte Mussolini selbst den Umstand, daß die Italiener gingen, als ob sie verkrüppelt wären; sie müßten lernen, aufrecht einherzuschreiten.[18] Nirgendwo jedoch läßt er die ungezügelte Begeisterung für maskuline Schönheit erkennen, die Hitler in *Mein Kampf* zu der Bemerkung bewegte, daß das griechische Schönheitsideal unsterblich sei, weil es die herrlichste körperliche Schönheit mit einem funkelnden Geist und einer edlen Seele vereine.[19] Wir werden noch ausführlich darauf zu sprechen kommen, wie die Nazis den schönen männlichen Körper für ihre Zwecke einzusetzen wußten.

In Italien scheiterte indes, sobald die Rassengesetze von 1938 verabschiedet waren, der Versuch, italienische Arier nach deutschem Vorbild zu erfinden, kläglich. Das Ziel körperlicher Ertüchtigung war für italienische Faschisten weniger die Schaffung eines als Symbol verstandenen schönen Körpers denn pure Disziplinierung, die der Kameradschaft zuträglich sein sollte, einer Kameradschaft, wie man sie aus dem Kriege kannte, wo weder Rang noch Name zählte. Aber auch in Deutschland schätzte man diesen Aspekt des Sports; ein nationalsozialistischer Erzieher schrieb, daß der Sport die männliche Freude am Leben verstärke, die aus der wahren Kameradschaft erwachse. Das war keineswegs unwichtig, wenn man bedenkt, daß das Ideal der männlichen Kameradschaft das Fundament des faschistischen bzw. nationalsozialistischen Staates stellte.[20]

Der Faschismus bediente sich des menschlichen Körpers jedoch noch auf andere Weise: in Italien war, anders als in Deutschland oder im protestantischen Norden, eine expressive Körpersprache ungeheuer wichtig. Mussolini setzte diese Körpersprache auf eine theatralische Weise als Kommunikationsmittel ein, die Adolf Hitler fremd war und die er für ungehörig, wenn nicht gar für weibisch gehalten hätte. Natürlich sprachen die kerzengeraden und stocksteifen Körper bei Aufmärschen oder Massenveranstaltungen ihre eigene Sprache, aber besonders der agile und wortgewandte Duce (dessen vorspringendes Kinn angeblich seine Willenskraft demonstrierte) wußte die Massen zu mobilisieren.

Der Faschismus übernahm die weitverbreitete Vorstellung, daß ein durchtrainierter Körper Zeichen eines männlichen Geistes sei. Körperliche Ertüchtigung wurde nicht nur als Vorbereitung auf kommende Kriege betrachtet; sie sollte den Charakter des neuen faschistischen Mannes stählen. Aber ohne einen starken Willen mußten Agilität und Disziplin steril bleiben. Der Wille, so der Herausgeber des offiziellen faschistischen Sportorgans in Italien, sei der Funke, der erst das Verlangen nach Dienst und Opfer entzünden könne.[21] Insofern kam dem Willen dieselbe Rolle zu, die er in der Geschichte der Maskulinität immer schon gespielt hatte, und die faschistische Maskulinität verschärfte nur traditionelle Vorstellungen.

Auch hier spiegelt das männliche Stereotyp mit seinen »dynamischen« wie auch »kontrollierten« Elementen die Art und Weise wider, wie sich die Gesellschaft selbst wahrnahm. Auch kriegerische Aspekte wurden betont, wenngleich es stets galt, Aggression und Energie in feste Bahnen zu lenken und zu kanalisieren. Nicht umsonst wurden Disziplin und Zurückhaltung in faschistischen Publikationen und Reden so oft beschworen, konnte doch ein kriegerischer Aktionismus leicht aus dem Ruder laufen.

Die Tatkraft unterschied den neuen Mann angeblich von seinem bürgerlichen Pendant, das in den Augen der Faschisten von Zynismus und Dekadenz gekennzeichnet war. Im Gegensatz dazu bündelten sich im faschistischen Mann Kultur, Wissen und Tatkraft, wie es in einer Geschichte des italienischen Faschismus, 1936 von Gioacchino Volpe verfaßt, hieß. Die Erziehung mußte Wissen als dynamische Kraft begreifen und vermitteln und auf die Verwirklichung der faschistischen Ideale zielen.[22] Solche Vorstellungen fanden sich – mutatis mutandis – auch bei den Nationalsozialisten; sie waren faschistisches Gemeingut. Aber in Italien war der faschistische Mann weniger fest in der Vergangenheit bzw. in einer klaren Ideologie verankert, so daß die dynamischen Elemente, die der neue Mann zu verkörpern ausersehen war, eher ins Auge sprangen.

Mussolini selbst war – wie schon Papini – sehr beeindruckt von Nietzsche. Auch Hitler suchte Nietzsche für die nationalsozialistische Sache einzuspannen, aber sein Nietzsche war »entschärft«, in nationalistische bzw. rassistische Wolle eingefärbt. Dagegen war Mussolinis Nietzsche nicht vom Rassismus kontaminiert; Mussolini bewunderte an Nietzsches höchst unsystematischem Denken, daß es sich Ideale anzueignen wußte, die völlig anders waren als jene, an die die ältere Generation glaubte. Ein neuer Orden von »Freigeistern«, durch den Krieg gestählt, würde sich erheben, so schrieb er; seine Mitglieder allein könnten Nietzsches Ideale begreifen, sie hätten die Gipfel und die Gletscher der höchsten Berge ebenso erblickt wie die tiefsten Abgründe. Sie würden der Menschheit ihre Hoffnung zurückgeben.[23] Mussolini verfaßte seine Nietzsche-Interpretation um die Jahrhundertwende. Gleichwohl spielte der altgediente Opfergedanke hier auch mit hinein; und angesichts der hehren Ziele verwundert es nicht, daß die Tatkraft zu einem der wichtigsten Attribute des faschistischen Mannes wurde, der, beflügelt von einer gewissermaßen nietzscheanischen Vision, Energie und Selbstdisziplin in sich zu vereinen wußte (wie sehr auch letztere dem ursprünglichen Impuls widersprechen mochte).

Zu Beginn der dreißiger Jahre nahmen einige junge Italiener jenen Appell an die Tatkraft ernst und wendeten sie gegen das faschistische Regime, das die Macht offensichtlich korrumpiert hatte. Junge faschistische Intellektuelle – größtenteils Studenten – kritisierten immer heftiger den Faschismus ihrer Tage, der seinen ursprünglichen Schwung, wie sie es nannten, eingebüßt hatte. Die Auswirkungen dieser Kritik waren gering; sie mag höchstens den Abessinienkrieg befördert haben, in dem sich die jungen Männer dann beweisen konnten.[24] Aber in ihr spiegelt sich der Elan, der in den faschistischen Bewegungen Südeuropas gegenwärtig war, im Nationalsozialismus hingegen weitaus schärfer kontrolliert wurde.

Der sogenannte neue Mann des Nationalsozialismus war tief in der Vergangenheit verwurzelt, und obwohl Italiens Bindungen zum alten Rom oft beschworen wurden – schließlich war das Markenzeichen des Faschismus, das Liktorenbündel, das römische Insignum für ein öffentliches Amt gewesen –, betrachtete

Mussolini die Vergangenheit nur als Sprungbrett für die Zukunft. Der neue Deutsche fand als Einzelwesen kaum Erwähnung; der neue Italiener war indes allgegenwärtig. So konnte Achille Starace, als er 1939 seinen Posten als Generalsekretär der faschistischen Partei an seinen Nachfolger übergab, mit Fug und Recht behaupten, daß die Erschaffung jenes neuen Mannes eine zentrale Aufgabe sei und daß sich die Partei ihr mit all ihrer Kraft auch zukünftig widmen werde.[25] Dabei bestand dieselbe Spannung, die die Futuristen schier zerriß, auch im Faschismus: zwischen dem aktiven, vitalen Individuum und seinen Bedürfnissen und den Pflichten des »Bürgersoldaten«, der sich mit Haut und Haaren einer Sache verschrieb, voller Mut und Tatkraft.[26] Wie Renzo de Felice aufzeigte, waren Mussolinis Vorstellungen schon in sich widersprüchlich: das Bild des neuen Mannes wurde von einem Staat entworfen, der sowohl autoritär als auch populistisch war, aktivistisch und dennoch kontemplativ, dynamisch und realistisch, nationalistisch und westlich orientiert.[27] In einem Artikel über den Faschismus in der Ausgabe der *Enciclopedia Italiana* von 1933 schrieb Gioacchino Volpe, daß es zwei Mussolinis gebe: einen, der die Massen nicht liebe und mit dem Individuum sympathisiere; und einen, der wisse, wie unabdingbar Disziplin sei, um das Individuum in den Staat zu integrieren, und der, weil er sich selbst zu beherrschen wisse, dies auch von anderen fordere. Disziplin sei für wirksames Handeln unerläßlich, und der Tag der Entscheidungsschlacht um ein erneuertes Italien werde bald kommen.[28] So sahen sich alle möglichen Widersprüche im Namen eines nicht näher benannten Ziels miteinander versöhnt.

Die Nazis kannten solche Ambivalenzen nicht; sie hatten nur die Masse Mensch im Bild und waren jeglicher Form von Individualismus abhold. Ein auf den ersten Blick nicht sehr bedeutsames, aber nichtsdestoweniger merkliches Unterscheidungsmerkmal, denn es führt geradewegs zu dem entscheidenden Unterschied zwischen dem faschistischen und dem nationalsozialistischen Ideal der Maskulinität. Der italienische Faschismus legte seine Zukunft vertrauensvoll in die Hände des neuen faschistischen Mannes, der Italien in Richtung Utopia (auch wenn diese Utopie etwas verschwommen war) führen sollte. Die Nazis überließen hingegen nichts dem Zufall, der wahre Deutsche mußte sich mit Haut und Haaren dem Staat der Arier verschreiben, der organisch aus der Vergangenheit der Nation erwachsen sollte.

Strenggenommen entsprechen die Zeichnungen, die Hitler zeigen, wie er den neuen Mann erschafft (Abbildung 8.2), deshalb nicht ganz den Tatsachen. Und dennoch war am Bild vom »Bildhauer Deutschlands« wie es im *Kladderadatsch* hieß, etwas Wahres dran. Hitlers neuer Mann konnte zwar sehr wohl in der Vergangenheit gründen, doch lautete die entscheidende Botschaft, daß mit der Machtergreifung der Nazis ein »neuer Deutscher« auf den Plan getreten sei, der die dekadente Männlichkeit ein für allemal hinter sich gelassen habe.

Trotz aller Unterschiede zwischen dem »neuen Deutschen« und dem »neuen Italiener«: in beiden Ländern war eine Spannung zwischen triumphierender Maskulinität und »bürgerlichem« Familienleben zu beobachten. Diese Spannung konnte in einer Bewegung, die paramilitärisch organisiert war und die die Männer viel Zeit kostete, nicht überraschen. Die Jungen mußten zur Balilla oder zur Hitlerjugend, bevor sie Mitglieder der Partei wurden oder sich den Stoßtruppen der Bewegung anschlossen. Dennoch galt den Faschisten wie den Nazis die Familie als Keimzelle des Staates. Die der Partei genehme italienische Trivialliteratur pries »die Poesie des Herzens« und die Beschaulichkeit des Familienlebens, die doch scheinbar dem Aktivismus und der Virilität des Ideal-Faschisten widersprachen.[29] Zur gleichen Zeit schrieb *Critica Fascista*, ein wichtiges Parteiorgan, daß die Ertüchtigung des männlichen Körpers »die begrenzten Aspirationen und die mittelmäßigen Inspirationen, die das bürgerliche Familienleben dem einzelnen bieten kann«, übersteige und »ihn befähige, die Bedürfnisse des Staates zu verstehen«.[30] Aber in Deutschland, nicht in Italien, wurde der Konflikt zwischen den Erfordernissen der Familie und der rein männlichen Parteiorganisationen offen ausgetragen; schließlich gab es in Italien nicht die

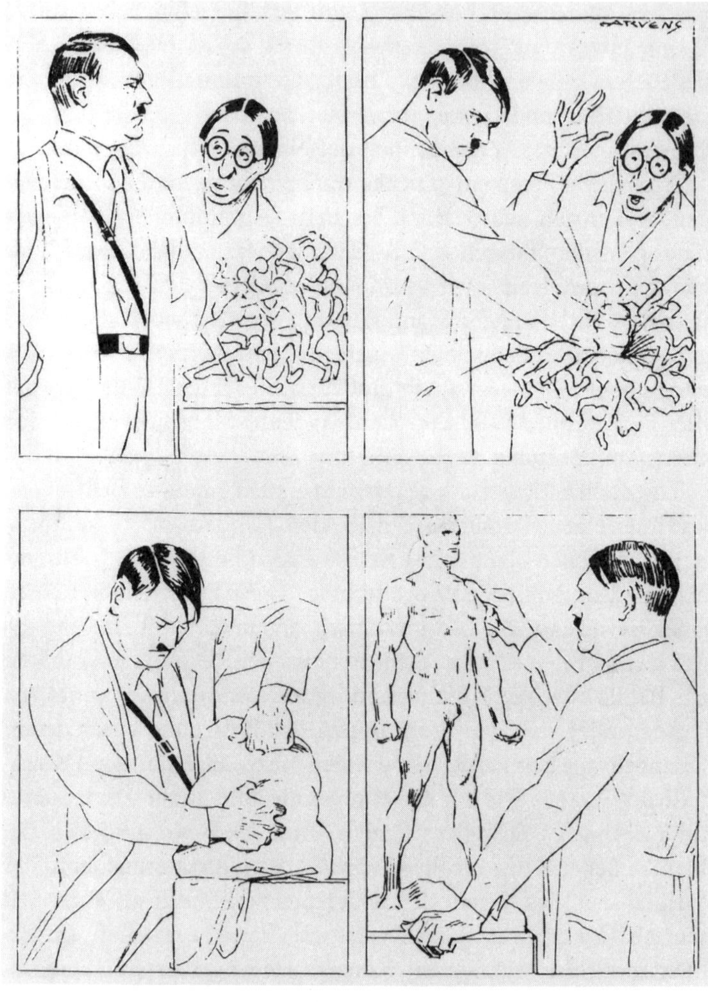

8.2 *Der Bildhauer Deutschlands*; Hitler erschafft den neuen Deutschen. Aus dem Satirejournal *Kladderadatsch* 86, Nr. 49 (1933).

Tradition der Männerbünde mit ihrem Anspruch, die Begründer und Verwalter des Staates zu sein.

So sahen sich die Mitglieder der SA während der Machtkämpfe in der Weimarer Republik gezwungen, sich zwischen einem ruhigen Familienleben oder einem rauhen Straßenkämpferleben zu entscheiden. In einem »offiziellen« Erinnerungsbuch, das über die Zusammenstöße zwischen der SA und den Kommunisten zu jener Zeit berichtet, läßt sich ein SA-Mann während einer Kampfpause zu der Aussage hinreißen: »Die Familie ist für uns kein Thema, wir sind Nationalsozialisten, und unsere Loyalität gehört allein der Partei.« Daraufhin wird er von seinem Anführer scharf zurechtgewiesen: sei doch die Familie die wichtigste Keimzelle des nationalsozialistischen Staates. Es scheint, als ob die Partei mit diesem Buch ihre »Ehrbarkeit« unter Beweis zu stellen suchte – jedenfalls wurde das Problem durchaus wahrgenommen. Anders im Propaganda-Film *Kolberg* (1945): dort verzichtet ein Offizier in den Befreiungskriegen auf die Liebe eines Mädchens, nicht nur im Namen des Vaterlandes, sondern auch weil er die maskuline Welt einem geordneten Familienleben vorzieht.[31] Der Faschismus war gewissermaßen der Kulminationspunkt der modernen Maskulinität, wie wir zu Beginn dieses Kapitels festgestellt haben, und er artikulierte die immer schon latente Spannung zwischen »Familienleben« und »Männerbund«. Diese Spannung wurde auf bewährte Weise gelöst, indem Frauen und Kinder der Gewalt des Mannes unterstellt wurden; sie hatten an ihrem angestammten Platz in der häuslichen Sphäre zu bleiben, während sich der Mann im Dienst einer höheren Sache auch außerhalb des Heims bewegen konnte. Das Titelbild des SS-Kalenders für das Jahr 1936 verdeutlicht diese Ordnung: der Vater steht oben, an der unteren Seite des Bildes, in absteigender Reihenfolge, sind Frau und Kind.

Wie wir bereits erwähnt haben, sah sich der Faschismus selbst als einzig legitimer Erbe des Ersten Weltkriegs. Er machte die Kriegshelden kurzerhand zu faschistischen Helden. Wurde den Italienern gepredigt, daß »unsere Helden die Gefallenen« sind,[32] gründeten viele der Rituale und Zeremonien Nazideutschlands auf Kriegerehrungen. Der Faschismus betrachtete ein solches Heldentum als Ausdruck von Männlichkeit, definierte Maskulinität nicht so sehr über die Tugenden, die im Alltagsleben von Belang waren, sondern über Kampf- und Opferbereitschaft. War der wahre Held doch immer schon ein Mann gewesen, während die Frau nur als Opfer oder Märtyrerin Züge von Heldentum aufweisen durfte, bevorzugt dann, wenn sie ihre Reinheit verteidigte.[33] Sir Walter Scotts Rebecca und Agnes Günthers »Seelchen« stehen sich hierin in nichts nach. Der Begriff »heldenhaft« war fester Bestandteil des faschistischen Vokabulars, wenngleich er für die »aktiven Männer« etwas anderes bedeutete als für die »passiven« Frauen.

Dem italienischen Faschismus und dem Nationalsozialismus waren also bestimmte Vorstellungen von Männlichkeit gemein und ebenso die Spannungen, die zwischen einer »männlichen« und einer bürgerlichen Existenz notgedrungen existieren mußten. Sie unterschieden sich in dem Grad des Individualismus, der dem neuen Mann zugestanden wurde, und vor allem in ihrem Verhältnis zu Vergangenheit und Zukunft. Anders als der italienische Faschismus während seiner ersten sechzehn Jahre war der Nationalsozialismus ein rassistisches Regime, und der Rassismus, geradezu besessen von der eigenen nationalen Vergangenheit, hatte auch äußerst klare Zukunftsvisionen in bezug auf Blut und Boden. Das wichtigste Symbol des Rassismus war der Mensch selbst, der »ideale Arier«, der ausführlich beschrieben und illustriert wurde. Diese Präzision, die kein Detail außer acht ließ, war dem Faschismus italienischer Prägung bis zu den Rassengesetzen von 1938 weitgehend unbekannt.

Eine Ausnahme von dieser Regel sind freilich die vielen Bilder Mussolinis, die den Kult des Duce befördern halfen. War doch Mussolini höchstpersönlich als Inkarnation aller männlichen Tugenden gedacht. Man zeigte ihn bei Leibesübungen, bei der Arbeit, zum Beispiel bei der Ernte oder am Steuer eines Traktors – lauter Bilder von Stärke, Entschlossenheit und Produktivität. Mussolini wurde zum Modell des jugendlich-virilen Mannes erhoben. In der Tat erschien das Wort »Virilität« oft in faschistischen Schriften, als ob es die faschistischen Überzeugungen des Autors unter Beweis stellen müßte.[34] Dabei wurde Mussolinis Image als »neuer Mann« sorgfältig gepflegt: über seine Geburtstage oder über seine Krankheiten durfte nichts berichtet werden, und auch nicht, daß er Großvater geworden war.[35] Der Duce als Ikone des Regimes bedeutete den Triumph des faschistischen maskulinen Ideals. Die Lichter in seinem leeren Büro, die von der Piazza Venezia aus gesehen werden konnten, brannten bis tief in die Nacht hinein: er war also nicht nur pflichtbewußt, sondern erfreute sich jugendlicher Vitalität und Kondition.[36]

Hitler wurde hingegen selten in Aktion, und wenn, dann nur bei außergewöhnlichen Anlässen, meistens öffentlichen Feiern, gezeigt. Er war das Symbol der Bewegung, befand sich aber gleichzeitig in unerreichbarer Ferne – fast wie ein religiöses Symbol. Natürlich schloß das nicht aus, daß auch er als Verkörperung der Tapferkeit im Krieg herhielt, wenn er zum Beispiel am Steuerknüppel seines Flugzeuges fotografiert wurde, aber im großen und ganzen war der »personifizierende« Aspekt beim Führerkult ein nachgeordneter. Mussolini wurde nur gelegentlich – und Hitler niemals – als Freund der Familie dargestellt, wobei Mussolinis Kinder zwar oft abgelichtet wurden, bisweilen mit ihrem Vater, seine Ehefrau aber so gut wie nie in der Öffentlichkeit auftrat. Offensichtlich sollte Mussolinis beispielhafte Männlichkeit, nicht seine Rolle als Familienvater herausgehoben werden, und der Führer, der ohnehin keine Familie besaß, mußte der Inbegriff des neuen tatkräftigen Mannes sein.

II

Das Erscheinungsbild des idealen Mannes wurde, wie bereits erwähnt, für gewöhnlich von den griechischen Vorbildern abgeleitet – und diesbezüglich bildete der Nationalsozialismus keine Ausnahme. So trichterte man Studenten, die ein Stipendium erhielten, ein, daß sie dank ihrer Ausbildung auf dem besten Weg zum griechischen Idealtypus seien.[37] Die detailbesessene Beschäftigung des Nationalsozialismus mit der männlichen Schönheit war darauf zurückzuführen, daß er in erster Linie eine nationalistische und rassistische Bewegung war und sich selbst auch dafür hielt. Die Wurzeln des Rassismus lagen bekanntlich in der Anthropologie und der Ästhetik, und deshalb betrachtete man das Erscheinungsbild des Mannes als Spiegel seines inneren Wertes. In einem der meistgelesenen Bücher über den Rassismus – das die nationalsozialistischen Ansichten getreulich wiedergab – folgten auf eine allgemeine Einführung elf Kapitel, in denen en détail die äußeren Merkmale der nordischen Rasse aufgeführt wurden. Der nordische Mensch sei groß und schlank, mit breiten Schultern und schmalen Hüften; die idealen Maße wurden gleich mitgeliefert. Seine Haut sei hell, sein Haar von einem Blond, das mit den Jahren nachdunkle.[38] Es schließt sich eine Auflistung der Eigenschaften der nordischen Seele an. Bezeichnenderweise waren in Italien entsprechende Publikationen bis zur Verabschiedung der Rassengesetze im Jahre 1938 eher selten; danach nahm ihre Zahl sprunghaft zu, freilich in dem eher schwachen Versuch, mit dem deutschen Beispiel Schritt zu halten.

Von geringfügigen Abweichungen einmal abgesehen, kennen wir dieses männliche Ideal bereits. Der Rassismus verleibte sich stets vertraute Vorstellungen von normativer Schönheit und ihrem Gegenstück ein und zementierte sie, bot also feste Orientierungspunkte in einer sich wandelnden Welt – was sicherlich ein Gutteil seiner Anziehungskraft ausmachte: er postulierte so etwas wie Unveränderlichkeit und schien auf einem allgemeinen Konsens, was die Definition von Schönheit bzw. Häßlichkeit oder Gesundheit bzw. Krankheit betraf, zu gründen. Auf diese Art und Weise trug er dazu bei, die extremen Seiten der Maskulinität zu befördern.

Leibesübungen waren, wie wir gesehen haben, von »wahren Männern« von Anfang an nicht um ihrer selbst willen betrieben worden, sondern vor allem mit dem Ziel, den Charakter entsprechend zu bilden. So verwundert es nicht, wenn die Nationalsozialisten sich lang und breit hierzu äußerten. Der deutsche Mann, so hieß es in einer offiziellen Stellungnahme, sehe im Sport nicht nur die körperliche Ertüchtigung, sondern die Erfüllung seiner Weltanschauung. Der Mann müsse beweisen, daß seinen Worten Taten folgten: »Sein Körper ist ein Geschenk Gottes, er gehört seinem Volk, das er schützen und verteidigen muß; indem er seinen Willen stählt, dient er seinem Volke.«[39] Diesem Hymnus an den männlichen Körper schließt sich eine Aufzählung der männlichen Tugenden an, die ein derart gestählter Mann besitzt: Loyalität, Ehrlichkeit, Kameradschaft, Gehorsam, Disziplin und Mut. Diese Abfolge – von den äußeren zu den inneren Tugenden – ist uns bereits im zitierten rassenkundlichen Buch begegnet.

Und war es seit den Befreiungskriegen Sache der wahren Männer gewesen, sich fürs Vaterland zu opfern, dann wurde jetzt so deutlich ausgedrückt wie nie zuvor, daß der Körper eines Mannes nicht ihm selbst gehörte, sondern seinem Volk. Die Nazis eigneten sich hier eine Idee an, die im Krieg stets eine große Rolle gespielt hatte, und verwandelten sie zu einem absoluten Prinzip. Gerade dem männlichen Körper kam dabei die Aufgabe zu, sich dem »moralischen Sumpf« der Weimarer Republik mit aller Kraft entgegenzustemmen. Nach ihrer Machtergreifung machten sie ihn zum Symbol für Deutschlands Erneuerung und Stärke – nie zuvor war er in einen solchen Rang erhoben worden (auch nicht vom italienischen Faschismus). Gerade an öffentlichen Gebäuden brachten die Nazis häufig idealisierte männliche Körper an. So begrüßten zwei nackte Skulpturen von Arno Breker die Besucher in Hitlers Neuer Reichskanzlei (Abbildung 8.3).

Der nackte männliche Körper als politisches Symbol konnte seine griechischen Wurzeln natürlich nicht verleugnen. Der ideale Arier wurde oft mit dem Idealtypus der alten Griechen verglichen, »mens sana in corpore sano«. Und auch der Rassismus kommt hier ins Spiel. Einer rassistischen Theorie zufolge hatte die arische Rasse auf ihrem Zug von Indien nach Nordeuropa in Griechenland einen Halt eingelegt und sich dabei die edelsten

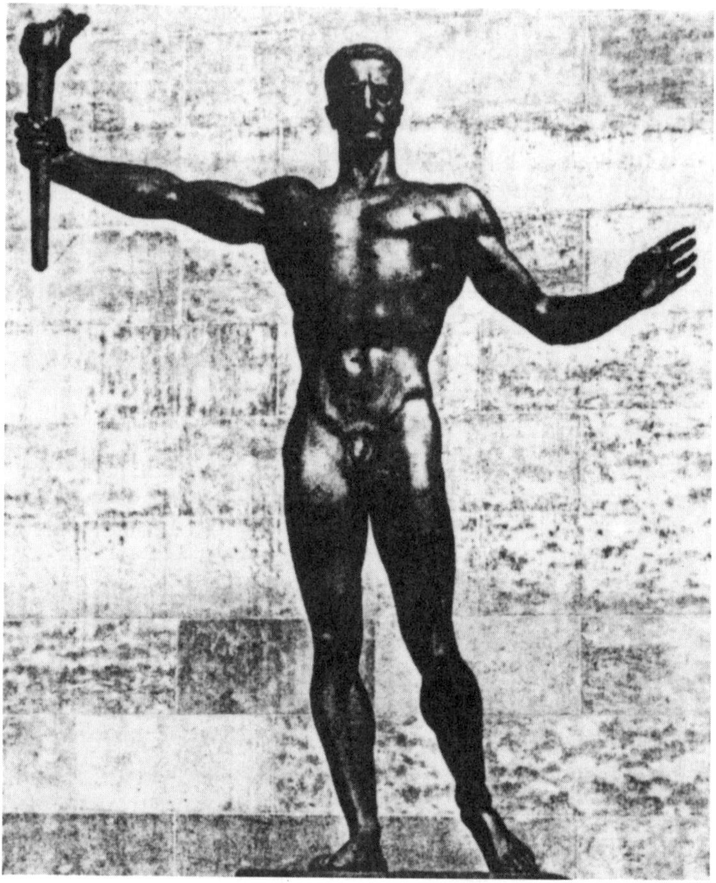

8.3 *Die Partei* von Arno Breker; für Hitlers Neue Reichskanzlei entworfen (1936).

Errungenschaften der griechischen Kultur angeeignet.[40] Auch die Neuentdeckung des menschlichen Körpers im Deutschland der Jahrhundertwende ist von Belang (während die Nazis die Nudistenbewegung als solche ablehnten). Die deutsche Jugendbewegung hatte fast so etwas wie einen Körperkult betrieben,[41] und das überaus beliebte Buch *Der Wanderer zwischen beiden Welten* (1917) von Walter Flex präsentierte an einer Stelle seinen Helden, ein früheres Mitglied dieser Bewegung, »nackt wie Gott ihn schuf« in all seiner jugendlichen Schönheit. Nackte Soldaten auf Kriegsdenkmälern waren nicht nur in Deutschland, sondern auch in Italien weit verbreitet.[42]

Es war ein geschickter Schachzug, den idealisierten männlichen Körper zum nationalen Symbol zu erheben, denn er spiegelte die Gesellschaft in ihren Bedürfnissen nach Dynamik wie nach Ordnung wider. (Eben jenes Schönheitsideal konnte, wie bereits gesagt, für viele geradezu zu einer Ersatzreligion werden.) Dabei kam die volle Schönheit des männlichen Körpers, gemäß den griechischen Vorbildern, nur in seiner Nacktheit zum Tragen – und in seiner repräsentativen Funktion entsprach er nach wie vor dem griechischen Jüngling à la Winckelmann.

An dieser Stelle aber tut sich ein Problem auf: wie konnte eine solche Nacktheit mit der »Ehrbarkeit« in Einklang gebracht werden, die für den politischen Erfolg der Bewegung doch unabdingbar war? Diese Spannung gemahnt an diejenige, die zwischen Männerbund und Familie bestand. Und lief man nicht Gefahr, daß die dauernde Betonung dieser Schönheit bzw. des Verschwörungscharakters dieser männlichen Gemeinschaft letztlich homoerotische Tendenzen begünstigte und somit robuste Männer zu unmännlichen, den Idealtypus zu seinem Anti-Typus verwandelte? Die Beantwortung dieser Fragen könnte zu einem besseren Verständnis der Maskulinität in ihrer Funktion als politische Kraft führen. Nicht umsonst hatte ja bereits Winckelmann versucht, seine griechischen Skulpturen an bürgerliche Moralvorstellungen anzupassen, indem er seine nackten Jünglinge auf eine abstrakte Ebene hob, sie zu einem stilistischen Prinzip verwandelte. Die durchscheinende Reinheit dieser Figuren, ihre »Ruhe« hatten ihnen fast jedweden sexuellen Beigeschmack genommen. Dank des klassischen Schönheitsbegriffs, wie Winckelmann und seine Nachfolger ihn umrissen, wurden die griechischen Skulpturen zu universell gültigen und unveränderlichen Symbolen. Hierauf griffen die Nazis zurück und fügten noch die Unterscheidung zwischen dem Privaten und dem Repräsentativen hinzu.

So mißbilligten sie nichtsymbolische Darstellungen, die Nacktheit öffentlich zur Schau stellten. In den Jahresausstellungen deutscher Kunst in München waren auf fast allen Gemälden voll bekleidete Figuren zu sehen, tötete doch individuelle Nacktheit angeblich die Scham ab.[43] Wo solche Nacktheit unvermeidlich schien, wurde sie oft à la Winckelmann umschrieben. Dieses Problem stellte sich zum Beispiel bei der »Körperschulung«, die die Nazis ausdrücklich begrüßten. Hans Surén spricht sich in seinem vielgelesenen Werk *Gymnastik der Deutschen, Körperschönheit und Schulung* (1938) dafür aus, daß man nahezu unbekleidet Sport treiben oder wandern solle. Doch bedurfte es sorgfältiger Vorbereitung, bevor der männliche Körper den Blicken der Öffentlichkeit dargeboten werden konnte: er mußte haarlos, glatt und sonnengebräunt sein. Der Körper wäre somit fast transparent; mit so wenig individuellen Merkmalen wie nur möglich wäre er seiner sexuellen Konnotation beraubt. Ein solcher Körper würde zu einem abstrakten Symbol arischer Schönheit, den Sportlern in Leni Riefenstahls Film über die Olympiade von 1936 nicht unähnlich.[44]

Im allgemeinen waren Statuen von Sportlern nackt, ihre Körper entsprachen »der nordischen Rasse«, »folgten dem Beispiel der Antike... vereinten das Schönheitsideal mit einer Lebenskraft, die das Individuum transzendiert, symbolisierten... ein mächtiges Volk«, wie uns ein nationalsozialistischer Kunstkritiker wissen läßt.[45] Eine solche Figur konnte verehrt werden, aber nicht begehrt oder geliebt. Wie bereits erwähnt, waren auch die Sportlerfiguren, die das Forum Mussolini säumten, nackt, aber in ihrer Form nicht so festgelegt wie die Nazi-Sportler, und sie trugen auch nicht das ideologische Gewicht auf ihren Schultern, das sie in Deutschland hätten schleppen müssen.

Arno Breker, der halboffizielle Bildhauer des Dritten Reiches, lobte fast vierzig Jahre nach dem Ende des Nazi-Regimes immer noch die revolutionäre Jugend seiner Tage, die den Schleier von den schamhaft verhüllten Körpern gezogen und somit erlaubt habe, die Ursprünge des Menschen im Paradies zu sehen. Griechenland habe aus dem Menschlichen etwas Göttliches gemacht und aus dem Göttlichen etwas Menschliches.[46] In aller Unschuld behauptete Breker, daß er damit die Nazi-Herrschaft nicht etwa glorifizieren wolle, sondern nur die Schönheit des menschlichen Körpers preisen. Aber die Schönheit, die er hochhielt, war ein kraftvoller Ausdruck der Nazi-Ideologie, ein Bild, das unangefochten die hektischen Zeitläufte überdauerte.[47]

Gleichzeitig wies der nackte Körper in die Vormoderne zurück, in gute alte archaische Zeiten. So trugen nackte Figuren bei den Nazis bevorzugt Schwerter oder wurden in natürlicher Umgebung dargestellt. Breker arbeitete nach lebenden Modellen, und sein Lieblingsmodell war – was nicht überrascht – ein Zehnkampfsportler, dessen wohlgeformter Körper sehr vielen seiner Skulpturen zugrunde liegt. Dieser Mann namens Gustav Stührk war das lebende Exempel des neuen Mannes, und der Realismus dieser Skulpturen zeugt von einem arischen Stereotyp, das nicht nur ein abstraktes Ideal der Maskulinität zu sein schien. Wie einer von Brekers Bewunderern meinte (und damit an Herder anknüpfte), konnte nur die Skulptur den Menschen so wiedergeben, wie er war.[48] Nicht umsonst hatte der Realismus sich menschlicher Stereotype bedient, bezog er aus ihnen doch einen Teil seiner Schlagkraft – hier wurde er auch noch bestätigt.

Brekers Skulpturen und Reliefs nackter Männer spielten eine herausragende Rolle in der Selbstdarstellung des Dritten Reiches, symbolisieren seine Figuren doch heldenhafte Willensstärke und Opferbereitschaft. Adolf Hitler hielt zwei von Brekers Statuen – nackte Figuren, »die Partei« und »die Armee« – für die schönsten Beispiele künstlerischen Schaffens in Deutschland (siehe Abbildung 8.3).[49] Gerade diese Statuen haben den Anschein »stiller Größe«. Ausgestreckte Arme und gespreizte Beine, wachsam, aber anders als in einigen von Brekers Reliefs nicht in kraftvoller, fast bedrohlicher Bewegung. Viele seiner Skulpturen und Reliefs waren für die monumentalen Gebäude bestimmt, die Berlin nach dem Sieg pflastern sollten – ein schlagender Beweis dafür, welche Rolle man dem nackten Körper auch in Zukunft zudachte.

Der Realismus solcher Figuren erhöhte noch ihren symbolischen Wert; sie waren leicht zu deuten, zum Beispiel nahmen sie bevorzugt eine beschützende oder kampfeslustige Haltung ein. Wie gesagt, waren die Deutschen das Loblied der klassischen Form gewöhnt. Darüber hinaus raubte die offizielle Funktion solcher Skulpturen ihnen noch den letzten Rest an Individualismus – sie waren bar jedweder erotischen Ausstrahlung. Der Konflikt zwischen Nacktheit und Ehrbarkeit war hier also eher latent als offen, doch blieb eine gewisse Spannung bestehen zwischen einer rein männlich ausgerichteten Bewegung, in der Krieger einer edlen Sache dienten und in all ihrer maskulinen Schönheit bewundert werden wollten, und einer bürgerlichen Gesellschaft, auf deren Unterstützung sie angewiesen war.

Diese Art von männlicher Schönheit war nicht auf Deutschland beschränkt. Die Eröffnung einer Breker-Ausstellung in Paris am 14. Mai 1942 galt als wichtiges Ereignis während der deutschen Besatzungzeit und wurde groß angekündigt.[50] Ungefähr 8000 französische Besucher mischten sich unter die Deutschen in Uniform. Der Kultusminister der Vichy-Regierung, Abel Bonnard, bewunderte die Skulpturen ebenso wie der Schriftsteller Jean Cocteau (der seinen Freund und Liebhaber Jean Marais mit einer typischen Breker-Skulptur verglich).[51] Tatsächlich kam Breker bei vielen Pariser Intellektuellen in Mode. Zwei seiner nackten Männer bewachten nach dem Zweiten Weltkrieg sogar die Auffahrt zu einer sowjetischen Kaserne in Deutschland, bis zum Zusammenbruch der Sowjetunion.[52]

Ein weiterer, noch drängenderer Konflikt zwischen dem nationalsozialistischen Gebrauch des männlichen Körpers als Symbol und der bürgerlichen Ehrbarkeit lauerte im Hintergrund. Der Rassismus hatte stets versucht, das Abstrakte konkret zu machen – was eine seiner großen Stärken war. Statt unbelebter oder abstrakter Symbole wie Nationalflaggen oder Nationaldenkmäler verwendete er gern menschliche Symbole als Mittel seiner Selbstdarstellung. So zeigten die Plakate während des Dritten Reiches bevorzugt typische Arier und – als Anti-Typus dazu – sogenannte typische Juden. Dieser Doppelung hatte man sich schon bedient, um das besetzte Paris ein Jahr vor der Breker-Ausstellung zu beeindrucken. In der Ausstellung *Les Juifs et la France* (Frankreich und die Juden, 1941) war eine Statue zu sehen, die den »perfekten Athleten« vor Augen führte. Ihr wurden Bilder der moralisch minderwertigen Juden gegenübergestellt.[53] Der Rassismus gestattete keine Zweideutigkeiten, weswegen diesen Stereotypen ein letztgültiger und unangreifbarer Status zukam. Angesichts der Tatsache, daß nur wenige Deutsche wie Arier aussahen, bekräftigten die Rassentheoretiker, auf die völlige Übereinstimmung mit dem Ideal komme es nicht an. Blonde Haare und blaue Augen genügten oft schon, um in Eliteschulen (Napolas) bevorzugt aufgenommen zu werden.

Die SS, die Nazi-Elite schlechthin, deren Mitglieder allesamt sorgfältig ausgewählte »rassereine« Arier waren, verkörperte eine besonders aggressive Form von Männlichkeit. Wie ihr Führer Heinrich Himmler es ausdrückte, war die SS von dem Glauben durchdrungen, daß das Dritte Reich ein Staat war, der auf der Kameradschaft von Männern gründete: »Seit Jahrhunderten, ja Jahrtausenden, waren die Deutschen ein Männerstaat.«[54] Aber solche Bruderschaften weckten gleichzeitig die Furcht vor Homoerotik und sogar Homosexualität. Himmler betonte den Unterschied zwischen männlichen Bündnissen, die innerhalb der SS sogar ermutigt wurden, und Männerfreundschaften mit einer erotischen Komponente. Strengste Bestrafung war für SS-Männer vorgesehen, die einander berührten, selbst wenn sie dabei voll bekleidet waren; und SS-Männern, die der Homosexualität überführt wurden, drohte die Hinrichtung. Solche Hinrichtungen fanden allerdings niemals statt; mutmaßliche Homosexuelle wurden ausgestoßen oder traten selbst aus der SS aus. Himmler blickte dennoch wehmütig auf die Zeiten zurück, in denen die alten Germanen Homosexuelle in Sümpfen ertränkten und somit »die Fehler der Natur ausmerzten«.[55]

Der Nationalsozialismus unternahm jede Anstrengung, um als Wächter von Anstand und Sitte zu erscheinen. Der Nudismus wurde ebenso wie die Pornographie kurz nach der Machtergreifung verboten, wie auch alle Druckerzeugnisse, die anrüchig erscheinen konnten. So begrüßten die deutschen Sittlichkeitsvereine das Dritte Reich begeistert. Kein Wunder, daß eine Bewegung, die bürgerlichen Moralvorstellungen Rechnung tragen wollte, sich der Gefahren bewußt war, die von ihren maskulinen Symbolen und ihren Männerbünden ausging.

Die strikte Trennung der Geschlechter, die die Partei befürwortete, verstärkte noch die Angst, daß männliche Kameradschaft Homosexualität begünstigen, also unmännliche Männer schaffen könne. Männer trugen Schmuckgegenstände, so ein nationalsozialistisches Buch, das »deutsche Männer« porträtierte, nicht etwa aus dekorativen Gründen, sondern um durch Orden, Amtsketten oder andere Ehrungen ihre Verbundenheit mit ihrem Land zur Schau zu stellen[56] – im Gegensatz zu dem Schnickschnack, mit dem Frauen sich angeblich behängten. Das hieß nicht, daß die Nazis den Frauen nicht auch ihre Aufmerksamkeit geschenkt hätten. Die nordische Frau, so erfahren wir, ist feminin, hat eine volle Büste, breite Hüften und schmale Schultern (das genaue Gegenteil eines Männerkörpers).[57] Weder die italienischen Faschisten noch die Nazis versuchten, parallel zum neuen Mann eine »neue Frau« zu schaffen – außer vielleicht 1944, als die Repubblica di Salò, der kümmerliche Rumpf, den die Deutschen Mussolini nach der Kapitulation Italiens zustanden, eine Hilfsarmee aus Frauen aufstellte und den Frauen sogar das Wahlrecht einräumte.[58] Doch auch zuvor waren Frauen ermutigt worden, sich sportlich zu betätigen, freilich so, daß es ihrem Geschlecht angemessen war. Die Frau konnte nicht so leicht neu erfunden werden; schließlich erfüllte sie als Frau und Mutter wichtige und unantastbare Funktionen. Die Nazis wollten die Bevölkerungszahl Deutschlands deutlich erhöhen, um den Einflußbereich der arischen Rasse zu erweitern, immer genügend Soldaten zur Verfügung zu haben und den Lebensraum einzunehmen, den man zu erobern gedachte. Außerdem hatten Frauen vor allem in den letzten beiden Jahrhunderten als Symbol der nationalen Kontinuität gedient, ob als Germania, als Marianne oder als Britannia; für jede nationalistische Bewegung war es schon allein aus diesem Grund schwierig, eine neue Frau neben diejenige zu stellen, die ihre angestammte Mission als Mutter ihres Volkes erfüllte.

Doch auch im Dritten Reich tauchten von Zeit zu Zeit nackte Frauen auf, die ganz anders waren als das würdevolle und keusche Stereotyp. Frauen, die – etwa im deutschen Film – nackt gezeigt wurden, waren für gewöhnlich Ausländerinnen, russische Tanzmädchen oder afrikanische bzw. polnische »Flittchen«.[59] Der Anblick einer nackten deutschen Frau, wie der kurze Blick auf das spärlich bekleidete Mädchen, das den Klauen von Jud Süß im gleichnamigen Film entkommt, wurde selten gewährt. Doch konnte auch die wahre deutsche Frau in all ihrer Schönheit, wie Gott sie schuf, gezeigt werden, wenn sie ein Symbol und kein Individuum war. Insbesondere Skulpturen sorgten so für eine keusche, vermeintlich unerotische Erbauung. Nackte Sportlerinnen waren keine Seltenheit, und ihre Körper glichen denen der Männer: glatt, fast durchscheinend und oft nur mit zart angedeuteten weiblichen Formen. In rassenkundlichen Büchern war das weibliche »Anschauungsmaterial« meist aus der Vergangenheit, nicht aus der Gegenwart. Dennoch war im Privaten wieder einmal größere Freiheit erlaubt – wie sonst können wir uns Hitlers Mäzenatentum für den Maler Adolf Ziegler erklären, dessen weibliche Akte nichts der Phantasie überließen, dessen Werke aber sogar die Wände der Münchner Wohnung des Führers zierten?

Frauen wurden ermutigt, sich im Namen der Schönheit körperlich zu ertüchtigen. In diesem Zusammenhang durften sie auch nackt abgebildet werden, aber nur in der Natur, von der Sonne beschienen. Die Natur sollte, was uns bekannt vorkommt, ihrer Nacktheit das Anrüchige nehmen und die natürliche Anmut der arischen Frau betonen, die ihr angeblich angeboren war – wie auch ihr Mutter- und Familieninstinkt. Solchermaßen stellte die nackte Frau als Symbol weiblicher arischer Schönheit jedenfalls keine unmittelbare moralische Bedrohung dar, denn anders als der Mann übte sie keine bedeutsame öffentliche Funktion aus, weder in der Partei noch im Staat. In ihrer Reinheit und Keuschheit entsprach sie weiterhin dem normativen Ideal der Weiblichkeit.

Auch der Anti-Typus war im Faschismus gegenwärtig – als der vertraute Feind, den es zu besiegen galt. Nur überzeichnete man noch die Gefahren, die von ihm ausgingen – schließlich konnten Faschismus und Nationalsozialismus ihre Männlichkeitsbilder so schärfer konturieren. All diese politischen Systeme kamen – wie legal auch immer – zur Macht, indem sie zuerst bürgerkriegsähnliche Verhältnisse schufen und, sobald sie siegreich aus ihnen hervorgegangen waren, die Schlacht gegen reale oder imaginäre innere und äußere Feinde fortsetzten. Der italienische Faschismus und die Bewegungen, die seinem Vorbild folgten, tat sich schwer damit, einen Feind zu finden, sobald Kommunismus und Sozialismus besiegt waren; seine Angriffe zielten hauptsächlich gegen jene, die sich ihm nicht begeistert anschlossen, nicht gegen eine klar umrissene und deutlich erkennbare Gruppe. Das veränderte sich in gewissen Maße mit dem Abessinienkrieg von 1935/36, als Schwarze oft der Lächerlichkeit preisgegeben und gemischtrassige Beziehungen streng verboten wurden, um die sogenannte Würde der weißen italienischen Rasse zu erhalten. Folgerichtig beginnt die Erklärung des großen faschistischen Rats, der im Oktober 1938 den Ausschluß der Juden aus der italienischen Öffentlichkeit sanktionierte, mit den Worten, daß das Reich nunmehr das Rassenbewußtsein zur obersten Priorität erklären wolle.[60] Der schwarze Feind war jedoch weit weg und recht schnell besiegt; er konnte kaum zu einer ernstzunehmenden Bedrohung umfunktioniert werden.

Die Juden dagegen waren eine eindeutig definierte Gruppe innerhalb der Nation, und so boten sie sich als Feindbild geradezu an, obwohl sie ansonsten nicht unbedingt auf den ersten Blick zu erkennen waren. Wieder einmal sollte der Rassismus Hilfestellung leisten. So setzten die Nazis – wie später die italienischen

Faschisten mit ihren Rassengesetzen von 1938 – die Juden mit den Kommunisten gleich und identifizierten sie auch mit der Weimarer Republik (der »Judenrepublik«). Der rassische Feind galt als Ursache aller Unbilden Deutschlands, als größtes Hindernis auf dem Weg nach Utopia.

Dabei brauchten die Arier die Juden dringend, um ihre eigene Existenz zu rechtfertigen. Hätte Hitler den Krieg gewonnen, gäbe es in Europa vermutlich keine Juden mehr, aber zweifelsohne wäre ein weiterer Feind und Anti-Typus an ihre Stelle getreten. Wie wir in einem rassenkundlichen Buch nachlesen können, würden alle nordischen Völker sich vereinen, um sich der gelben Gefahr zu stellen.[61] Die Nazis hatten nur einmal mehr die Messer gewetzt und das Bedürfnis der modernen Gesellschaft nach einem Feind auf die Spitze getrieben.

Juden, Schwarze und Zigeuner wurden allesamt zu verschworenen Feinden der Gesundheit und des Wohlbefindens der arischen Rasse erklärt. Als Konsequenz der Nürnberger Rassengesetze, die definierten, wer denn nun Arier sei oder nicht, klassifizierten Kommentare zu diesen Gesetzen Zigeuner ebenso wie Juden und Schwarze als »artfremd«.[62] Aber sogar hier gab es eine eindeutige Hierarchie, die die Juden zur Wurzel allen Übels machte. Jedoch untergruben auch andere, die nicht zwangsläufig zu einer sogenannten minderwertigen Rasse gehörten, angeblich die arische Gemeinschaft: Homosexuelle, Landstreicher, Verbrecher, Bettler, Behinderte und Schwachsinnige – all jene, die nicht in der Lage waren, sogenannte produktive Arbeit zu leisten, oder die keinen festen Wohnsitz hatten. Die Nazis nannten sie »Asoziale« und definierten sie als Menschen, die nicht in die »Volksgemeinschaft« integriert werden konnten und denen jede Moral abging.[63]

Das Rassenpolitische Amt begann 1934 zusammen mit der Geheimpolizei einen Katalog von sogenannten Asozialen zu erstellen. Einige dieser Asozialen konnten theoretisch wieder Teil der Volksgemeinschaft werden; schließlich waren sie Arier. Andere – wie die Zigeuner, die Schwarzen oder die Juden – wurden zur

Vernichtung bestimmt. Die sogenannten Asozialen waren genau jene Menschen, die von jeher Sand im Getriebe der modernen bürgerlichen Gesellschaft gewesen waren, Feinde von Utopia.[64] In einem früheren Kapitel haben wir uns eingehend mit diesen Anti-Typen beschäftigt; die Nazis waren in ihrem rigiden Klassifikationssystem und ihrer Vernichtungspolitik letztlich nur konsequent – auch wenn wohl die meisten Menschen nie geahnt haben würden, daß eine solche Massenvernichtung im Europa des 20. Jahrhunderts stattfinden konnte, und sich weigerten, Hitler ernst zu nehmen, als er prophezeite, daß Europa bald judenfrei sein würde.[65] Daß allen Anti-Typen einschließlich den Juden das Los zukam, das genaue Gegenteil der Maskulinität zu repräsentieren, haben wir schon des öfteren erwähnt. Hier überließen die Nazis wieder einmal nichts dem Zufall (Abbildung 8.4). Der Nationalsozialismus übernahm vom Rassismus die eindeutigen Unterscheidungskriterien, was Freund und Feind betraf.[66]

Der neue faschistische oder nationalsozialistische Mann war letztendlich doch nicht so neu. Die meisten seiner Merkmale hatte er mit der normativen Maskulinität gemein, aber er verlieh ihnen einen aggressiveren und kompromißloseren Anstrich. Fraglos besteht ein Unterschied wie Tag und Nacht zwischen dem glattrasierten Engländer, dem All-American Boy und einem SS-Mann, doch entsprachen alle demselben maskulinen Stereotyp mit seinen inneren und äußeren Tugenden, einmal zurückhaltend, gewaltlos und sogar mitfühlend, ein andermal kompromißlos, kampfeslustig und erbarmungslos. Der Faschismus und insbesondere der Nationalsozialismus zeigten, welch erschreckende Möglichkeiten der modernen Maskulinität innewohnten, wenn der kriegerische Aspekt die Oberhand gewann.

Diese Möglichkeiten hätten nicht notgedrungen verwirklicht werden müssen, waren sie doch als solche in der Maskulinität nur angelegt. Wie wir gesehen haben, konnte der Männlichkeit »Fair play« oder Ritterlichkeit innewohnen – und der italienische Faschismus ließ sich letztlich nicht zu Massenmord herab. Es war der Rassismus, der den Nationalsozialismus brutalisierte, es war

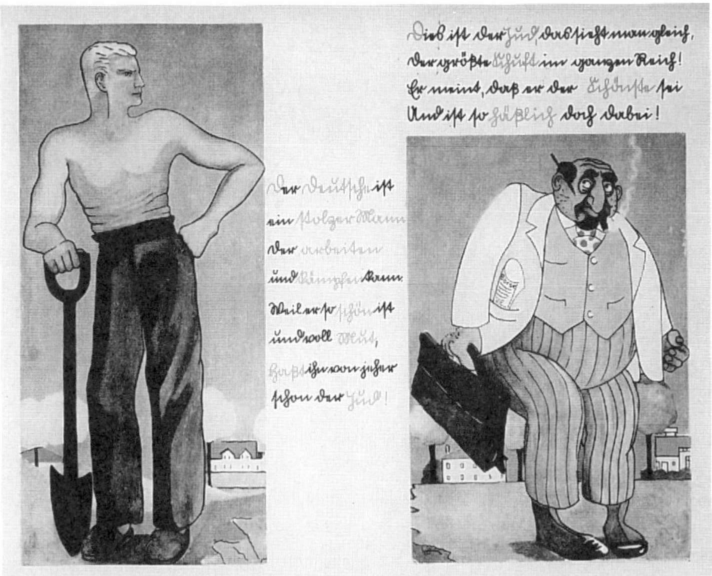

8.4 Illustration von Eva Bauer aus *Ein Bilderbuch für Groß und Klein* [Nürnberg: Stürmer Verlag, 1936]. Der Text lautet: »Der Deutsche ist ein stolzer Mann, der arbeiten und kämpfen kann. Weil er so schön ist und voll Mut, haßt ihn von jeher schon der Jud. Das ist der Jud, das sieht man gleich, der größte Schuft im ganzen Reich! Er meint, daß er der Schönste sei, und ist so häßlich doch dabei!« Die Autorin war achtzehn Jahre alt und wollte »der deutschen Jugend gewichtiges Wissen in einfachen Versen und fröhlichen Bildern« übermitteln. (Fred Hahn, *Lieber Stürmer! Leserbriefe an das NS-Kampfblatt, 1924–1945* [Stuttgart: Seewald Verlag, 1978], 158–159.)

der Rassenkrieg, der zur Vernichtung all jener führte, die Hitler immer schon für die größten Feinde des deutschen Volkes gehalten hatte. Der Faschismus überhöhte die kriegerischen Elemente der Maskulinität; der Rassismus brutalisierte sie und verwandelte Theorie und Rhetorik in schreckliche Realität.

9 Auf dem Weg zu einer neuen Männlichkeit?

Der Zweite Weltkrieg hatte dem normativen Stereotyp der Männlichkeit unmittelbar nichts anhaben können. Obwohl der neue faschistische Mann als erstrebenswertes Ziel gegolten und in ganz Europa im Zentrum des Interesses gestanden hatte, konnte er sich nicht in die Nachkriegswelt hinüberretten. Gleichwohl war eine gewisse Nostalgie für ein überhöhtes männliches Ideal spürbar, wenn zum Beispiel nüchterne, überlegene Figuren der Männlichkeit, die an SS-Männer denken ließen, so manches Werk der Nachkriegsliteratur bevölkerten und noch in so manchem Kopf herumspukten.[1] Doch sprach man nicht länger davon, einen »neuen Mann« zu gestalten, der die Nation in eine bessere Zukunft führen sollte; vielmehr herrschte in Westeuropa ein Konsens darüber, daß das zerrissene Gewebe der Gesellschaft baldmöglichst geflickt werden und daß man sich auf gute alte Traditionen zurückbesinnen müsse. Dazu gehörte, daß man zuerst einmal die normative Maskulinität bekräftigte.

Das maskuline Stereotyp, dessen Konstruktion Thema unseres Buches war, umgibt uns wieder einmal von allen Seiten – in der Werbung, in Film und Literatur: glattrasiert und durchtrainiert. Dieses traditionelle Männerbild sollte nicht verschwinden, auch wenn es heftiger denn je bekämpft wurde. Nicht umsonst stellte noch im Jahre 1989 ein bekanntes westdeutsches Magazin fest, daß die Werbung fast nur sehnige, sportliche, große Männer mit markanten Gesichtszügen zeige.[2] Wohlgemerkt war der Zweite Weltkrieg am männlichen Stereotyp nicht vorübergezogen. Er veränderte es jedoch nicht grundlegend, sondern unterstrich wieder einmal nur einige seiner Aspekte. (In dieser Hinsicht stand der Erste dem Zweiten Weltkrieg nicht nach, außer daß nach

1945 die so schicksalhafte politische Dimension fehlte.) So kamen »coole« Männer à la Humphrey Bogart oder John Wayne bald in Mode, nicht nur in den USA, sondern auch in Westeuropa, und auch in den Comics präsentierten sich die Männer hauptsächlich als harte Burschen.[3] Vielleicht gab es so etwas wie eine Kontinuität zwischen der Gewalt des Krieges, der Trivialliteratur und einer zunehmend gewalttätigeren westlichen Gesellschaft, wie sie sich nach dem Krieg allmählich formierte. Jedoch unterschieden sich die Bedingungen von Nation zu Nation, und die Comic-Variante männlicher Grausamkeit schien in den Vereinigten Staaten ausgeprägter als in Europa zu sein. Ungeachtet dessen war es das erklärte Ziel, wie vorhin bereits angedeutet, ob in Europa oder in den USA, eine friedliche und reibungslos funktionierende Gesellschaft wiederaufzubauen, die die Erinnerungen an den Krieg auslöschen sollte.

In demjenigen Teil Europas, der unter sowjetischer Kontrolle stand, hatte im großen und ganzen das Männerbild Bestand, das uns schon bei den Bolschewiken und später bei Stalin, der es dem westlichen Stereotyp anglich, begegnet ist. Jedwede sexuelle oder soziale Abweichung von Anstand und Moral wurde als Verbrechen an der Gesellschaft betrachtet und entsprechend geahndet, galt sie doch als Kennzeichen westlicher Degeneration. Erst allmählich, in den letzten Jahren des sowjetischen Imperiums, schien sich die Einstellung zur Sexualität zu verändern. Das Phänomen der Prostitution war nicht mehr zu übersehen, homosexuelle Organisationen wurden gegründet und sogar Sexszenen im Kino gezeigt.[4] Trotzdem kann man sagen, daß die Zeit im sowjetischen Teil Europas weitgehend stillstand. Ungeachtet des kalten Krieges hatten der Westen und der Osten dieselben moralischen Ideale und wiesen den Geschlechtern ähnliche Aufgaben zu, obwohl Frauen rein theoretisch in den sozialistischen Ländern eine Zeitlang mehr Rechte besaßen. Dabei gehörten ironischerweise die kommunistischen Staaten, die bis kurz vor dem Niedergang des sowjetischen Reiches mit ihren revolutionären Ursprüngen prahlten, zu den traditionellsten und konservativsten

Mächten der Nachkriegszeit; im Westen vollzog sich trotz restaurativer Tendenzen allmählich ein Wandel, der am Ende das normative maskuline Stereotyp in Frage stellte und die traditionelle Geschlechtertrennung unterminierte.

All jene, denen traditionelle Moralvorstellungen ein Dorn im Auge waren, drängten nach vorne, und das überkommene männliche Ideal hatte wieder einmal seine Stärke unter Beweis zu stellen. Dabei sind die Erfolge der Frauenbewegung unbestritten. Während 1965 noch die Mehrheit der bundesrepublikanischen Bevölkerung der Überzeugung war, daß die Frau an den Herd gehöre, lehnten dies 1983 die knappe Mehrheit der Männer und die überwiegende Mehrheit der Frauen ab. Nicht nur in Deutschland, sondern in ganz Westeuropa schien die einst so belächelte »neue Frau« Triumphe zu feiern.[5] Die Frauen betraten öffentliche Räume, die ihnen zuvor verschlossen waren, und sogar innerhalb der Familie herrschte allmählich mehr Gleichberechtigung. Aus historischer Perspektive könnte man vielleicht sagen, daß die Frauenbewegung mit den Bürgerrechtsbewegungen der sechziger und siebziger Jahre eng zusammenhing, ob sie nun, wie in Amerika, für die Gleichberechtigung der Schwarzen kämpften, oder, wie in anderen Ländern, für die Abschaffung der Kolonien. Auf jeden Fall hatte sie, die ein halbes Jahrhundert zuvor die Männer in Angst und Schrecken versetzt hatte, viele ihrer Ziele erreicht.

Denn, wie Zahlen aus Deutschland belegen, nicht wenige Männer akzeptierten die neue Unabhängigkeit der Frauen. Natürlich blieben gewisse Vorbehalte gegenüber der neuen Frau bestehen, und in den neunziger Jahren war die sogenannte Männerliteratur, die das Wesen des Männlichen bestimmen wollte, ein Versuch, den Männern neuen Rückhalt zu geben.[6] Denn das maskuline Stereotyp stand unter größerem Druck als zur Jahrhundertwende, und dieser Druck ging nicht nur von den Frauen aus, sondern auch von den Männern selbst. Die Veränderung vollzog sich durch Aushöhlung, nicht durch Konfrontation – was für das Schicksal des männlichen Stereotyps letztlich von großer symbolischer Bedeutung zu sein scheint, kam sie doch nicht von außen, sondern von innen: das, was zuvor als eindeutig unmännlicher Lebensstil betrachtet worden war, wurde mit einem Mal salonfähig.

Wie schon gegen Ende des 19. Jahrhunderts war es die Jugend, die nach dem Zweiten Weltkrieg die Vorhut der moralischen Revolution bildete. Aber diese Jugendkultur gehörte nicht einer künstlerischen Avantgarde an, sondern umfaßte alle Klassen der Bevölkerung und machte sich in den Massenmedien breit – eine Bedrohung ganz anderen Kalibers als die Jugendbewegung von einst! In Europa gab England eine Zeitlang den Ton an, und die sogenannten Teddy Boys – und nach ihnen die Beatles – prägten die Jugend in dem gleichen Maße wie der Rock 'n' Roll die fünfziger und frühen sechziger Jahre.[7] Aber bald schon sollte Amerika mit seinem riesigen Markt, seinen Ressourcen und seinem massiven Aufgebot an Talenten eine kulturelle Hegemonie errichten.

Bis zu diesem Punkt konnten wir uns in unserer Analyse auf West- und Mitteleuropa beschränken, für die Zeit nach dem Zweiten Weltkrieg aber gilt es, die Perspektive zu erweitern, denn seither orientieren sich europäische Jugendliche an den USA: in der Musik, die sie hören, in der Kleidung, die sie tragen, und in der Mode, der sie folgen. All das kannte nun keine Grenzen mehr. Auch Film und Fernsehen wurden von den Vereinigten Staaten dominiert, eröffneten neue Dimensionen, popularisierten konkurrierende Bilder, die in der Vielfalt des Männerbildes, das sie projizierten, vor dem Krieg so nicht existiert hatten. Die Massenkultur hatte bislang bei der Konstruktion der normativen Maskulinität kaum eine Rolle gespielt; sie hatte sich stets als konservative Kraft erwiesen, während die eigentlichen Anstöße für eine Neudefinition des Männerbildes von den Intellektuellen ausgegangen waren. Aber nun wurde die Popmusik mit ihren mitreißenden Rhythmen im nüchternen und kontrollierten Paradigma der Maskulinität zu einem wirksamen Motor der Veränderung.

In den USA war die »Beat generation« der fünfziger Jahre ein Vorbote der Veränderung, und in den Sechzigern sollte ihr Einfluß auf Europa übergreifen. Die Beatniks gaben sich als »völlig frei von der Tyrannei normativer amerikanischer Stereotype«,[8] schienen sich nicht groß um ihre Männlichkeit zu scheren und zogen sexuelle Experimente mit beiden Geschlechtern vor – obwohl ihnen der Konsum von Drogen eine Zeitlang offenbar wichtiger war als Sex. Auch dem Jazz, der dem hektischen Rhythmus ihres eigenen Lebens zu entsprechen schien, waren sie sehr zugetan. Genau diese Funktion erfüllte die Musik für die verschiedenen Jugendkulturen nach dem Krieg: auf beiden Seiten des Atlantiks gab sie den Rhythmus für eine Jugend vor, die den Beschränkungen des modernen Lebens entfliehen wollte, während sie gleichzeitig ihre individuelle Identität zu stärken suchte.

Bei dieser Musik konnte man nicht stillsitzen, man mußte sich einfach bewegen – was wiederum zu einer Art Neuentdeckung und Befreiung des Körpers beitrug. Dies mag an die Jugendbewegung des Fin de siècle erinnern, die die Natur in ihrer Allharmonie zum Medium eines neuen Körpererlebnisses (dem freilich der Stachel unkontrollierter Leidenschaft gezogen war) aufrief. Jetzt aber beförderten Rock 'n' Roll oder New Sound wilde, leidenschaftliche und disharmonische Bewegungen und forderten alle Jugendlichen auf, »ihr eigenes Ding durchzuziehen«. Die Suche nach der eigenen Identität prägte die »Beat generation« genauso, wie sie Englands »zornige junge Männer« der fünfziger Jahre oder viel später die »Hippies« und »Punks« prägte. Die Jugend reklamierte für sich, sie selbst zu sein, ohne Rücksicht auf die Tradition.

Es kann hier nicht unsere Aufgabe sein, eine Geschichte der Jugendkultur nach dem Zweiten Weltkrieg zu schreiben, aber wir müssen anmerken, daß sie ein sehr weitreichendes Phänomen war und auch die Studentenbewegungen der sechziger Jahre, die nicht nur einen persönlichen, sondern auch einen gesellschaftlichen und politischen Anspruch erhoben, prägte. Außerdem wurde die Jugend auf einmal als einträglicher Absatzmarkt entdeckt, was zu einer Demokratisierung der Jugendkultur entschieden beitrug. Wohlgemerkt scheint das, was die Jugendkultur auf den ersten Blick auszeichnet, die Freude an körperlicher Bewegung, an Rhythmus und spontanen Gefühlsäußerungen, den klassischen männlichen Eigenschaften, wie wir sie schon oft erwähnt haben, diametral entgegengesetzt. Hätten Männer wie Walter Pater, Krafft-Ebing oder Charcot eine moderne Diskothek besucht, sie hätten die Besucher unverzüglich in die Salpêtrière eingewiesen, um sie dort auf Nervenschwäche oder Hysterie zu behandeln.

Gleichzeitig mit dieser Wiederentdeckung des Körpers kam seit den siebziger Jahren ein natürlicher »Look« auf. Viele Frauen lehnten Mode oder Schmuck nun grundsätzlich ab; Männer rebellierten gegen den halbmilitärischen Haarschnitt jener Zeit und trugen ihre Haare lang, bisweilen sogar zu Pferdeschwänzen gebunden. Kleidung und Erscheinungsbild zielten zwar darauf ab, die Unterschiede zwischen den Geschlechtern zu verwischen, doch ging es nicht grundsätzlich darum, die heterosexuelle Ausrichtung in Frage zu stellen, obwohl Männer nun scheinbar unmännlich, ja androgyn aussahen.

Androgynität wurde, wie in einem früheren Kapitel erwähnt, gegen Ende des 19. Jahrhunderts vielfach als Irrtum der Natur betrachtet, der Männer und Frauen gleichermaßen bedrohte. Im Gegensatz dazu hatten Schwule und Lesben damals Androgynität als geschlechterverbindendes Ideal gepriesen, das ihrer Ausgrenzung durch die Gesellschaft ein Ende setzen konnte. Aber nun, vierzig Jahre nach dem Zweiten Weltkrieg, wurde der sogenannte androgyne Look selbst zu einer Mode, zum Protest gegen die normative Maskulinität bzw. Femininität. In den achtziger und neunziger Jahren verbreiteten ihn Megastars aus England und Amerika wie David Bowie, Boy George und Michael Jackson in alle Welt. Als Personen öffentlichen Interesses stellten sie die Wahrnehmung der Maskulinität auf eine Weise in Frage, die früher undenkbar gewesen wäre. 1984 wurde ein männlicher Sänger, Dee Snider, sogar zur bestgekleideten Frau des Jahres gewählt.[9]

9.1 Versace-Anzeige, 1994. Mit freundlicher Genehmigung.

Auch die Werbung nahm sich dieses Themas in allen möglichen Zeitungen und Zeitschriften an – nicht zuletzt aus marktstrategischen Erwägungen (Abbildung 9.1). Die männlichen Models, die sie einsetzte, hatten sich nicht etwa einer Geschlechtsumwandlung unterzogen, es waren schlicht und einfach Männer, die dem männlichen Stereotyp überhaupt nicht mehr zu entsprechen schienen, ohne daß irgend jemand etwas dagegen einzuwenden fand. Wir haben es hier mit einer Aushöhlung des männlichen Stereotyps zu tun – wohingegen sogar die Beatniks, trotz all ihrer Rebellion, eine bestimmte Art von Männlichkeit aufrechterhalten hatten. Selbst eine der Ikonen der fünfziger und frühen sechziger Jahre, der Schauspieler James Dean, ein zerbrechlicher und scheinbar »unmännlicher« Einzelgänger, der sich nicht scheute, in der Öffentlichkeit zu weinen, betonte seine Maskulinität. Als sein Film-Vater in *Denn sie wissen nicht, was sie tun* (1955) im Pelzmantel, d.h. als »feminisierter Mann«, gezeigt wurde, rief Dean aus: »Ich will niemals so werden wie er.«[10] Androgynität war hier eher eine Modeerscheinung, ein Kleidungs- und Erscheinungsstil, der einfach im Trend lag, was nicht hieß, daß man das, was man in früheren Zeiten das »dritte Geschlecht« genannt hatte, nun akzeptiert hätte.

Die »Skinheads«, die um 1968 in England auftauchten, zeigen die ganze Komplexität der Jugendkultur. Auch ihr Lebensstil war äußerst unorthodox, ebenso betrachteten sie Musik als Mittel der Identifikation. Jedoch vermittelten sie auch eine »formalisierte und harte Maskulinität«.[11] Skinheads gingen stolz durch die Gegend und waren im Grunde ordentlich angezogen – was ihre Wurzeln in der Arbeiterklasse widerspiegelt –, hoben sich also von anderen Jugendkulturen deutlich ab. Ihr Anspruch war kein politischer, aber hart und militant, wie sie waren, fühlten sie sich ständig angegriffen. Im Gegensatz zur überwiegenden Mehrheit der Jugendlichen waren sie nicht friedlich, sondern liebten die Konfrontation und gewalttätige Angriffe gegen imaginäre Feinde; sie forderten Schwarze, Juden und Asiaten auf, das Weite zu suchen.[12] Dabei imitierte diese Gruppe wohl den kriegerischen Gestus, nicht aber das, wofür der gute alte Krieger seit jeher gekämpft hatte. Androgynität, lange Haare und die Aufweichung der Geschlechtergrenzen galten den Skins zwar als verabscheuungswürdig, die übersteigerte Maskulinität, die sie verehrten, verschrieb sich jedoch nicht mehr der altbekannten höheren Sache.

Für Teile der Frauenbewegung war Androgynität als Prinzip von großer Bedeutung. So galt radikalen Feministinnen das androgyne Wesen als eines, das sich traut, eine Vielzahl sexueller und gesellschaftlicher Rollen einzunehmen, als ein Wesen, das sich zwischen dem maskulinen und dem weiblichen Geschlecht hin- und herbewegen konnte.[13] So gesehen war Androgynität ein utopisches Ideal, das Frauen zu einer neuen Position in der Gesellschaft, zu einem neuen Grad an Selbstverwirklichung verhelfen konnte. Aber auch als Teil der Jugendkultur war sie eine Herausforderung der modernen Maskulinität. Und trotzdem, während es mit einem Mal normal war, daß Frauen in »Männerkleidern« herumliefen, wurden und werden Männer in Frauenkleidung nach wie vor mit Entsetzen betrachtet. Die Maskulinität wird auch hier gewahrt; als tief verwurzelte Tradition triumphiert sie über Innovation. Schließlich war die Kleidung seit jeher ein wichtiges Erkennungszeichen der Geschlechter.

Seit dem Zweiten Weltkrieg hatte die Jugendkultur, wie vielgestaltig sie auch sein mochte, das Außenseitertum zelebriert. Viele europäische oder amerikanische Jugendliche gefielen sich in ihrer Rolle als Anti-Typen und fühlten sich über die Normen der Gesellschaft erhaben. Wie wir gesehen haben, hatte die Gesellschaft stets auch der Anti-Typen bedurft: so waren zum Fin de siècle immer mehr unmännliche Männer und unweibliche Frauen auf der Bildfläche erschienen, als Provokation der normativen Maskulinität. In der Weimarer Republik galt den rechten politischen Parteien das lebhafte schwule Nachtleben in Berlin als Sinnbild für die Entartung des republikanischen Systems.

Das nationalsozialistische Deutschland – wie überhaupt das faschistische Europa – hatte die Homosexuellen verfolgt und der relativen Toleranz einen Riegel vorgeschoben. Wohlgemerkt wurde das Gesetz in Deutschland, das seit 1870 homosexuelle Akte für strafbar erklärte, erst 1969 außer Kraft gesetzt, über zwanzig Jahre nach dem Ende des Nationalsozialismus. Hieran sehen wir, wie wenig das Stereotyp des Außenseiters von der Niederlage des Faschismus und des Nationalsozialismus beeinflußt wurde, ebensowenig wie das normative maskuline Stereotyp anfänglich von der neuen Weltordnung verändert wurde. Bezeichnend ist, daß Zigeuner für ihre Verfolgung erst sehr spät Entschädigungszahlungen erhielten (250 000 von ihnen wurden in Konzentrationslagern ermordet). Und nach wie vor stellte die Homosexualität eine Bedrohung für die sogenannten normalen Männer dar und stärkte damit das maskuline Stereotyp, in dem sie ihre Zuflucht suchten.

Erst lange nach Ende des Zweiten Weltkriegs schienen die Homosexuellen ihre marginale Stellung zu verlassen und das normative Stereotyp auf weitaus wirkungsvollere Weise herauszufordern als jemals zuvor. Die absichtliche Verwirrung der Geschlechter innerhalb der Jugendkultur war diesem Prozeß zuträglich, und nicht zuletzt verlieh die amerikanische Bürgerrechtsbewegung der Homosexuellenbewegung, die zwar seit Beginn dieses Jahrhunderts existiert hatte, bis zu diesem Zeitpunkt jedoch keine breite Basis hatte, neuen Auftrieb. Unmännliche Männer und unweibliche Frauen ließen sich nun nicht mehr übersehen, und sie griffen aktiv in gesellschaftliche Prozesse ein – aber wie dem auch sei, viele rechtliche Diskriminierungen kamen erst lange nach dem Krieg an ihr Ende, und selbst dann sollte es noch Jahrzehnte dauern, bis die Rechte der Homosexuellen in einigen wenigen Staaten offiziell anerkannt wurden.

Während der siebziger und achtziger Jahre kam eine homosexuelle Subkultur auf, die die dominierende Kultur stark beeinflußte, nicht zuletzt deshalb, weil sie sich in Teilen mit der Jugendkultur überschnitt. Homosexuelle Designer und Modeschöpfer hatten mit ihren unorthodoxen und bunten Kreationen großen Erfolg. Die schwule Literatur erlebte einen ungeahnten Boom, und »Coming-out«-Geschichten kamen in Mode. Homosexualität war kein Tabu mehr, die Medien befaßten sich mit allen möglichen Aspekten schwulen Lebens, und die Werbung bediente sich offensichtlich schwuler Models, um ihre Produkte an den Mann zu bringen. Der Homosexuelle war immer noch ein Klischee, wurde nun jedoch auch positiv umgedeutet, nicht direkt als männlich, aber trotzdem als schön. Obwohl der Einfluß dieser schwulen Subkultur schwer abzuschätzen ist, kann sie auf jeden Fall – im Verein mit der Jugendkultur und dem Siegeszug der »neuen Frau« – als deutliches Zeichen für einen allgemeinen kulturellen Wandel gewertet werden.

Diese Veränderungen am Ende unseres Jahrhunderts bedeuten eine beispiellose Aushöhlung des maskulinen Stereotyps. Nicht wenige sehen hierin einen Verfall der Sitten: die Verabschiedung klarer Werte, die die Männlichkeit, ja, die Gesellschaft als Ganzes zu verbürgen schien, im Namen eines verschwommenen Individualismus.[14] Doch selbst wenn der frühere Anti-Typus nicht mehr so leicht in seine traditionelle Rolle schlüpfte, ließ sich das alte maskuline Stereotyp, das die Gesellschaft über weite Strekken vollständig beherrscht hatte, nicht ohne weiteres entthronen. Selbst innerhalb der Jugendkultur war eine gewisse Nostalgie für sogenannte richtige Männer weit verbreitet. James Dean stand mit seiner Ablehnung »weibischer« Männer nicht allein, nicht umsonst war der überaus maskuline Marlon Brando in den fünfziger Jahren ein Idol der Jugend gewesen, und lange noch sollten androgyne Sänger eifrigst homosexuelle Tendenzen leugnen. Und vielen Schwulen lag daran, trotz ihres neuen Selbstbewußtseins ihre eigene Maskulinität zu unterstreichen.

Spukte doch das normative Ideal männlicher Schönheit auch in den Köpfen der Homosexuellen herum, und zwar nicht nur als Ideal, dem es nachzueifern galt, um das eigene ungünstige Stereotyp abzuwerfen. Diese Kontinuität spiegelt sich, wie wir im siebten Kapitel schon erwähnt haben, in Romanen wider, deren Helden homosexuell sind: »schöne, junge Männer«, ausnahmslos sehnig, muskulös und blond, die Gesichter wie aus Stein gemeißelt (eine Beschreibung, die an Ernst Jüngers Kämpfer erinnert), die Körper glatt und unbehaart – kurz, wie griechische Jünglinge à la Winckelmann.[15] Hier ist kein Unterschied zwischen der normativen Maskulinität und ihren Gegnern festzustellen. Um es noch einmal zu sagen: diese Kontinuität des männlichen Stereotyps selbst bei denen, die als Anti-Typen zurückgewiesen wurden, beschränkte sich nicht auf die Homosexuellen; die Juden hatten das maskuline Ideal ebenfalls verinnerlicht, wie Max Nordaus Befürwortung des »Muskeljudentums« zeigt.

Nordau hatte seine berühmte Polemik gegen die Entartung 1892 geschrieben und darin das Band zwischen der sogenannten normalen Gesellschaft und dem maskulinen Stereotyp bekräftigt. Diese Verbindung erwies sich als eine überaus vitale, wie wir bereits gezeigt haben. Für Nordau bedeutete die Ruhelosigkeit der Moderne – ganz typisch für seine Zeit – »das Ende der überlieferten Ordnung«, und das männliche Stereotyp, das sich der Nervosität des modernen Zeitalters angeblich entgegenstellte, galt ihm als das Heilmittel gegen diese Entartung: Männer, wie er es formulierte, mit harten Muskeln und Willenskraft.[16] Die Staaten Westeuropas versuchten nach dem Ersten Weltkrieg, mit Erlassen und Verordnungen die überkommene Moral zu erhalten oder gar zu verstärken; in unserer Zeit bemühen sich konservative Regierungen, sich den Veränderungen der gesellschaftlichen Gepflogenheiten entgegenzustemmen, so zum Beispiel die englische, die im Jahre 1988 die angebliche Begünstigung der Homosexualität an öffentlichen Schulen unterbinden wollte.

Seinerzeit waren die Sittlichkeitsvereine mit allen Mitteln der »Degeneration« entgegengetreten, nun nahmen im Verein mit den Konservativen eine konservative katholische Kirche und ein protestantischer Fundamentalismus ihren Platz ein. Kein Wunder, denn in ihrem Kampf gegen das Laster hatten die Sittlichkeitsvereine stets enge Beziehungen zu den christlichen Kirchen unterhalten, die ihnen zusätzliches Gewicht verliehen.[17] Die Polemik gegen den Verfall der Sitten ist im großen und ganzen die gleiche geblieben. Man muß nicht eigens betonen, daß die alten und neuen Wächter der Moral vor allen Dingen auf eine Aufrechterhaltung der Geschlechtertrennung und eine Festschreibung des maskulinen Stereotyps zielten und zielen.

Indes stößt der Vergleich zwischen dem Fin de siècle und unserer Zeit an seine Grenzen, wenn man erklären will, wie sich Tradition und Innovation innerhalb der Gesellschaft mischen. Denn ein Großteil der Jugend geht heute in einer eigenen, völlig anderen Kultur auf, während sich die gesellschaftlichen Traditionen wieder einmal als sehr widerstandsfähig erweisen: von direkten politischen Auswirkungen der Jugendkultur in Westeuropa kann keine Rede sein. Ebensowenig von einem durchgreifenden Wandel in den gesellschaftlichen Gepflogenheiten – der Voraussetzung für die definitive Absetzung des Männlichkeitsstereotyps –, trotz aller Schlachten, die von den Frauen oder den Homosexuellen gewonnen wurden. Hierfür mag vor allem die Fähigkeit der normativen Gesellschaft, sich ihre Feinde einzuverleiben, verantwortlich zeichnen. In der Tat hatte sie die früheren Jugendrevolten integriert, indem sie deren Patriotismus instrumentalisierte bzw. sie als politische Avantgarde förderte. Möglicherweise läßt sich die ambivalente Maskulinität der heutigen Jugendkultur gar nicht auf den Nenner eines maskulinen Stereotyps bringen. Wie der Krieg bestimmte Aspekte der normativen Männlichkeit verstärkt hatte, so mögen vielleicht die derzeitigen Tendenzen die scharfen Konturen der Maskulinität aufweichen – und damit auch das Stereotyp selbst.

Bilder der Maskulinität, d. h. Bilder, in denen Männer ihre Männlichkeit inszenieren, sind in unserer Kultur noch immer vorherrschend. Im Jahre 1993 bezeichnete ein Schriftsteller die Ängste der Männer, ihre Männlichkeit betreffend, als »den Fluch des Mannes«; schließlich gibt es keine festen Wegmarken mehr auf dem Weg zur Maskulinität, wie z. B. Prüfungen, mit denen die Männlichkeit unter Beweis gestellt werden konnte.[18] In der Vergangenheit waren entsprechende Normen gesetzt worden, und dank bestimmter Rituale, denen man sich unterzog, wußte man, ob man ein wahrer Mann war. Tugenden wie »stille Größe« und Willenskraft zu praktizieren, das richtige Aussehen und die richtige Haltung an den Tag zu legen hatten den Beweis wahrer Männlichkeit geliefert – liegt doch die Übereinstimmung zwischen körperlichen und seelischen Qualitäten im Wesen jedweden Stereotyps. Indes vermischten sich die Konturen des männlichen Stereotyps allmählich. Die neue Bodybuilding-Welle hatte so gut wie gar nichts mehr mit dem Wunsch zu tun, die eigene Männlichkeit zu erweisen, indem man sich einen perfekten Körper schuf, was doch bei der Turnbewegung vor mehr als einem Jahrhundert eine so wichtige Rolle gespielt hatte.

Und dennoch kann man nicht von vornherein sagen, daß die Männer, die in den zirka 5000 Fitneß-Studios in Deutschland trainieren, es nur auf ihre Gesundheit und nicht auch auf ihre Schönheit abgesehen haben.[19] Schließlich hatte man in den Anfängen des Bodybuilding durchaus das Augenmerk auf die männliche Schönheit gerichtet. Theodor Siebert, der frühe Prophet des Bodybuilding, schrieb zum Beispiel im Jahre 1902, daß in der regelmäßigen Schönheit des Körpers seine Kraft läge.[20] Hier wird eine Tradition fortgesetzt, die, wie wir im 3. Kapitel sahen, schon die Turnväter begründet hatten.

Die Vorstellung von Männlichkeit, mit der wir uns beschäftigt haben, war ein Ideal, das in der Öffentlichkeit galt. Mochte es auch viele »private« Interpretationen von Maskulinität geben, spielte das normative Stereotyp der Männlichkeit zweifelsohne bei den meisten Männern eine große Rolle. Es hatte die Gesellschaft zu tief durchdrungen und spiegelte zu viele ihrer Bedürfnisse und Hoffnungen wider. Die normative Männlichkeit stand im Zentrum der gesellschaftlichen Gepflogenheiten, was den Körper, die Sexualität, die Kleidung, das Erscheinungsbild und die Definition persönlicher Beziehungen betraf.

Bürgerliche Verhaltensmuster hatten sich zur selben Zeit herausgebildet wie die moderne Maskulinität; beide waren fester Bestandteil dieser Kultur. Die Frage, wie ein Mann sein sollte, war untrennbar mit dieser Kultur verknüpft – mit bürgerlichen Schönheitsbegriffen oder Moralvorstellungen, die auf dem alten Ideal männlicher Ehre gründeten. Und auch für die Entstehung der Nationen war das maskuline Stereotyp von Bedeutung. Die moderne Maskulinität und das moderne Nationalbewußtsein waren parallele Phänomene; die Nation bedurfte – über das Bild des Kriegers hinaus – eines lebenden Symbols. Wörter und Bilder sprachen von »dem Deutschen« oder »dem Engländer«, und sie bezogen sich fast immer auf einen bestimmten Typus, der den Nationalcharakter verkörperte und der – natürlich mit den entsprechenden nationalen Abweichungen – dem maskulinen Stereotyp entsprach. Wir haben gesehen, daß sogar Sozialisten und Bolschewiken seinem Reiz nicht widerstehen konnten, als sie sich plötzlich auf die Moral besannen.

Das Schicksal der modernen Maskulinität hängt mit der Gesellschaft zusammen, deren Teil sie ist, und mit den entsprechenden moralischen Codes. Letztere halten die Gesellschaft zusammen, was ihre ungeheure Zählebigkeit erklärt. Der Nationalismus erfreut sich immer noch bester Gesundheit – obwohl viele ihn nach dem Zweiten Weltkrieg für tot erklärt haben – und mit ihm der Kult der nationalen Symbole, selbst wenn die Suche nach einem nationalen Stereotyp ob der einschlägigen Vergangenheit vorübergehend in Mißkredit geriet. Die Frage kann also nicht lauten, ob das männliche Stereotyp von der Bildfläche verschwinden wird, sondern wie es um seine Aushöhlung bestellt ist. Wir haben bereits viele der Veränderungen nachgezeichnet, die es im Laufe dieses Jahrhunderts erfahren hat.

Wenn die Vorstellung von Männlichkeit tatsächlich die Hoffnungen und Wünsche der modernen Gesellschaft widerspiegelt, was würde geschehen, wenn diese sich drastisch veränderten, wenn nicht länger das Bedürfnis bestünde, Ordnung und Fortschritt zu vereinen, und wenn die Dynamik, die der Gesellschaft innewohnt, nicht länger als bedrohlich wahrgenommen würde? Das maskuline Stereotyp wäre damit vieler seiner traditionellen Funktionen beraubt. Doch scheint eine solche Veränderung in naher Zukunft nicht sehr wahrscheinlich. Allenfalls mehren sich die Anzeichen dafür, daß andere Symbole die der Männlichkeit ersetzen könnten. Mehr Menschen denn je stehen Stereotypen überhaupt mißtrauisch gegenüber: dem Wort »Stereotyp« haftet heutzutage ein negativer Beigeschmack an, weswegen wir schon zu Beginn Wert auf die Feststellung gelegt haben, daß es sehr wohl positive Stereotype – als wirkungsmächtige mentale Bilder – gibt.

Jugendkultur und traditionelle Männlichkeit – nach wie vor ist die Schlacht noch im Gange, und die Frage ist nicht, ob die »wahre« Männlichkeit entthront wird, sondern wieweit sie modifiziert werden kann. Kann das maskuline Stereotyp den Niedergang des Patriarchats überleben? Trotz größerer Gleichberechtigung sieht es so aus, als ob das männliche Ideal es immer wieder schaffte, sich zu behaupten. Denn dieses Ideal war, wie wir gesehen haben, nie bloß von den sogenannten Machtverhältnissen abhängig, sondern speiste sich aus der Gesamtheit gesellschaftlicher Regeln. Die Bedeutung der modernen Maskulinität als Kitt, der die moderne Gesellschaft zusammenhält, sorgte letzten Endes für ihre Unantastbarkeit. Diese Vergangenheit kann nicht so leicht abgetan werden.

Wie auch immer es um die Maskulinität derzeit bestellt sein mag, man muß sie als historisches Phänomen verstehen und sich mit ihr auseinandersetzen: ein Phänomen, das sowohl abstrakt als auch konkret war und ist, »ein Plakat, das aushängt, um gelesen zu werden«, wie sie vor langer Zeit definiert wurde.[21] Ein Plakat, dessen Aussage sich im Laufe der Zeit relativ wenig geändert hat. Sogar heute noch, wo Männlichkeit gefährdeter denn je erscheint, durchzieht ihr Stereotyp noch immer die Welt und das Selbstverständnis einer großen Mehrheit unserer westlichen Gesellschaft.

Obwohl man über die Zukunft der Maskulinität nur spekulieren kann, ist ihre Bedeutung für die Vergangenheit nicht in Zweifel zu ziehen, denn sie berührte fast jeden Aspekt der Gesellschaft. Wir haben uns auf das männliche Stereotyp konzentriert, haben seine Geschichte anhand seiner öffentlichen Inszenierungen analysiert. Dabei erhebt dieses Buch keinen Anspruch auf Vollständigkeit. Allen Aspekten des Männlichkeitsbildes nachzugehen hätte bedeutet, eine Geschichte der modernen Gesellschaft zu schreiben. Aber wir konnten uns doch einen gewissen Einblick in die gesellschaftliche und politische Bedeutung eines der wichtigsten und dauerhaftesten modernen Symbole verschaffen.

All jene, die die Gesellschaft verändern wollen, müssen ebenso wie all jene, die nicht länger ausgegrenzt werden wollen, das Stereotyp der modernen Maskulinität in Betracht ziehen. So muß ihm jede Aufarbeitung der Emanzipationsbewegungen (ob von Frauen oder Homosexuellen) Rechnung tragen. Das Männerbild und seine Bedeutung auszumessen leistet zugleich – so steht zu hoffen – einen Beitrag zum Verständnis der Gesellschaft, in der wir leben, und kann vielleicht sogar Ansatzpunkte für mögliche Veränderungen bieten.

Anhang

Anmerkungen

1 Einführung: Das maskuline Stereotyp

1 Anne-Charlotte Trepp: »The Emotional Side of Men in Late Eighteenth-Century Germany (Theory and Example)«, in *Central European History* 27 (1994): 127–152.
2 Lynn Hunt: *Politics, Culture and Class in the French Revolution*. Berkeley, 1984 (92) (dt. *Symbole der Macht, Macht der Symbole*. Frankfurt a. M., 1989).
3 Friedrich Ehrenberg: *Der Charakter und die Bestimmung des Mannes*. Hildburghausen und New York, 1834 (14). Ehrenberg war Prediger im (protestantischen) Dom zu Berlin.
4 »Character Reading«, in *Phrenological Magazine* 3 (1882): 18.
5 Michael Rohrwasser: *Saubere Mädel, starke Genossen*. Berlin, 1975 (93).
6 Ehrenberg: *Der Charakter und die Bestimmung des Mannes*. (14, 15).
7 Ibid (21, 52).
8 Zitiert bei Hans Weil: *Die Entstehung des Deutschen Bildungsprinzips*. Bonn, 1930 (47).
9 George L. Mosse: *Nationalismus und Sexualität*. München, 1985 (Kapitel 5).
10 Ute Frevert: *Women in German History*. New York, 1989 (178) (dt. *Frauen-Geschichte*. Frankfurt a. M., 1986).
11 Stefan Zweig: *Die Welt von gestern*. Frankfurt a. M., 1964 (90).
12 Frevert: *Women in German History* (173).
13 Zitiert bei Ronald Hyam: *Britain's Imperial Century, 1815–1914*. London, 1976 (134).
14 Mosse: *Nationalismus und Sexualität* (84).
15 Martin Green: *The Adventurous Male. Chapters in the History of the White Male Mind*. University Park, Pennsylvania, 1953 (8).
16 Lewis D. Wurgaft: *The Imperial Imagination*. Middletown, Connecticut, 1983 (10).
17 Ibid (11).

2 Die Norm wird gesetzt

1 Norman F. Cantor: *Inventing the Middle Ages*. New York, 1991 (381); Léon Gautier: *Chivalry*. London, 1891 (485).
2 Ute Frevert: *Ehrenmänner. Das Duell in der bürgerlichen Gesellschaft*. München, 1991 (22).
3 Norman Vance: *The Sinews of the Spirit. The Ideal of Christian Manliness in Victorian Literature and Religious Thought*. Cambridge, 1985 (9).
4 Frevert: *Ehrenmänner* (32).
5 Robert A. Nye: »Fencing, the Duel and Republican Manhood in the Third Republic«, in *Journal of Contemporary History* 25 (Mai–Juni 1990): 369.
6 Maurice J. Quinlan: *Victorian Prelude. A History of English Manners, 1700–1830*. London, 1965 (69).
7 A. Mangan und James Walvyn (Hrsg.): *Manliness and Morality. Middle-Class Masculinity in Britain and America, 1800–1940*. New York, 1987 (98).
8 Pierre Birnbaum: *Anti-Semitism in France*. Oxford, 1992 (165).
9 Siehe auch Robert A. Nye: *Masculinity and Male Codes of Honor in Modern France*. New York, 1993 (46).
10 Frevert: *Ehrenmänner* (133ff).
11 Kevin McAleer: *Dueling. The Cult of Honor in Fin de Siècle Germany*. Princeton, 1994 (35).
12 Nye: »Fencing, the Duel and Republican Manhood in the Third Republic« (371).
13 Frevert: *Ehrenmänner* (197).
14 Nye: *Masculinity and Male Codes of Honor in Modern France* (32).
15 McAleer: *Dueling* (59).
16 Ibid (43, 183–184).
17 Ibid (141).
18 Ibid (41).
19 Frevert: *Ehrenmänner* (196).
20 Brenda Keiser: *Deadly Dishonor. The Duel and the Honor Code in the Works of Arthur Schnitzler*. New York, 1990 (13).
21 Zitiert in Nye: »Fencing, the Duel and Republican Manhood in the Third Republic« (370).
22 Nye: *Masculinity and Male Codes of Honor in Modern France* (162).
23 Theodor Fontane: *Effi Briest*. Zürich, 1964.
24 Alan Corkhill: »Abwandlung des Duellrituals in der deutschsprachigen Literatur des 19. und frühen 20. Jahrhunderts«, in *Neophilologus* 72 (1988): 244.

25 Willy Ritter Liebermann von Wahlendorf: *Erinnerungen eines deutschen Juden, 1896–1936*. Hrsg. Ernst Reinhard Piper, München 1988 (64).
26 Ernst Moritz Arndt: »Die Leipziger Schlacht« (1913), in *Sämtliche Werke*. Leipzig, o. J. (Band 4: 83).
27 Pierre Bayle: *Historical and Critical Dictionary*. Indianapolis: Library of Liberal Arts, 1965 (236).
28 Ibid (236).
29 Zitiert bei George L. Mosse: *Rassismus*. Königstein/Ts. o. J. (19).
30 Johann Kaspar Lavater: *Ausgewählte Schriften*. Hrsg. Johann Kaspar Orelli. Zürich, 1859 (Band 1: 21).
31 Henry Caraway Hatfield: *Winckelmann and His German Critics*. New York, 1943 (111).
32 Siehe auch Heinrich Funck (Hrsg.): *Goethe und Lavater. Briefe und Tagebücher*. Weimar, 1901 (46).
33 Lavater: *Ausgewählte Schriften* (73).
34 Ibid (88).
35 Siehe auch Sander L. Gilman: *Disease and Representation*. Ithaca, New York 1988 (passim).
36 A. D. Tissot: *L'Onanisme. Dissertation sur les maladies produites par la masturbation*. Lausanne, 1716 (220).
37 Jean-Jacques Rousseau: *Emil oder Über die Erziehung*. Stuttgart, 1963 (427).
38 Lynn Hunt: *Politics, Culture and Class in the French Revolution*. Berkeley und Los Angeles, 1986 (90–92).
39 Johann Kaspar Lavater: *Essays in Physiognomy*. London 1804 (Band 3: 205, 206, 210–211).
40 Wilhelm von Humboldt: *Schriften zur Anthropologie und Geschichte*. Stuttgart, 1960 (296).
41 Siehe auch Isabel V. Hull: *Sexuality, State and Civil Society in Germany*, 1700–1815. Ithaca, New York, 1995.
42 Rousseau: *Emil oder Über die Erziehung* (721).
43 Humboldt: *Schriften zur Anthropologie und Geschichte* (298).
44 Bernhard Ruprecht: »Plastisches Ideal und Symbol im Bilderstreit der Goethezeit«, in *Probleme der Kunstwissenschaft*. Berlin, 1963 (Band 1: 204).
45 Johann Joachim Winckelmann: *Gedanken über die Nachahmung der Griechischen Werke in der Malerei und Bildhauerkunst*, in *Ausgewählte Schriften*. Insel Bücherei Nr. 130, Leipzig o. J. (22).
46 Goethe an Herder (1771), in *Genius der Jugend*. Hrsg. Gerhard F. Hering. Stuttgart und Hamburg, 1931 (47).
47 Winckelmann: *Gedanken über die Nachahmung der Griechischen Werke in der Malerei und Bildhauerkunst* (39).

48 Simon Richter: *Laocoon's Body and the Aesthetics of Pain*. Detroit, 1992 (44).
49 Alex Potts: *Flesh and the Ideal. Winckelmann and the Origins of Art History*. New Haven, 1994 (138).
50 Winckelmann: *Gedanken über die Nachahmung der Griechischen Werke in der Malerei und Bildhauerkunst* (38).
51 Hatfield: *Winckelmann and His German Critics* (42).
52 Tadeusz Namowicz: *Die aufklärerische Utopie. Rezeption der Griechenauffassung J.J. Winckelmanns um 1800 in Deutschland und Polen*. Warschau, 1978 (71).
53 Ibid (71).
54 Adolf Hitler: *Mein Kampf*. München, 1934 (453).
55 Dies ist eine der Thesen von Potts: *Flesh and the Ideal* (passim).
56 Ibid (4).
57 Max Bäumer: »Winckelmanns Formulierung der klassischen Schönheit«, in *Monatshefte*, 65, Nr. 1 (Frühling 1973): 61–74.
58 Peter Gay: *The Enlightenment. An Interpretation*. New York, 1969 (2: 297).
59 *Winckelmanns Werke*. Hrsg. Heinrich Meyer und Johann Schulze. Dresden, 1811 (Band 4: 37).
60 Potts betont dagegen die latente Erotik in Winckelmanns Interpretation dieser Skulpturen und den Konflikt zwischen ihrer nackten Gestalt und seiner eigenen unterdrückten Sexualität; *Flesh and the Ideal* (insbesondere Kapitel 4).
61 *The Literary Works of Sir Joshua Reynolds*. Hrsg. Henry William Beechy. London, 1870 (Band 1: 343).
62 Martin Jay: *Downcast Eyes. The Denigration of Vision in Twentieth Century French Thought*. Berkeley und Los Angeles, 1993 (22).
63 Thomas Nipperdey: *Deutsche Geschichte, 1800–1866; Bürgerwelt und starker Staat*. München, 1983 (549).
64 Otto Jahn: *Winckelmann. Eine Rede gehalten am 9. Dezember 1843, in der Akademischen Aula in Greifswald*. Greifswald, 1844 (3, 28).
65 Siehe auch Winckelmann: *Gedanken über die Nachahmung der Griechischen Werke in der Malerei und Bildhauerkunst* (38). Der Satz lautet »edle Einfalt und stille Größe«.
66 Ibid (21).
67 Siehe auch Walter Pater: *Winckelmann*. London, 1911 (18).
68 Potts: *Flesh and the Ideal* (131).
69 Zitiert bei Paul Derks: *Die Schande der heiligen Päderastie. Homosexualität und Öffentlichkeit in der deutschen Literatur, 1750–1850*. Berlin, 1990 (193).
70 Hatfield: *Winckelmann and His German Critics* (145).
71 Namowicz: *Die aufklärerische Utopie* (140).
72 Derks: *Die Schande der heiligen Päderastie* (204, 207).

73 Friedrich Schiller: *Über die ästhetische Erziehung des Menschen*. Stuttgart, 1981 (32, 33).
74 Derks: *Die Schande der heiligen Päderastie* (200).
75 Eduard Pommier: *Winckelmann und die Betrachtung der Antike im Frankreich der Aufklärung und der Revolution*. Tübingen, 1992 (6, 7).
76 Ibid. (22ff).
77 Max L. Bäumer: »Winckelmanns Auffassung republikanischer Freiheit und sein Einfluß auf die Kunst der französischen Revolution«, in *Beiträge zur internationalen Wirkung Winckelmanns* 4/5. Stendal, 1986 (23–25).
78 Thomas W. Gaethgens: »Jacques-Louis David. Leonidas bei den Thermopylen«, in *Ideal und Wirklichkeit in der Bildenden Kunst im späten 18. Jahrhundert*. Hrsg. Herbert Beck et al. Berlin, 1984 (230).
79 Elmar Stope: *Klassizismus und Krieg. Über den Historienmaler Jacques-Louis David*. Frankfurt a. M., 1985 (149).
80 Pater: *Winckelmann* (46).
81 Robert Knox: *The Races of Man*. London, 1862 (400).
82 Sir Charles Bell: *The Anatomy and Philosophy of Expression, as Connected with the Fine Arts*. London, 1844; Erstveröffentlichung 1806 (21 und passim).
83 Walter Pater: »The Age of Athletics«, in *Greek Studies*. Hrsg. Charles L. Shadwell, London, 1885 (302).
84 Pater: *Winckelmann* (40).
85 Pater: »Age of Athletics« (303).
86 Lionel Gossman: »Death in Trieste«, in *Journal of European Studies*, xxii, 1992 (211).
87 Mosse: *Rassismus* (68).
88 Julius Langbehn: *Rembrandt als Erzieher*. Leipzig, 1900 (64).
89 Siehe Seite 182.

3 Zum Ideal hin

1 Johann Joachim Winckelmann: *Gedanken über die Nachahmung der Griechischen Werke in der Malerei und Bildhauerkunst*, in *Ausgewählte Schriften*. Insel Bücherei Nr. 130, Leipzig o. J. (24).
2 Jacques Ulman: *De la gymnastique aux sports modernes*. Paris, 1965 (133).
3 Ibid (212).
4 Gerd Steins: »Wo das Turnen erfunden wurde«, in *Berliner Forum* 6, 1986 (17).
5 H. De Genst: *Histoire de l'éducation physique*. Brüssel, 1949 (Band 2: 46).
6 J. C. F. GutsMuths: *Gymnastik für die Jugend*. Schnepfenthal, 1804 (24, 28).

7 Ibid (x.)
8 Ibid (3, 5).
9 Ibid (6).
10 Ibid (271).
11 Ibid (129).
12 Ibid (9).
13 Ibid (12, 133).
14 Friedrich Ludwig Jahn und Ernst Eiselen: *Deutsche Turnkunst*. Berlin, 1916 (xiii, xiv).
15 Steins: »Wo das Turnen erfunden wurde« (22).
16 J. C. F. GutsMuths: *Spiele zur Übung und Erholung des Körpers und Geistes*. Hof, 1893 (314, 315).
17 »Briefe an die Gymnastiktreibenden in Frankfurt« (1843), *Die Briefe Friedrich Ludwig Jahns*. Hrsg. Wolfgang Meyer. Leipzig, 1913 (489).
18 Siehe auch ibid (495).
19 Jahn und Eiselen: *Deutsche Turnkunst*, zitiert bei Carl Euler: *Friedrich Ludwig Jahn*. Stuttgart, 1881 (164).
20 Ibid.
21 Jahn und Eiselen: *Deutsche Turnkunst* (233).
22 Ibid (vii).
23 *Die Briefe Friedrich Ludwig Jahns* (57).
24 Ulman: *De la gymnastique aux sports modernes* (287).
25 Franz Passow: *Turnziel. Turnfreunde und Turnfeinde*. Breslau, 1818 (180).
26 *Die Briefe Friedrich Ludwig Jahns* (57).
27 Ronald Hubscher, Jean Durry und Bernard Jeu: *L'histoire en mouvements: le sport dans la société française (XIXe-XXe siècle)*. Paris, 1992 (19).
28 Patrizia Ferrara: *L'Italia in palestra*. Rom, 1992 (29).
29 Gaetano Bonetta: *Corpo e nazione*. Mailand, 1990 (61).
30 Ibid (63).
31 Ibid (117).
32 Walter Pater: »The Age of Athletics«, in *Greek Studies*. Hrsg. Charles L. Shadwell. London, 1885 (296, 297).
33 Jonathan Gathorne-Hardy: *The Old School Tie*. New York, 1977 (147).
34 Ibid (147).
35 Ibid (145).
36 Konrad Koch: *Die Erziehung zum Mut durch Turnen, Spiel und Sport*. Berlin, 1900 (6).
37 Siehe auch Ludwig Gurlitt: *Erziehung zur Mannhaftigkeit*. Berlin, 1906 (passim).
38 *The George Eliot Letters. Vol. 4, 1874–1877*. Hrsg. Gordon S. Haight. New Haven, 1955 (312).

39 Gurlitt: *Erziehung zur Mannhaftigkeit* (233).
40 Gerhard Kaiser: *Pietismus und Patriotismus im literarischen Deutschland*. Wiesbaden, 1961 (23).
41 Philip Greven: *The Protestant Temperament*. New York, 1977 (126).
42 Leonore Davidoff und Catherine Hall: *Family Fortunes. Men and Women of the English Middle Class, 1780–1859*. Chicago, 1987 (113).
43 Charles Kingsley: *Westward Ho!* London, 1899 (16, 160).
44 Zitiert bei David Newsome: *Godliness and Good Learning*. London, 1961 (213).
45 Ibid (197).
46 Carl Friedrich Pockels: *Über Gesellschaft und Geselligkeit im Umgang*. Hannover, 1813 (67, 75).
47 Honoré Riouffe: *Mémoires d'un détenu pour servir à l'histoire de la tyrannie de Robespierre*. Paris, 1795 (16).
48 Alex Potts: »Beautiful Bodies and Dying Heroes. Images of Ideal Manhood in the French Revolution«, in *History Workshop*, Herbst 1990 (11).
49 Elmar Stolpe: *Klassizismus und Krieg. Über den Historienmaler Jacques-Louis David*. Frankfurt a. M., 1985 (84).
50 Thomas Carlyle: »Heroes and Hero Worship«, in *The Complete Works of Thomas Carlyle*. New York, o. J. (Band 2: 406).
51 Ibid (333–334).
52 John Buchan: *Men and Deeds*. London, 1935 (98).
53 Ibid (273).
54 Peter Beer: *Die Macht der Religion*, in P. Moritz (Hrsg.): *Aus der Zeit*. Band 3. *Aufrufe, Dichtungen, Reden*. Berlin, 1935.
55 Zitiert bei Pascal Hintermeyer: *Politique de la mort*. Paris, 1981 (72).
56 Wilhelm von Humboldt: »Die Amazonen«, in *Wilhelm von Humboldts Werke*. Hrsg. Albert Lietzmann. Berlin, 1912 (216).
57 Wilhelm von Humboldt: *Schriften zur Anthropologie und Geschichte*. Stuttgart, 1960 (307).
58 Humboldt: »Die Amazonen« (216).
59 Carl Friedrich Pockels: *Versuch einer Charakteristik des weiblichen Geschlechts*. Hannover, 1797 (1: 16).
60 Mona Ozouf: *La fête révolutionnaire*. Paris, 1976 (120).
61 Johann Gottlieb Fichte: *Grundlagen des Naturrechts nach Prinzipien der Wissenschaftslehre*. Hrsg. Fritz Medicus. Leipzig, 1908 (309).
62 Ibid (212, 317).
63 Pockels: *Versuch einer Charakteristik des weiblichen Geschlechts* (35).
64 C. Wilmanns: *Die »Goldene Internationale« und die Notwendigkeit einer socialen Reformpartei*. Berlin, 1876 (195).

4 Der Anti-Typus

1 Galit Hasam-Rokem und Alan Dundes (Hrsg.): *The Wandering Jew*. Bloomington, Indiana 1986 (238).
2 George L. Mosse: *Rassismus*. Königstein/Ts. o. J. (22).
3 Siehe auch Friedrich Schiller: *Über die ästhetische Erziehung des Menschen*. Stuttgart, 1965 (60).
4 Ibid (61).
5 Siehe auch Seite 39.
6 Ibid (193).
7 Klaus Dörner: *Madmen and the Bourgeoisie*. Oxford, 1981 (dt. *Bürger und Irre*. Frankfurt a. M., 1969).
8 Erwin H. Ackerknecht: *Kurze Geschichte der Psychiatrie*. Stuttgart, 1957 (34).
9 Martin S. Staum: *Cabanis. Enlightenment and Medical Philosophy in the French Revolution*. Princeton, 1980 (162, 163).
10 Ibid (163).
11 Christian Gotthelf Salzmann: *Carl von Carlsberg oder über das menschliche Elend*. Karlsruhe, 1787 (5: 94).
12 *Männerbibliothek, oder Handbuch aller Kentnisse welche der Mann in jedem Alter... zu wissen nötig hat*. Berlin, 1838 (1: 356).
13 Ibid (354).
14 Siehe auch George L. Mosse: *Nationalismus und Sexualität*. München, 1985 (29).
15 Ute Frevert: *Krankheit als politisches Problem, 1770–1880*. Göttingen, 1984 (31).
16 Siehe auch Michael Geyer: »The Stigma of Violence, Nationalism, and War in Twentieth Century Germany«, in *German Studies Review*, Winter 1992 (94).
17 Ute Frevert: *Das Duell in der bürgerlichen Gesellschaft*. München, 1991 (158).
18 Siehe auch Elisabeth Frenzel: *Judengestalten auf der deutschen Bühne*. München, 1940 (170).
19 Siehe auch Sander Gilman: *The Jew's Body*. London, 1991 (passim).
20 Johann Joachim Winckelmann: *Geschichte der Kunst des Altertums*, in *Sämtliche Werke*. Hrsg. Joseph Eiselein. Donaueschingen, 1825. (Band 3: 131, 132).
21 Mosse: *Rassismus* (29).
22 Robert Badinter: *Libres et égaux, L'émancipation des juifs (1789–1791)*. Paris, 1989 (82).
23 Adolf Hitler: *Mein Kampf*. München, 1934 (704–705).

24 Michael H. Kater: *Different Drummers. Jazz in the Culture of Nazi Germany*. New York, 1992 (11) (dt. *Gewagtes Spiel. Jazz im Nationalsozialismus*. Köln, 1995); Sander L. Gilman: *Freud, Race and Gender*. Princeton, 1993 (19–21) (dt. *Freud, Identität und Geschlecht*. Frankfurt a. M., 1994).

25 Michèle C. Cone: *Artists under Vichy*. Princeton, 1992 (155).

26 Randolph Trumbach: »Sodomitical Subcultures, Sodomital Rules and the Gender Revolution of the Eighteenth Century. Recent Historiography«, in *Unauthorized Sexual Behaviour during the Enlightenment*. Hrsg. Robert P. Macubbin. *Eighteenth Century Life* 9, Nr. 3 (Mai 1985): 118; Arthur N. Gilbert: »Buggery and the British Navy, 1700–1861«, in *Journal of Social History* 10, Nr. 1 (Herbst 1976): 72–98.

27 Paul Derks: *Die Schande der heiligen Päderastie. Homosexualität und Öffentlichkeit in der deutschen Literatur, 1750–1850*. Berlin, 1990 (11).

28 *Winckelmann von Goethe*. Zürich, 1943 (91, 92).

29 Ibid (209).

30 Derks: *Die Schande der heiligen Päderastie* (255).

31 Ibid (346).

32 Frenzel: *Judengestalten auf der deutschen Bühne* (82).

33 *Getroffene Bilder aus dem Leben vornehmer Knabenschänder und andere Scenen aus unserer Zeit und Herrlichkeit*. Merseburg, 1833 (passim). Diesen Hinweis verdanke ich James D. Steackley.

34 Ibid (48).

35 Sander L. Gilman: *Freud, Race and Gender*. Princeton, 1993 (162–165).

36 Otto Weininger: *Geschlecht und Charakter*. Wien und Leipzig, 1920 (408, 409).

37 Ferdinand Probst: *Der Fall Otto Weininger. Grenzfragen des Nerven- und Seelenlebens*. Hrsg. L. Loewenfeld und H. Kurella, Heft 31. Wiesbaden, 1904 (24, 25).

38 Jacques Le Rider: *Der Fall Otto Weininger*. München, 1985 (144).

39 Edouard Drumont: *La France juive*. Nachdruck; Paris, La Librairie Française, 1986; 2: 466.

40 Joachim S. Hohmann: *Geschichte der Zigeunerverfolgung in Deutschland*. Frankfurt, 1981 (48).

41 Karola Fings und Franz Sparing: »›Tunlichst als erziehungsunfähig hinzustellen‹. Zigeunerkinder und -jugendliche: Aus der Fürsorge in die Vernichtung«, in *Dachauer Hefte* 9, Heft 9 (November 1993): 164. Ich danke Sybil Milton für diesen Hinweis.

42 Siehe auch Sander L. Gilman: *Seeing the Insane*. New York, 1982 (passim).

43 Havelock Ellis: *The Criminal*. London und New York, 1913 (74).

44 Matt K. Matsuda: »Doctor, Judge, Vagabond. Identity, Identification

and Other Memories of the State«, in *History and Memory* 6, Nr. 1 (Frühling/Sommer 1994): 78.

45 Camille Spiess: *Ainsi parlait l'homme*. Paris, 1924 (87, passim).

46 Günter Grau (Hrsg.): *Homosexualität in der NS-Zeit*. Frankfurt a. M., 1993 (309).

47 Madame de Staël: *Über Deutschland*. Frankfurt a. M., 1985 (499).

48 Ibid (501)

49 Isabel V. Hull: *Sexuality, State and Civil Society in Germany*. Ithaca, New York, 1995 (Kapitel 9).

50 Mario Praz: *The Romantic Agony*. New York, 1956 (204) (dt. *Liebe, Tod und Teufel*. München, 1963).

51 Friedrich Schlegel: *Lucinde*. Stuttgart, 1859 (84).

52 Johann Gottlieb Fichte: *Grundlagen des Naturrechts nach Principien der Wissenschaftslehre*, in *Sämtliche Werke*. Hrsg. I. H. Fichte. Berlin, 1845 (Band 3: 313, 319).

53 *Winckelmann von Goethe* (131).

54 Wilhelm von Humboldt: *Schriften zur Anthropologie und Geschichte*. Stuttgart, 1960 (307).

55 Schlegel: *Lucinde* (103).

56 Carl Friedrich Pockels: *Versuch einer Charakteristik des weiblichen Geschlechts*. Hannover, 1797 (1: 17).

57 Mosse: *Nationalismus und Sexualität* (100).

5 Maskulinität in der Krise: Die Dekadenz

1 Der wichtigste Vertreter dieser aufgewärmten Theorie war der Marburger Psychologe Erich R. Jaensch; siehe auch seine *Apologische Forschungsmethode*. Leipzig, 1927 (passim). Es war daher nur logisch, daß Jaensch zum Rassisten und Nationalsozialisten wurde; siehe auch sein Buch *Die Lage und Aufgaben der Psychologie, ihre Sendung in der Deutschen Bewegung und an der Kulturwende*. Leipzig, 1933 (passim).

2 Charles Morazé: *The Triumph of the Middle Classes*. London, 1966 (xiii, xiv) (dt. *Das Gesicht des 19. Jahrhunderts*. Düsseldorf, 1959).

3 Dies unterstreicht auch Michel Foucault: *The History of Sexuality*, Band 1, *An Introduction*. New York, 1980 (insbesondere 1–13): Die Überschreitung alter Tabus führte nicht zu größerer Freiheit, sondern zu größerer Unterdrückung, weil es leichter wurde, sogenannte sexuelle Abweichungen genau festzumachen (dt. *Sexualität und Wahrheit*. Frankfurt a. M., 1986).

4 Albert Boime: *Thomas Couture and the Eclectic Vision*. New Haven und London, 1980 (131).
5 Zitiert bei Daniel Pick: *Faces of Degeneration*. Cambridge, 1989 (54).
6 Arnold Zweig: *Aufzeichnungen über eine Familie Klopfer*. München, 1911 (passim).
7 Oswald Bumke: *Die Grenzen der geistigen Gesundheit*. München, 1929 (5).
8 Janet E. Hogarth: »Literary Degenerates«, in *Fortnightly Review* (April 1895): 586.
9 Max Nordau: *Entartung*. Berlin, 1892.
10 Mark S. Micale: »Charcot and the Idea of Hysteria in the Male. Gender, Medical Science, and Medical Diagnostics in Late Nineteenth Century France«, in *Medical History* 34, Nr. 4 (Oktober 1990): 387.
11 Oswald Bumke: *Gedanken über die Seele*, 4. Auflage. Berlin und Heidelberg, 1948; Erstveröffentlichung 1941 (29).
12 Die Anzeigen werden aufgeführt bei Ulrich Linse: »Über den Prozeß der Syphilisation, Körper und Sexualität um 1900 in ärztlicher Sicht«, in *Vermessene Sexualität*. Hrsg. Alexander Schuller und Nikolaus Heim. Berlin und Heidelberg, 1987 (167).
13 Edward Shorter: *From Paralysis to Fatigue. A History of Psychosomatic Illness in the Modern Era*. New York, 1991 (117, 118) (dt. *Moderne Leiden. Zur Geschichte der psychosomatischen Krankheiten*. Reinbek, 1994); sowie Janet Oppenheimer: *Shattered Nerves*. New York, 1991 (143).
14 Andreas Steiner: *Das nervöse Zeitalter. Der Begriff der Nervosität bei Laien und Ärzten in Deutschland und Österreich um 1900*. Zürich, 1964 (20).
15 Shorter: *From Paralysis to Fatigue* (212).
16 Micale: »Charcot and the Idea of Hysteria in the Male« (380).
17 Ibid (380).
18 Jean-Martin Charcot: *Leçons sur les maladies du système nerveux faites à la Salpêtrière*. Paris, 1872–1878, 8. Lektion (116).
19 Micale: »Charcot and the Idea of Hysteria in the Male« (406).
20 Ibid (407).
21 Ruth Harris: *Murder and Madness*. Oxford, 1989 (325).
22 *The Standard Edition of the Complete Psychological Works of Sigmund Freud. 1886–1895*, Band 1. London, 1966 (24, 25).
23 Richard von Krafft-Ebing: *Lehrbuch der Gerichtlichen Psychopathologie*, Band 3. Umgearbeitete Auflage. Stuttgart, 1892 (72).
24 Günter Mann: »Dekadenz–Degeneration–Untergangsangst im Licht der Biologie des 19. Jahrhunderts«, in *Medizinhistorisches Journal* 20 (1985): 9.
25 Oswald Bumke: *Kultur und Entartung*. Berlin, 1922 (81).
26 Richard von Krafft-Ebing: *Psychopathia sexualis*. München, 1984 (60).
27 Ibid (157).

28 Zitiert in *Der Unterdrückte Sexus*. Hrsg. Joachim S. Hohmann. Lollar/ Lahn, 1977 (25).
29 Richard Ellmann: *Oscar Wilde*. New York, 1988 (300).
30 Robert Hitchens: *The Green Carnation*. London, 1949 (15).
31 Zitiert bei Neil Bartlett: *Who Was That Man? A Present to Mr. Oscar Wilde*. London, 1988 (50).
32 Siehe auch Jerrold Seigel: *Bohemian Paris*. New York, 1986 (223–224), der freilich nichts über die homosexuelle Ausrichtung der Zeitschrift sagt.
33 Jean Lorrain: *Correspondance*. Paris, 1929 (250).
34 Philippe Jullian: *Jean Lorrain ou le satyricon 1900*. Paris, 1974 (60).
35 Philippe Jullian: *Robert de Montesquiou*. Paris, 1987 (288).
36 Linda Dowling: *Hellenism and Homosexuality in Victorian Oxford*. Ithaca, New York, 1993 (3).
37 Ibid (998).
38 Natalie Barney: *Traits et portraits, suivi de l'amour défendu*. Paris, 1963 (177).
39 George Wickes: *The Amazon of Letters. The Life and Loves of Natalie Barney*. London, 1977 (40).
40 Magnus Hirschfeld: *Berlins Drittes Geschlecht*. Berlin und Leipzig, 1904 (37, 55, 43); sowie P. Näcke: »Ein Besuch bei den Homosexuellen in Berlin. Mit Bemerkungen über die Homosexualität«, in *Archiv für Kriminalanthropologie und Kriminalistik* 15 (1904): 246ff.
41 Oscar Méténier: *Les Berlinois chez eux, vertus et vices allemands*. Paris, 1904 (89, 126).
42 Henri de Weindel und F. P. Fischer: *L'homosexualité en Allemagne*. Paris, 1908 (7).
43 Hubert Kennedy: *Ulrichs. The Life and Works of Karl Heinrich Ulrichs*. Boston, 1988 (116).
44 James D. Steakley: *The Homosexual Emancipation Movement in Germany*. New York, 1975 (24).
45 Hitchens: *The Green Carnation* (92).
46 Manfred Herzen: *Magnus Hirschfeld*. Frankfurt a. M., 1992 (19, 20 und passim). Hirschfeld wurde zur vorrangigen Zielscheibe rechter Angriffe.
47 Ibid (67).
48 Oscar Wilde: »Portrait of Mr. W. H.«, in *Sexual Heretics. Male Homosexuality in English Literature from 1850–1900*. Hrsg. Herbert Read. London, 1970 (392).
49 A. J. L. Busst: »The Image of the Androgyne in the Nineteenth Century«, in *Romantic Mythologies*. London, 1967 (38–39).
50 L. S. A. M. von Römer: »Über die androgynische Idee des Lebens«, in *Jahrbuch für Sexuelle Zwischenstufen*. Vol. 5. Leipzig, 1903 (2, 921).

51 Gert Mattenklott: *Bilderdienst. Ästhetische Opposition bei Beardsley und George.* München, 1970 (103).
52 Magnus Hirschfeld: *Sexualwissenschaftlicher Bilderatlas zur Geschlechterkunde.* Berlin, 1930 (490, 491).
53 Mario Praz: *The Romantic Agony.* New York, 1956 (332).
54 Natalie Barney: *Nouvelle pensée de l'amazone.* Paris, 1934 (197).
55 Charles Kains-Jackson: »The New Chivalry«, in *Sexual Heretics. Male Homosexuality in English Literature from 1850–1900* (316).
56 William Ernest Henley: »Rhymes and Rhythms« (1889–1893?), in *William Ernest Henley.* Hrsg. Jerome Hamilton Buckley. Princeton, 1945 (148).
57 Colette: *The Pure and the Impure.* New York, 1966 (76).
58 Wolfdietrich Rasch: *Die literarische Décadence um 1900.* München, 1986 (6).
59 Frank Wedekind: *Frühlings Erwachen.* München, 1927 (10, 11).
60 George L. Mosse: *The Crisis of German Ideology.* New York, 1964 (104).
61 Ibid (105).
62 Kurt Hans: »Jugend von heute«, in *Der Anfang* 1, Heft 3 (Juli 1913): 111.
63 Hans-Georg Stümke: *Homosexuelle in Deutschland.* München, 1989 (144).
64 Lesley Hall: *Hidden Anxieties. Male Sexuality, 1900–1950.* Cambridge, 1991 (21); sowie Klaus Müller: *Aber in meinem Herzen sprach eine Stimme so laut. Homosexuelle Autobiographien und medizinische Pathographien im neunzehnten Jahrhundert.* Berlin, 1991 (174ff).
65 Zitiert in *Volkswart: Organ der Männervereine zur Bekämpfung der öffentlichen Unsittlichkeit.* November 1915 (145).
66 Ibid (147).
67 *Streitfragen. Wissenschaftliches Fachorgan der deutschen Sittlichkeitsvereine.* Hrsg. P. Philips. 1. Heft. Berlin, 1892 (1).
68 A. Römer: »Das Sittengesetz vor dem Richterstuhl einer ärztlichen Autorität«. Ibid (5ff).
69 Krafft-Ebing: *Psychopathia sexualis* (228).
70 Friedrich Nietzsche: *Der Antichrist. Fluch auf das Christentum.* München, 1960.
71 Steven E. Aschheim: *The Nietzsche Legacy in Germany.* Berkeley, 1992 (150).
72 Erich Grassl: *Die Willensschwäche.* Leipzig, 1937 (216).
73 F. W. Foerster: »Sexualethik und Sexualpädagogie«, in *Volkswart* 1 (1908): 14.
74 Gaetano Bonetta: *Corpo e nazione. L'educazione ginnastica, igienica e sessuale nell'Italia liberale.* Mailand, 1990 (130, 131); siehe auch Anson Rabinbach: *The Human Motor, Energy, Fatigue and the Origins of Modernity.* New York, 1990 (insbesondere 133–136).

75 Zitiert bei Konrad Koch: *Erziehung zum Mut durch Turnen, Spiel und Sport.* Berlin, 1900 (7).
76 G. Weitbrecht: *Die Sittlichkeit des Mannes Ehre.* Stuttgart, 1889 (7).
77 Krafft-Ebing: *Psychopathia sexualis* (317).
78 Shearer West: *Fin de Siècle.* Woodstock, New York, 1993 (81).
79 Richard Evans: *The Feminists.* New York, 1979 (107).
80 Alberto Cavaglion: *Otto Weininger in Italia.* Rom, 1982 (114).
81 Jean Pierrot: *The Decadent Imagination.* Chicago, 1981 (142, 143).
82 Elaine Showalter: *Sexual Anarchy.* London, 1991 (149).
83 Ibid (149).
84 Patrick Kay Bidelman: *Pariah's Stand Up! The Founding of the Liberal Feminist Movement in France, 1858–1889.* Westport, Connecticut, 1982 (195).
85 Anneliese Maugue: *L'identité masculine en crise au tournant du siècle.* Marseille, 1987 (37, 103).
86 Ibid (123).
87 Siehe auch Lesley A. Hall: *Hidden Anxieties. Male Sexuality, 1900–1950.* Cambridge, 1991 (insbesondere 114–169).
88 *Hirts Deutsches Lesebuch.* Hrsg. Johannes Eilemann et al. Breslau, 1940 (243).

6 Krieger und Sozialisten

1 Mario Isnenghi: *Giornali di trincea.* Turin, 1977 (110).
2 Adrian Caesar: *Taking it like a Man. Suffering, Sexuality and the War Poets.* Manchester, 1993 (155).
3 Siehe auch Modris Eksteins: *Rites of Spring. The Great War and the Birth of the Modern Age.* Boston, 1989 (281) (dt. *Tanz über Gräbern. Die Geburt der Moderne und der Erste Weltkrieg.* Reinbek, 1990).
4 John Tosch: »What Should Historians Do with Masculinity? Reflections on Nineteenth-Century Britain«, in *History Workshop*, Ausgabe 38 (1994): 183.
5 Siehe auch Seite 104.
6 Ernst Jünger: *In Stahlgewittern.* (1920).
7 Robert Brasillach: *Notre Avant Guerre.* Paris, 1942 (282).
8 Siehe auch Seite 72.
9 Caesar: *Taking it like a Man* (67).
10 Ibid (83, 84 und passim).
11 Ibid (229).
12 Siehe auch Joanna Bourke, *Dismembering the Male. Men's Bodies, Britain*

and the Great War. Chicago, 1996 (151–152, 170) und Richard Aldington: *Death of a Hero* (1929), in *The Lost Voices of World War I*. Hrsg. Tim Cross. London, 1988 (381).

13 *Leutnant Sender: Blätter der Erinnerungen für seine Freunde*. Hrsg. M. Spanier. Hamburg, 1915 (23).

14 George L. Mosse: *Fallen Soldiers*. New York, 1990 (74ff.) (dt. *Gefallen für das Vaterland*. Stuttgart, 1990).

15 Jünger: *In Stahlgewittern*.

16 Paul Weindling: *Health, Race and German Politics between National Unification and Nazism, 1870–1945*. Cambridge, 1989 (283).

17 Heinz-Peter Schmiedebach: »Sozialdarwinismus, Biologismus, Pazifismus – Ärztestimmen zum Ersten Weltkrieg«, in *Medizin und Krieg*. Hrsg. Johanna Bleker und Heinz-Peter Schmiedebach. Frankfurt a. M., 1987 (102, 117).

18 Henri de Montherlant: *Les Olympiques*. Paris, 1914 (siehe insbesondere 73, 74).

19 Robert Soucy: *Fascist Intellectual. Drieu La Rochelle*. Berkeley, 1979 (265).

20 Martin Green: *The Adventurous Male. Chapters in the History of the White Male Mind*. University Park, Pennsylvania, 1993 (56).

21 Der Autor war Hans Zöberlein in Michael Golbach: *Die Wiederkehr des Weltkrieges in der Literatur*. Kronberg/Ts., 1978 (227).

22 A. J. Langguth: *Saki. A Life of Hector Hugh Munro*. New York, 1981 (Kapitel 15).

23 Karl Hugo Sclutius: »Pazifistische Kriegspropaganda«, in *Die Weltbühne* 23 (1. Halbjahr 1929): 517.

24 Siegfried Kracauer: *Ginster. Von ihm selbst geschrieben*. Berlin, 1928 (23, 139).

25 Adolf Hitler: *Mein Kampf*. München, 1934 (181).

26 Ernst Jünger: *Der Kampf als inneres Erlebnis*. Berlin, 1922 (32).

27 Fritz V. Ostini: *Fritz Erler*. Bielefeld und Leipzig, 1921 (132); sowie Mosse: *Fallen Soldiers* (134).

28 Werner Picht: *Der soldatische Mensch*. Berlin, 1940 (16, 29).

29 Siehe auch George L. Mosse: »The Knights of the Sky«, in *War. A Cruel Necessity? The Bases of Institutional Violence*. Hrsg. R. A. Hinde und Helen E. Watson. London, 1995 (132–142).

30 Peter Supf: *Das Buch der deutschen Fluggeschichte*. Stuttgart, 1958 (336, 338).

31 Johannes Werner: *Boelcke. Der Mensch, der Führer der deutschen Jagdfliegerei*. Leipzig, 1932 (10, 209); sowie Werner V. Langsdorff: *Flieger am Feind*. Gütersloh, 1934 (40–41).

32 Hermann Grote: *Habe ich Veranlagung zum Fliegen?* Bochum-Langendeer, 1936 (2).
33 Emilio Gentile: *Il culto del littorio.* Rom, 1993 (127).
34 Christopher Hussey: *Tait McKenzie, a Sculptor of Youth.* London, 1929 (35–36).
35 Ibid (67).
36 Ernst Toller: *I was a German.* New York, 1934 (87, 99).
37 Alfred Pfabigan: *Max Adler. Eine politische Biographie?* Frankfurt a. M., 1982 (210).
38 Max Adler: *Neue Menschen. Gedanken über sozialistische Erziehung.* Wien und München, 1923 (69 und passim).
39 Josef Weidenholzer: *Auf dem Weg zum Neuen Menschen. Bildungs- und Kulturarbeit der Österreichischen Sozialdemokratie in der Ersten Republik.* Wien, 1981 (263).
40 Alfred Pfoser: *Literatur und Austromarxismus.* Wien, 1986 (42, 43).
41 Dieses Problem wird in aller Ausführlichkeit diskutiert in George L. Mosse: »La sinistra Europea e l'esperienza della guerra«, in *Rivoluzione e reazione in Europa, 1917–1924.* Hrsg. G. Spini. Florenz, 1978 (151–167).
42 Ibid (156).
43 Ilona Duczynska: *Workers in Arms. The Austrian Schutzbund and the Civil War of 1934.* New York und London, 1978 (100, 145).
44 Ibid (145).
45 Anson Rabinbach: *The Crisis of Austrian Socialism. From Red Vienna to Civil War, 1927–1934.* Chicago, 1983 (210) (dt. *Vom roten Wien zum Bürgerkrieg.* Wien, 1989).
46 Duczynska: *Workers in Arms* (126).
47 Pfoser: *Literatur und Austromarxismus* (32).
48 Gerhard Hauk: »Armeekorps auf dem Weg zur Sonne – Einige Bemerkungen zur kulturellen Selbstdarstellung der Arbeiterbewegung«, in *Fahnen, Fäuste, Körper.* Hrsg. Dietmar Petzina. Essen, 1988 (79).
49 Volker Schmidtchen: »Arbeitersport–Erziehung zum sozialistischen Menschen«, *Flugblatt an die Arbeiterjugend!* (1906). Archiv des Internationaal Instituut voor Sociale Geschiedenis, Amsterdam.
50 W. L. Guttsman: *Workers' Culture in Weimar Germany.* New York, Oxford und München, 1990 (152).
51 Hauk: »Armeekorps auf dem Weg zur Sonne – Einige Bemerkungen zur kulturellen Selbstdarstellung der Arbeiterbewegung« (82).
52 *Arbeiter-Jugend* 17 (1925): 196.
53 Anson Rabinbach: *The Crisis of Austrian Socialism* (71).
54 *Unser 3. Kreisfest!* Flugblatt, Dresden (1928?).

55 Siehe auch Helmut Gruber: *Red Vienna. Experiment in Working Class Culture, 1919–1934.* New York, 1991 (156).
56 J. Robert Wegs: »Working Class Respectability. The Viennese Experience«, in *Journal of Social History* 15, Nr. 4 (Sommer 1982): 624; sowie Joanna Bourke: Working Class Culture in Britain, 1890–1960. London, 1994 (630).
57 Gruber: *Red Vienna* (178).
58 Béla Balázs: »Männlich oder Kriegsblind« (1929), in *Kritik in der Zeit, Fortschrittliche deutsche Literaturkritik, 1918–1933.* Leipzig, 1985 (235).
59 Mosse: »La sinistra Europea e l'esperienza della guerra« (162).
60 François Delpla: »Les communistes français et la sexualité (1932–1938)«, in *Mouvement Social*, Nr. 91 (April/Juni 1975): 129.
61 Alfred Klein: *Im Auftrag ihrer Klasse. Weg und Leistung der deutschen Arbeiterschriftsteller, 1918–1933.* Berlin und Weimar, 1972 (208 ff).
62 Leo Trotzki: *Literatur und Revolution.* New York, 1957 (254).
63 Ella Winter: *Red Virtue. Human Relationships in the New Russia.* London, 1933 (27).
64 Wendy Z. Goldman: *Women, the State and Revolution. Soviet Family Policy and Social Life, 1917–1936.* Cambridge, 1993 (1–2).
65 Richard Stites: *Revolutionary Dreams. Utopian Visions and Experimental Life in the Soviet Union.* New York, 1989 (133).
66 Laura Engelstein: *The Keys to Happiness. Sex and the Search for Modernity in Fin-de-Siècle Russia.* Ithaca, New York, 1992 (396, 397).
67 Nikolai Bucharin: *Historical Materalism. A System of Sociology.* New York, 1965; Erstveröffentlichung 1925 (156).
68 Elizabeth A. Wood: »Prostitution Unbound«, in *Sexuality and the Body in Russian Culture.* Hrsg. Jane T. Costlow, Stephanie Sandler und Judith Vowles. Stanford, 1993 (128).
69 Winter: *Red Virtue* (115 ff).
70 Stites: *Revolutionary Dreams* (153).
71 Sidney und Beatrice Webb: *Communism, a New Civilization.* London, 1935 (74).
72 Jerome M. Gillison: *The Soviet Image of Utopia.* Baltimore und London, 1975 (168); sowie Atina Grossmann: *Reforming Sex. The German Movement for Birth Control and Abortion Reform.* New York, 1995 (183).
73 Michael Rohrwasser: *Saubere Mädel, starke Genossen.* Frankfurt a. M., 1975 (68, 69); sowie James M. Diehl: *Paramilitary Politics in Weimar Germany.* Bloomington, Indiana, 1977 (186).
74 Karl Grünberg: *Brennende Ruhr.* Berlin, 1952 (254).
75 Frank Trommler: *Sozialistische Literatur in Deutschland.* Stuttgart, 1976 (489).

76 Christel Lane: *The Rites of Rulers. Ritual in Industrial Society. The Soviet Case.* Cambridge, 1981 (249).
77 Siehe auch Igor Golomstock: *Totalitarian Art.* London, 1990 (214).
78 Peter Reichel: *Der schöne Schein des Dritten Reichs.* München, 1991 (369).
79 Franz Schonauer: »Der Rote Eine-Mark Roman«, in *Kürbiskern. Literatur und Kritik* 3 (1966): 13.
80 Rohrwasser: *Saubere Mädel, starke Genossen* (97).
81 Ibid (100).

7 Die »normale« Männergesellschaft

1 Bruce Haley: *The Healthy Body and Victorian Culture.* Cambridge, Massachusetts, 1978 (206).
2 Michael Rosenthal: *The Character Factory. Baden-Powell and the Origins of the Boy Scout Movement.* London, 1986 (181).
3 Robert Stevenson Smythe Baden-Powell: *Rovering for Success. A Book of Life-Sport for Young Men.* London, 1930 (139).
4 Ibid (108–109, 175).
5 Zitiert bei E. E. Reynolds: *Boy Scouts.* London, 1944 (140).
6 John Springhall: »Building Character in the British Boy. The Attempt to Extend Christian Manliness to Working Class Adolescents, 1880–1914«, in *Manliness and Morality. Middle Class Masculinity in England and America, 1800–1940.* Hrsg. J. A. Mangan und James Walvin. New York, 1987 (55).
7 Samuel Smiles: *Self-Help.* London, 1953 (14).
8 Ibid (333).
9 Joanna Bourke: *Working Class Culture in Britain, 1890–1960.* London, 1994 (42).
10 Ibid (42).
11 *Health and Strength Annual.* London, 1908 (4).
12 Bourke: *Working Class Culture in Britain* (44).
13 Siegfried Kracauer: *Die Angestellten.* Allensbach und Bonn, 1959 (18).
14 Haley: *The Healthy Body and Victorian Culture* (186, 187).
15 Siehe auch George L. Mosse: »What Germans Really Read«, in *Masses and Man.* New York, 1980 (62–65).
16 A. G. Henty: »Black Pirates«, in *Beeton's Boys Own Magazine.* London, ohne nähere Angaben, 3 (1889): 185.
17 Richard Usburne: *Clubland Heroes. A Nostalgic Study of Some Recurrent Characters in the Romantic Fiction of Dornford Yates, John Buchan and Sapper.* London, 1953 (6).

18 Leslie Susser: *Fascist and Anti-Fascist Attitudes in Britain between the Wars*. Dissertation. Oxford University, 1988 (89, 93–95).
19 Thomas Rohkramer: *Der Militarismus der kleinen Leute. Die Kriegervereine im deutschen Kaiserreich, 1871–1914*. München, 1990 (271).
20 Ibid (35, 59, 169, 216).
21 Friedrich Torberg: *Der Schüler Gerber*. Wien, 1954 (20).
22 *Stuttgarter N. S. Kurier* (22. 4. 1941), Wiener Library Clipping Collection.
23 *Mühlhauser Tageblatt* (3. 5. 1941), Wiener Library Clipping Collection.
24 »Etonboy und Hitlerjunge«, in *Der gute Kamerad. Illustriertes Jahrbuch für Jungen*. Stuttgart, 1940 (54, 189); sowie *The Spectator* (30. Juli 1937): 196. Ein Vergleich dieser beiden Systeme und ihrer Folgen findet sich bei W. R. Hicks: *The School in English and German Fiction*. London, 1932.
25 Oswald Bumke: *Die gegenwärtigen Strömungen in der Psychiatrie. Fünf Vorträge*. Berlin, 1928 (24).
26 Thomas Nipperdey: »Verein als soziale Struktur in Deutschland im späten 18. und frühen 19. Jahrhundert«, in *Gesellschaft, Kultur, Theorie*. Göttingen, 1976 (180).
27 Zum Thema *Männerbünde* siehe auch Karen V. Welk (Hrsg.): *Männerbünde. Zur Rolle des Mannes im Kulturvergleich*. 2 Bände. Köln, Rautenstrauch-Joest-Museum für Völkerkunde, 1990 (passim).
28 «Männliche Literatur«, in *Kritik in der Zeit* (1929):249.
29 Béla Balázs: »Männlich oder Kriegsblind?«, in *Kritik in der Zeit* (1929): 254, 255.
30 Ibid (255).
31 Jürgen Reulecke: »Das Jahr 1902 und die Ursprünge der Männerbund-Ideologie in Deutschland«, in Welk: *Männerbünde* (1: 7).
32 Siehe Seite 190.
33 Gabriele Strecker: *Frauenträume, Frauentränen. Über den unterhaltenden deutschen Frauenroman*. Weilheim/Oberbayern, 1969 (114).
34 Siehe auch Billie Melman: *Women and the Popular Imagination in the Twenties. Flappers and Nymphs*. London, 1988 (Kapitel 6).
35 Steven Cohan und Ina Rae Hark (Hrsg.): *Screening the Male. Exploiting Masculinities in Hollywood Cinema*. London und New York, 1993 (25).
36 Ibid (28–36).
37 Ibid (91).
38 Melman: *Women and the Popular Imagination in the Twenties* (passim).
39 Rachilde: *Quand j'étais jeune*. Paris, 1947 (passim); sowie M. Auriant: *Souvenirs sur Madame Rachilde*. Paris, 1989 (91).
40 Mary Louise Roberts: *Civilization without Sexes. Reconstructing Gender in Postwar France, 1817–1927*. Chicago, 1994 (53).

41 *Berliner Illustrierte* 20 (1911): 143.

42 Sergiusz Michalski: *Neue Sachlichkeit.* Köln, 1994 (53).

43 Harry Oosterhuis und Hubert Kennedy: *Homosexuality and Male Bonding in Pre-Nazi Germany* (Originalabschriften aus *Der Eigene*). New York, 1991 (186 und passim).

44 Siehe auch Joachim S. Hohmann: *Männerfreundschaften. Die schönsten homosexuellen Liebesgeschichten der vergangenen siebzig Jahre.* Frankfurt a. M., 1979.

45 André Raffalovich: *Uranisme et unisexualité.* Lyon und Paris, 1896 (354).

46 Vincent Brome: *Havelock Ellis. Philosopher of Sex.* London, 1979 (198).

47 Randy Shilts: *Conduct Unbecoming. Gays and Lesbians in the U. S. Military.* New York, 1993 (32).

48 Hubert Kennedy: *The Life and Works of Karl Heinrich Ulrichs, Pioneer of the Modern Gay Movement.* Boston, 1988 (50).

49 Manfred Herzen: *Magnus Hirschfeld.* Frankfurt a. M., 1992 (60).

50 Erich Burin: »Das Kaffeehaus-Judentum«, in *Jüdische Turnerzeitung* 9, Nr. 5/6 (Mai-Juni 1919): 75.

51 Ulrich Dunker: *Der Reichsbund Jüdischer Frontsoldaten, 1918–1938.* Düsseldorf, 1977 (99).

52 Max Nordau: *Entartung.* Berlin, 1892 (541).

53 Arnold Zweig: *Bilanz der deutschen Judenheit 1933.* Amsterdam, 1934 (189).

8 Der neue faschistische Mann

1 Lando Feretti: *Esempi e idee per l'Italiano nuovo.* Rom, 1930 (178, 179).

2 Emilio Gentile: *Il culto del littorio.* Rom und Bari, 1993 (119).

3 George L. Mosse: *Confronting the Nation. Jewish and Western Nationalism.* Hanover, New Hampshire, 1993 (Kapitel 6).

4 Giovanni Papini: *Maschilità.* Florenz, 1915 (95).

5 Walter L. Adamson: *Avant-Garde Florence. From Modernism to Fascism.* Cambridge, Massachusetts, 1993 (178).

6 Papini: *Maschilità* (41).

7 John A. Thayer: *Italy and the Great War.* Madison, Wisconsin, 1964 (69).

8 Papini: *Maschilità* (7, 93).

9 Steven E. Aschheim: *The Nietzsche Legacy in Germany, 1890–1900.* Berkeley, 1992 (225).

10 Renzo De Felice: *Mussolini il rivoluzionario.* Turin, 1965 (271).
11 Roberta Suzzi Valli: *Squadrismo e mito dello squadrismo nella cultura fascista.* Tesi di Laurea, Università degli studi di Roma, »La Sapienza«, (1991): 34, 39.
12 Siehe auch das Photo von Mussolini, wie er am Internationalen Kongreß für das Frauenwahlrecht teilnimmt (Rom 1923), in Renzo de Felice und Luigi Goglia: *Mussolini, il mito.* Rom und Bari, 1983 (Abbildung 129).
13 Sandro Setta: *Renato Ricci.* Bologna, 1986 (114).
14 Ferretti: *Esempi e idee per l'Italiano nuovo* (181).
15 Renato Bianda, Giuseppe Leone, Gianni Rossi und Adolfo Urso: *Atleti in camicia nera.* Rom, 1983 (257).
16 Victoria De Grazia: *How Fascism Ruled Women.* Berkeley, 1992 (212, 220).
17 Louise Diehl: »Disziplin der Persönlichkeit im neuen Italien«, in *Neues Volk* (Rassenpolitisches Amt der NSDAP), Februar 1939: 34, 35.
18 Antonio Spinoza: *Starace.* Mailand, 1983 (50).
19 Peter Reichel: *Der schöne Schein des Dritten Reiches.* München, 1991 (257).
20 Bianda, Leone, Rossi und Urso: *Atleti in camicia nera* (34); sowie Winfried Joch: *Politische Leibeserziehung und ihre Theorie im Nationalsozialistischen Deutschland.* Bern und Frankfurt a. M., 1976 (91).
21 Feretti: *Esempi e idee per l'Italiano nuovo* (179).
22 Michael Arthur Ledeen: *Universal Fascism.* New York, 1972 (62).
23 Zitiert aus Kurt Liebermann: »Nietzsche und Mussolini«, in *Italien in Vergangenheit und Gegenwart*, Heft 8. Leipzig o. J., zitiert bei Hans Ulrich Gumbrecht, in »On Fiume's Place in the Genealogy of Fascism«, in *Journal of Contemporary History*, erscheint demnächst.
24 Renzo de Felice geht davon aus, daß der Abessinienkrieg eher aus außenpolitischen denn aus innenpolitischen Motiven vom Zaun gebrochen wurde. Siehe sein Buch *Mussolini il Duce. Gli anni del consenso, 1929–1936.* Turin, 1974 (615).
25 Renzo de Felice: *Mussolini il Duce. Lo stato totalitario, 1936–1940.* Turin, 1981 (538).
26 Emilio Gentile: *Il mito dello stato nuovo dall'antigiolittismo al fascismo.* Rom und Bari, 1982 (243).
27 De Felice: *Mussolini il Duce* (578).
28 Gioacchino Volpe: *Scritti sul fascismo, 1919–1938.* Rom, 1976 (1: 60).
29 Pasquale Falco: *Letteratura populare fascista.* Cosenza, 1984 (50).
30 Bianda, Leone, Rossi und Urso: *Atleti in camicia nera* (35); sowie De Grazia: *How Fascism Ruled Women* (227).
31 George L. Mosse: *Nazi Culture.* New York, 1966 (31) (dt. *Der national-*

sozialistische Alltag. Königstein/Ts., 1978); sowie Peter Paret: »›Kolberg‹ (1945) as Historical Film and Historical Document«, in *Journal of Film, Radio and Television* 14, Nr. 4 (1994): 437.

32 Feretti: *Esempi e idee per l'Italiano nuovo* (189).

33 Sigrid Weigel: »Die geopferte Heldin und das Opfer als Heldin« in *Die verborgene Frau*. Hrsg. Inge Stephan und Sigrid Weigel. Sonderband *Das Argument* (1983): 139–143.

34 Barbara Spackman: »The Fascist Rhetoric of Virility«, in *Stanford Italian Review* 8, Nr. 1–2 (1990): passim.

35 Ibid (85).

36 Ibid.

37 »Weg zum althellenischen Idealtypus des Menschen«, in *Neues Wiener Tageblatt*, Nr. 86 (27. 3. 1941), Wiener Library Clipping Collection.

38 Hans F.-K. Günther: *Rassenkunde des deutschen Volkes*. München, 1935 (Erstveröffentlichung 1922): 56, 62, 63.

39 Friedrich Joachim Kluhn: »Vom Sinn des SA-Wehrabzeichens«, in *Nationalsozialistische Monatshefte* 10, Heft 108 (März 1939): 189, 199.

40 George L. Mosse: *Rassismus*. Königstein/Ts. o. J. (Kapitel 3).

41 Siehe auch Justus H. Ulbricht: »Der Mythos vom Heldentod«, in *Jahrbuch des Archivs der Deutschen Jugendbewegung. 1986–1987*, Band 16 (141).

42 Renato Monteleone und Pino Sarasini: »I monumenti italiani ai caduti della grande guerra«, in *La Grande Guerra*. Hrsg. Diego Leoni und Camilo Zadra. Mailand, 1986 (640).

43 Zu dieser und den folgenden Seiten siehe George L. Mosse: »National Socialism, Nudity and the Male Body«, in *Culturefront* 3, Nr. 1 (Winter–Frühjahr 1994): 89–92; siehe auch George L. Mosse: »Beauty without Sensuality. The Exhibition Entartete Kunst«, in *Degenerate Art. The Fate of the Avant Garde in Nazi Germany*. Hrsg. Stephanie Baron. Los Angeles, 1991 (25–31).

44 George L. Mosse: *Nationalismus und Sexualität*. München, 1985 (171, 172).

45 Zitiert in Klaus Wolbert: *Die Nackten und die Toten des Dritten Reiches*. Gießen, 1982 (20).

46 Arno Breker: *Im Strahlungsfeld der Ereignisse*. Preußisch-Oldendorf, 1972 (134); sowie Johannes Sommer: *Arno Breker*. Bonn, 1942 (5); und Arno Breker: *Schriften*. Hrsg. Volker G. Probst. Bonn, Paris und New York, 1983 (170).

47 Breker: *Schriften* (98, 153).

48 Zu Gustav Stührk siehe auch den Dokumentarfilm *Zeit der Götter. Der Bildhauer Arno Breker* von Lutz Dammbeck. Berlin: Filmcollage, 1993.

49 Werner Rittich: »Symbol großer Zeit. Zu den Reliefs von Arno Breker«, in *Die Kunst im Deutschen Reich* 6, Folge 1 (Januar 1942): 4; sowie W. Lotz: »Ein Gang durch die Neue Reichskanzlei«, ibid 3, Folge 9 (305).

50 Michèle C. Cone: *Artists under Vichy*. Princeton, 1992 (162).

51 Ursula Böhmer: »Jean Cocteau und die ›Breker-Affäre‹«, in *Forum Homosexualität und Literatur* 16 (1992): 12.

52 Reichel: *Der schöne Schein des Dritten Reiches* (369).

53 Cone: *Artists under Vichy* (155).

54 *Rede des Reichsführers-SS anläßlich der Gruppenführer-Besprechung in Tölz am 18. 11. 1937*, Institut für Zeitgeschichte, München, Archiv MA 311 BL 818, 45.

55 Ibid (53).

56 *Bildnisse deutscher Männer*. Stuttgart, 1936 (19).

57 Günther: *Rassenkunde des deutschen Volkes* (49).

58 Bianda, Leone, Rossi und Urso: *Atleti in camicia nera* (56); sowie De Grazia: *How Fascism Ruled Women* (181); sowie Maria Fraddosio: »The Fallen Hero. The Myth of Mussolini and Fascist Women in the Italian Social Republic (1943–1954)«, in *Journal of Contemporary History* (Januar 1996).

59 Julian Petley: *Capital and Culture. German Cinema, 1933–1945*. British Film Institute, London 1979 (136).

60 Albert Cavaglion und Gian Paolo Romagnani: *Le interdizioni del Duce. A cinquant'anni delle leggi razziali in Italia*. Turin, 1988 (37).

61 Jost Hermand: *Old Dreams of a New Reich. Volkish Utopias and National Socialism*. Bloomington, Indiana, 1992 (253).

62 Sybil Milton: »Antechamber to Birkenau. The *Zigeunerlager* after 1933«, in *Die Normalität des Verbrechens*. Hrsg. Helge Grabitz, Klaus Bastlein und Johannes Tuchel mit Peter Klein und Martina Voigt. Berlin, 1994 (243).

63 Karola Fings und Franz Sparing: »›Tunlichst als erziehungsunfähig hinzustellen‹. Zigeunerkinder und -jugendliche: aus der Fürsorge in die Vernichtung«, in *Dachauer Hefte* 9, Heft 9 (November 1993): 165.

64 Siehe *Neues Volk* (Februar 1939): 8–9.

65 Siehe auch Steven E. Aschheim: *The Nietzsche Legacy in Germany, 1890–1990*. Berkeley, 1992 (329n, 42).

66 Daß es einige Fälle von »Arisierung« gab, bei denen Nicht-Arier durch Erlaß von oben zu Angehörigen der überlegenen Rasse wurden, fällt hier nicht weiter ins Gewicht. Dieses Phänomen ist noch nie untersucht worden, obwohl ich aus erster Hand von mindestens einem Fall weiß, nämlich dem von Hans Lachmann-Mosse, einem Zeitungsverleger, dem Her-

mann Göring 1934 ein solches Angebot unterbreitete. Das Angebot wurde zurückgewiesen.

9 Auf dem Weg zu einer neuen Männlichkeit?

1 Siehe auch George L. Mosse: *Fallen Soldiers*. New York, 1990 (210–211).
2 *Der Spiegel*, 29. Mai 1989 (244).
3 Frederic Wertham: *Seduction of the Innocent*. New York, 1954 (insbesondere Kapitel 4).
4 Igor Kon: *Sex and Russian Society*. Bloomington, Indiana, 1993 (insbesondere Kapitel 7).
5 Ute Frevert: *Women in German History*. New York und Oxford, 1989 (287).
6 Siehe auch Jack Zipes: »A Critical Commentary on Robert Bly's Iron John«, in *New German Critique*, Nr. 56 (Winter 1992): 8ff.
7 Christopher Booker: *The Neophiliacs. The Revolution in English Life in the Fifties and Sixties*. London, 1969 (45).
8 Barry Gifford und Lawrence Lee: *Jack's Book. An Oral Biography of Jack Kerouac*. New York, 1978 (41).
9 Marjorie Garber: *Vested Interests, Cross-Dressing and Cultural Anxiety*. New York, 1992 (384) (dt. *Verhüllte Interessen. Transvestismus und kulturelle Angst*. Frankfurt a. M., 1993).
10 Todd Gitlin: *The Sixties. Years of Hope, Days of Rage*. Toronto und New York, 1989 (32).
11 Jack B. Moose: *Skinheads Shaved for Battle*. Bowling Green, Ohio, 1993 (34).
12 Ibid (38).
13 Marlyn R. Farwell: »Virginia Woolf and Androgyny«, in *Contemporary Literature* 16, Nr. 4 (1975): 442.
14 Gertrude Himmelfarb: *The Demoralization of Society*. New York, 1995 (11ff).
15 Joachim S. Hohmann: *Männerfreundschaften. Die schönsten homosexuellen Liebesgeschichten der vergangenen siebzig Jahre*. Frankfurt a. M., 1979 (106, 109).
16 Max Nordau: *Entartung*. Berlin, 1892 (541); sowie George L. Mosse: *Confronting the Nation. Jewish and Western Nationalism*. Hanover, New Hampshire, 1993 (Kapitel 11).
17 John C. Fout: »Sexual Politics in Wilhelmine Germany. The Male Gender Crisis, Moral Purity and Homophobia«, in *Journal of the History of Sexuality* 2, Nr. 3 (Januar 1992): 390, 391.

18 Carol Lee: *Talking Tough. The Fight for Masculinity*. London, 1993 (152).

19 Bernd Wedemeyer, *Starke Männer, starke Frauen. Eine Kulturgeschichte des Bodybuilding*. München, 1996 (141).

20 Ibid. 89.

21 Siehe auch Seite 14.

Namenregister